本研究获得国家社会科学基金重大项目《数字社会的法律治理体系与立法变革研究》（20&ZD178）与
江西省社会科学基金项目《数据交易规则构建研究》（22FX04）资助

我国数据交易监管制度研究

RESEARCH ON
THE REGULATORY SYSTEM
OF
DATA TRADING
IN CHINA

李　晔／著

法律出版社 LAW PRESS · CHINA
北京

图书在版编目（CIP）数据

我国数据交易监管制度研究 / 李晔著. -- 北京 : 法律出版社, 2024. -- ISBN 978-7-5197-9438-5

Ⅰ. D922.174

中国国家版本馆 CIP 数据核字第 2024XD4654 号

我国数据交易监管制度研究
WOGUO SHUJU JIAOYI JIANGUAN ZHIDU YANJIU

李 晔 著

责任编辑 魏艳丽 宋佳欣
装帧设计 汪奇峰

出版发行 法律出版社
编辑统筹 法商出版分社
责任校对 晁明慧
责任印制 胡晓雅
经　　销 新华书店

开本 710 毫米×1000 毫米 1/16
印张 16.25 **字数** 220 千
版本 2024 年 11 月第 1 版
印次 2024 年 11 月第 1 次印刷
印刷 唐山玺诚印务有限公司

地址：北京市丰台区莲花池西里 7 号（100073）
网址：www.lawpress.com.cn
投稿邮箱：info@lawpress.com.cn
举报盗版邮箱：jbwq@lawpress.com.cn

销售电话：010-83938349
客服电话：010-83938350
咨询电话：010-63939796

书号：ISBN 978-7-5197-9438-5
定价：66.00 元

凡购买本社图书，如有印装错误，我社负责退换。电话：010-83938349

序

随着信息技术的迅猛发展，数字经济时代已经悄然到来，数据作为新时代的关键生产要素，正在深刻地改变社会的运行方式和经济发展的模式。然而，与此同时，数据的交易与监管问题也逐渐凸显，成为我们必须正视并解决的重大课题。在当前我国数据交易市场快速发展的背景下，如何确保数据交易的公平、透明和安全，已成为业界、学术界乃至整个社会关注的焦点。

正是在这样的时代背景下，李晔博士的专著《我国数据交易监管制度研究》应运而生。本书作为国家社科重大招标课题“数字社会的法律治理体系与立法变革研究”和江西社科规划基金一般项目“数据交易规则研究”的阶段性成果，深入剖析了我国数据交易监管的现状与问题，借鉴了国外先进经验，提出了创新监管理念和构建多元保护机制的路径选择。李晔博士的研究集中于数据法和经济法的交集领域，他对数据交易监管问题有着深入的理解和独到的见解。通过对数据产权、数据交易规则构建和数据交易监管等重要议题的前沿探索，本书为我国数据交易领域的研究和实践提供了有价值的参考。

在数字经济时代，数据交易市场的健康发展离不开有效的监管机制。本书认为，数据交易监管的正当性与必要性源于市场失灵的矫正需求，其目的在于保障数据交易的公平、透明和安全。在监管路径上，本书强调平衡数据利用与保护的关系，既要保护个人隐私和信息安全，又要促进数据的合理流通和有效利用。为此，本书提出了构建公法与私法协同的多元保护机制，通过完善法律法规、提升监管能力、加强行业自律等方式，共同维护数据交易市场的健康稳定发展。在制度架构方面，本书建议完善数据交易主体规范、行为规范、中介服务规范及合作规制框架。通过明确数据交易各方的权利义务、规范数据交易行为、提升数据交易所的中介职能等措施，推动数据交易市场的规范化、法制化发展。同时，本书还强调建立有效的外部监管机制和行业与企业的自律监管机制，形成政府、行业、企业等多方协同治理的格局。这些措施的实施将有助于规范数据交易市场秩序、提高数据交易效率、保护消费者权益、推动数字经济的繁荣发展。

数字经济，作为一种引领时代潮流的新兴经济形态，其独特的高创新性、强大的渗透性以及广泛的覆盖性，已经深刻改变了我们的生活和工作方式。在这一转型过程中，数据不再仅仅是信息的载体，它已然成为国民经济的新型生产要素。数据要素作为数字经济的关键驱动力，对国民经济增长的拉动作用越发显著，成为推动经济转型升级的关键力量。面对数据资产化的浪潮，我们越发认识到完善数据交易监管制度体系的重要性。这不仅是对我国数字经济健康发展的必要保障，更是对全球数据交易监管与数据治理贡献中国智慧、提供中国方案的重要举措。

本书的付梓出版，无疑是我国在数据交易监管制度建设方面取得的有益成果。它不仅为我国数据交易监管制度的完善提供了有益的参考和启示，也为国际社会在数据交易监管与数据治理领域提供了宝贵的经验和参考。我也期待本书能够激发更广泛的关注和深入的思考，从而共同推动我国数据交易行业的健康发展，这不仅具有深远的现实意义，更与当今时代的发展趋势和价值追求高度契合。

是为序。

邓　辉*

2024年5月

* 邓辉，法学博十、二级教授、博士生导师，现任江西财经大学校长，第十二届、第十四届全国人大代表，民进江西省第九届委员会副主任委员，江西省人大法制委员会委员。

目 录
Contents

导 论

一、选题背景与问题缘起

自人类文明出现就伴随对数据的获取和使用。计量和记录促成了数据的诞生，它们是数据化最早的根基。早在几千年前，闪米特人和当地土著就在尼罗河下游辛勤耕种，之所以选择在尼罗河下游耕种是因为每年尼罗河会在固定时间泛滥，洪水退去之后会留下大片肥沃的土地供他们耕种收获。为了准确预测洪水到来和退去的时间，以及洪水的大小，当时的古埃及人开始观测天象，并在观测数据的基础上开创了天文学。他们根据天狼星和太阳同时出现的位置来判断一年中农耕的时间和节气，然后准确地判断洪水可能到达的边界和时间。有观点认为，在美索不达米亚文明中，苏美尔人发明了太阴历，并试图利用他们所获得的天文观测数据建立起我们今天所说的数学模型，来完成从数据到知识的过程。利用这些模型，他们能够计算出月亮和五大行星的运行周期，并且能够预测日食和月食。上述例子揭示了人类的文明发展过程一直伴随获取数据、分析数据、建立模型以及预测未知这一数据使用标准流程。由此可见，数据在人类文明中起到了基石的作用。[1]

在1950年前后，信息论和数字技术出现革命性突破，成为第三次工业革命的核心技术。数字技术改变了经济和社会结构。信息的存储、处理和传输实现了数字化，让几乎所有行业都“重新格式化”，并极大改变了全

〔1〕 参见吴军：《智能时代：5G、IoT构建超级智能新机遇》（上卷），中信出版集团2020年版，第11－14页。

球数10亿人的工作与生活。[2] 尼古拉斯·尼葛洛庞帝在《数字化生存》一书中曾断言，作为信息DNA的比特（二进制数字）将迅速取代“原子”成为人类社会的基本要素。数字技术将信息编码成比特的电子信号，使人类挣脱了时间、空间的限制和物质实体的束缚，让人类可以在更为广阔的世界遨游。[3] 信息的数字化使得几乎所有人类活动与相关场景都可以数据化，而数据的体量几乎趋于无限。[4] 无处不在的数据化给我们所处的社会带来了根本性变革。正如罗马时代的水渠让城市的发展成为可能，印刷机的普及推进了启蒙运动，报纸的出现为民族国家的兴起奠定了基础。这些基础设施都关注水或知识的流动，而互联网则关注数据的流动。数据化代表人类认识的一个根本性转变。在大数据的帮助下，我们不会再将世界看作一系列我们解释为自然或社会现象的事件，而是会意识到本质上世界是由信息构成的，世界是可以在更大的广度和深度上探索的数据海洋。[5] 我们在野生动物身上植入传感器，记录它们迁徙、狩猎的运动轨迹和环境特征；我们利用外太空望远镜和地表观测站的天眼记录宇宙曾经和正在发生的事情；我们整合温度、湿度、颗粒物、特定化学成分的探测设备，记录空气的质量；我们在主要河道两岸建设监测点，实时记录水位、流量、流速和水质。传感器和物联网技术的广泛应用使数据采集从静态变为动态，从记物扩展到载事，数据量也呈指数级的爆炸增长。当前，人类存储信息量的增长速度比世界经济的增长速度快4倍，而计算机算力的增长速度则比世界经济的增长速度快9倍。[6] 中国的运营商每天要记录50亿通电话，

---

〔2〕 参见［德］克劳斯·施瓦布、［澳］尼古拉斯·戴维斯：《第四次工业革命：行动路线图——打造创新型社会》，中信出版集团2018年版，第6页。

〔3〕 参见［美］尼古拉·尼葛洛庞帝：《数字化生存》，胡泳、范海燕译，电子工业出版社2017年版，第3－7页。

〔4〕 参见王天夫：《数字时代的社会变迁与社会研究》，载《中国社会科学》2021年第12期。

〔5〕 参见［英］维克托·迈尔－舍恩伯格、［英］肯尼思·库克耶：《大数据时代：生活、工作与思维的大变革》，盛杨燕、周涛译，浙江人民出版社2013年版，第125页。

〔6〕 参见［英］维克托·迈尔－舍恩伯格、［英］肯尼思·库克耶：《大数据时代：生活、工作与思维的大变革》，盛杨燕、周涛译，浙江人民出版社2013年版，第13页。

一家大型连锁超市每天的消费记录达到6000万条，百度每天要处理超过10亿次的访问请求，而脸书（Facebook）一个月仅照片就会更新10亿张。根据（美国IT公司国际商业机器公司IBM（International Business Machines Corporation）的估算，我们每天新产生的数据量达到2.5×10^{18}字节。展望未来，数据量的爆炸性增长仍将继续。这是基于4点理由：一是智能终端的不断升级使个人行为数据的深度采集成为可能；二是针对人体生理信号和生物信息的采集将产生大量生物数据；三是无处不在的传感器将自然界中的点滴变化都转化成了气候和地理数据；四是大型的科学研究将产生大量科研数据。基于多源异构、跨域关联的海量数据分析产生了一系列新的商业模式、科学范式、教育理念、生活方式和观念形态，而这些颠覆性创新为全球数字经济发展增添了澎湃动力。[7]

数字经济是继农业经济、工业经济之后的重要经济形态，它在全球范围内的兴起加速了全球供应链的数字化进程，成了重组全球要素资源，重塑全球经济结构，改变全球竞争格局的关键力量。以数据为代表的信息资源向生产要素的形态演进，数据与其他生产要素一起融入经济价值创造的全过程，对社会经济发展产生了深远影响。根据中国信息通信研究院（以下简称中国信通院）发布的《中国数字经济发展白皮书》，2020年中国数字经济延续蓬勃发展态势，规模由2005年的2.6万亿元扩张到了39.2万亿元，数字经济规模位居世界第二。数字经济占国内生产总值比重也逐年提升，2005年至2020年中国数字经济占国内生产总值比重由14.2%提升至38.6%。数字经济已成为当前最具创新力、最具活力、辐射最广泛的经济形态，是国民经济的核心增长极之一。[8]《经济学人》杂志在其数字经济专栏也提出，作为增长和变革的驱动力，数据之于21世纪正如石油之于20世纪。数据流动创造了新基础设施、新业务、新垄断、新政治以及至关

---

〔7〕 参见周涛：《为数据而生：大数据创新实践》，北京联合出版公司2016年版，第13-38页。

〔8〕 参见中国信通院：《中国数字经济发展白皮书》，载中国信通院网，http：//www.caict.ac.cn/kxyj/qwfb/bps/202104/P020210424737615413306.pdf。

重要的新经济。数字信息不同于以往的任何资源，它以完全不同的方式被提取、提炼、估价、买卖。它彻底改变了市场规则并要求监管机构采取新的方法。[9] 如同工业时代的战略资源石油，数据是最具数字时代特征的战略资源，其具有易复制、可共享、无限供给等特点，它可以提高土地、劳动、资本和技术等传统要素资源的配置效率，形成对单一生产要素的乘数效应，为生产关系和生产力带来巨大变革。随着数据商品属性的凸显，数据交易也成为数据要素市场构建的关键一环。

早在2020年，中共中央、国务院印发的《关于构建更加完善的要素市场化配置体制机制的意见》就将数据与土地、劳动、资本、技术并列，并明确提出“引导培育大数据交易市场，依法合规开展数据交易。支持各类所有制企业参与要素交易平台建设，规范要素交易平台治理，健全要素交易信息披露制度”[10]。2021年全国人民代表大会通过的《中华人民共和国国民经济和社会发展第十四个五年规划和2035年远景目标纲要》（以下简称《“十四五”规划》）明确提出“建立健全数据产权交易和行业自律机制，培育规范的数据交易平台和市场主体，发展数据资产评估、登记结算、交易撮合、争议仲裁等市场运营体系”[11]。2021年正式生效的《数据安全法》第19条规定“国家建立健全数据交易管理制度，规范数据交易行为，培育数据交易市场”。为了促进数据流通和开发利用，进一步激发市场主体活力，全国各地政府也积极出台了具有制度创新特点的地方数据条例。例如，《浙江省数字经济促进条例》“数据资源”专章第18条第1款提出“加强数据资源全生命周期管理，提升数据要素质量，培育发展数据要素市场，促进大数据开发利用和产业发展”[12]。《广东省数字经济促

---

〔9〕 See *Briefing the Data Economy*: *Fuel of the future*, The Economist, May 6th 2007, p. 14.

〔10〕《中共中央　国务院关于构建更加完善的要素市场化配置体制机制的意见》，载中国政府网 2020年4月9日，http://www.gov.cn/zhengce/2020-04/09/content_5500622.htm。

〔11〕《中华人民共和国国民经济和社会发展第十四个五年规划和2035年远景目标纲要》，载中国政府网2021年3月13日，http://www.gov.cn/xinwen/2021-03/13/content_5592681.htm。

〔12〕《浙江省数字经济促进条例》，载浙江省经济和信息化厅2020年12月25日，http://jxt.zj.gov.cn/art/2020/12/25/art_1657975_58925615.html。

进条例》“数据资源开发利用保护”专章第40条第2款提出“探索数据交易模式，培育数据要素市场，规范数据交易行为，促进数据高效流通。有条件的地区可以依法设立数据交易场所，鼓励和引导数据供需方在数据交易场所进行交易”[13]。《上海市数据条例》的“数据要素市场”和“浦东新区数据改革”章节提出培育数据要素市场，促进数据要素依法有序流动，以及设立数据交易所，推动国际数据港建设。[14]《深圳经济特区数据条例》的“数据要素市场”专章提出“加快培育数据要素市场，推动构建数据收集、加工、共享、开放、交易、应用等数据要素市场体系”，“推动建立数据交易平台，引导市场主体通过数据交易平台进行数据交易”[15]。国家层面的政策和地方数据立法为数据要素和资源交易提供了方向和指引，促进了数据流通和开发利用，激发了市场主体活力，推动了数据交易市场走向繁荣。

新一代信息技术与经济社会不断融合，云计算、物联网和5G商用带动了虚拟现实/增强现实（VR/AR）、赛事直播、虚拟购物等新型服务快速发展和可穿戴设备等新型智能终端快速普及，也带来了数据的空前爆发性增长。专业数据公司IDC 2017年《数据时代2025：数据的不断发展，将对日常生活发挥至关重要的作用；不仅要关注大数据，还要关注重要数据》白皮书预测，到2025年，全球数据圈将扩展至163ZB，相当于2016年所产生16.1ZB数据的10倍；可进行数据分析的数据总量将增长50倍达到5.2ZB；而认知系统“触及”的分析数据总量将增长100倍达到

---

〔13〕《广东省数字经济促进条例》，载广东省工业和信息化厅2021年8月9日，http://gdii.gd.gov.cn/szcy/content/post_3459410.html。

〔14〕参见《上海市数据条例》，载上海市商务委员会2022年1月4日，https://sww.sh.gov.cn/dwmygl/20220303/81cafa14323342f2ad9bf4426af14ee0.html。

〔15〕《深圳经济特区数据条例》，载深圳新闻网2021年7月7日，http://www.sznews.com/zhuanti/content/2021-07/07/content_24368291.htm。

1.4ZB。[16] 以往数据与数据之间缺乏联系，彼此之间如同漂浮在海洋上的孤岛，隔海相望却无相互联接的通路，而随着数据量增加导致数据岛面积扩大，以及数据技术和商业应用催生“海上交通工具”的出现，连接不同数据岛屿之间的通路开始建立，海上数据孤岛的图景已被数据岛屿之间通过载体和工具互联互通的情景所替代。大数据的精髓在于追求数据之间的相关性，而非其因果性。对于数据相关性的追求引发了打破数据壁垒，促进数据流通的现实需求，而数据交易则是促进数据流通的最有效途径之一。

自2015年4月贵阳大数据交易所成立以来，全国各地政府和企业都积极推进大数据交易所的建设，以期在数字经济发展过程中取得先发优势。截至2024年3月底，全国共成立49家数据交易所。但在这如火如荼的新基建背后，已出现数据交易市场竞争失序的趋势，实践中各种数据交易乱象也开始显现。例如：(1) 基于所谓“意思自治”的数据交易导致数据黑市蔓延。2018年，12306网站470余万条用户数据在网络上被贩卖。简历大数据公司“巧达科技”非法交易个人信息达数亿条，被有关部门查封。[17] 2020年，台州市中级人民法院披露，中国电信超2亿条客户信息被内部员工在网络上贩卖，累计获利金额超2000余万元。微博有近5.38亿条用户信息在暗网出售。(2) 基于自身规则的数据平台垄断数据导致平台无序竞争。2021年4月，国家市场监督管理总局以限制平台服务市场竞争，妨碍资源要素自由流通为由，对阿里巴巴和美团实施的“二选一”行为分别处以182.28亿元和34.42亿元的罚款。[18] (3) 与现实需求不匹配的数据交易所模式逐渐式微。虽然，全国各地已建成20余家数据交易中

---

[16] See David Reinsel, John Gantz & John Rydning, *Data Age 2025: The Evolution of Data to Life-Critical Don't Focus on Big Data; Focus on the Data That's Big*, IDC White Paper, April 2017, p. 3-4. 1ZB 等于1万亿GB。

[17] 参见何渊等：《大数据战争：人工智能时代不能不说的事》，北京大学出版社2019年版，第3页。

[18] 参见《反垄断|阿里、美团“二选一”行为被处罚》，载澎湃网2022年2月7日，https://m.thepaper.cn/baijiahao_16598227。

心，但存在重复建设、市场分割、交易模式混乱等突出问题。数据本身的独特性质，导致在数据权属确定、资产定价、市场交易以及隐私保护和收益分享等方面存在困难，难以满足数据交易流通层面的要求。[19] 贵阳大数据交易所内部人员透露，因缺乏必要的数据和技术，2019 年贵阳大数据交易所项目成交额仅为 500 万 ~800 万元；2020 年成交额甚至低于 500 万元。作为数据交易的中介平台，该交易所既无交易大屏，也不能实现数据高频交易，数据交易也不活跃。[20] 这就使得多家数据交易中心停止运营或转变方向。（4）企业间数据交易尚无统一标准。以数据交易所为主的直接数据交易模式并未获得市场广泛认可，也未形成可持续发展模式，与业务场景结合紧密的企业间数据交易模式则备受青睐。然而，企业间接数据交易缺乏统一的交易标准，导致企业的数据价值不能得到充分挖掘。（5）数据跨境交易和流通规则尚不明确。数字经济时代经济增长和贸易繁荣离不开数据跨境有序流通，但数据跨境流通交易关乎国家利益、产业利益和风险控制，需要进行动态平衡。若与世界主要贸易伙伴间缺乏便捷有效的数据流通交易机制，将大幅增加我国企业海外运营的合规成本，数据中心等战略基础设施也可能被迫设在海外。[21]

数据交易市场失灵已成为数字经济背景下一种新的市场失灵，需要通过经济法与时俱进地对其进行调整。市场失灵是政府干预经济运行的传统渊源，政府通过自身有形之手与市场无形之手联动来矫正市场不完全、不对称和不普遍等缺陷引发的市场失灵现象。数据交易作为数字经济发展背景下的新型交易也存在市场失灵，政府不可避免地需要适度介入数据交易市场运行的规制与调控。政府适度干预数据交易市场可以实现两个目的：

---

〔19〕 参见人民数据研究院：《梳理近年来各地成立的大数据交易平台，发现……》，载人民数据 2021 年 4 月 7 日，http：//www. peopledata. com. cn/html/NEWS/Dynamics/1694. html。

〔20〕 参见罗曼、田牧：《理想很丰满现实很骨感　贵阳大数据交易所这六年》，载证券时报网 2021 年 7 月 12 日，https：//stock. stcn. com/djjd/202107/t20210712_ 3426536. html。

〔21〕 参见熊鸿儒、田杰棠：《突出重围：数据跨境流动规则的“中国方案”》，载《人民论坛 · 学术前沿》2021 年第 Z1 期。

一是对数据交易市场适度干预可以修复市场失灵并服务数据创新的国家战略需求，这不但关乎数据市场参与主体的可持续创新活力，还关乎我国数字经济的长期高质量发展；二是通过对数据交易市场的规制和审慎监管可以降低数据交易的不确定性，减少数据交易在数字经济社会发展过程中产生的不可控风险，保证我国数字经济的稳健发展。政府过度干预会导致政府失灵，因此必须通过遵循必要的原则和相应的制度设计使政府干预合法、适度。只有在法律框架内准确定位政府的合理身份，清晰界定政府与市场的边界，依法依规对数据交易中的政府干预进行规制，才能真正推动数字经济高质量发展。

卡尔·波兰尼曾提出双向运动理论。他认为现代社会由双向运动支配，即以市场扩张为目的的经济自由主义行动，以及控制市场扩张带来损害的反向社会保护行动。社会保护行动的具体表现就是政府对市场经济的干预。[22] 经济法既是现代国家调控社会经济之法，也是政府干预经济运行之法。伯克利学派的诺内特和塞尔兹尼克提出法律在与经济社会的互动过程中逐渐演变为三种类型，即压制型法、自治型法和回应型法。压制型法注重维持秩序，自治型法以正当性和程序正义为导向，回应型法关注实体正义的实现并具有弹性和开放性。[23] 回应型法律规则一般从属于原则和政策，而经济法的干预属性和对经济社会发展的回应性使其符合回应型法的特点。当市场失灵导致资源配置效率低下时，经济法则干预供给；当政府失灵导致干预失范时，经济法也承担矫正使命。当前，数据交易市场失灵主要源于实践中的数据权属界定不清，数据要素流转失序，个人隐私保护不足，数据标准和定价机制缺失等矛盾。数据交易市场实践困境的破解需要以经济法回应性理论为框架，探索弥补相应制度缺位的路径以及符合数

---

〔22〕 参见［英］卡尔·波兰尼：《大转型：我们时代的政治与经济起源》，冯钢、刘阳译，浙江人民出版社 2007 年版，第 112－114 页。

〔23〕 参见［美］P. 诺内特、［美］P. 塞尔兹尼克：《转变中的法律与社会：迈向回应型法》，张志铭译，中国政法大学出版社 2004 年版，第 18 页。

字经济发展规律的市场监管模式。

二、研究意义

（一）选题理论意义

作为数字经济的基础要素，数据已融入经济社会的各个层面之中。在企业微观层面，数据密集型的平台企业开始崛起，制造型和服务型企业都已开始进行数据化转型升级；在产业中观层面，提供大数据分析、处理与挖掘服务的大数据产业已颇具规模；在国家宏观层面，数据生产要素对其他生产要素以及国民经济增长的倍增效应越发显现，数字与实体经济的融合程度已能决定一个经济体的宏观经济表现。[24] 虽然数据交易实践和数据交易市场在我国仍处于萌芽阶段，但相关商业实践却遥遥领先理论研究。当前数据交易市场野蛮生长，数据交易立法却仍付阙如，在规范数据交易市场和行为时既缺乏确定的法律规范，又缺少相关理论的指导。如果不考虑数据与数据交易的特性直接沿袭传统思维框架，生搬硬套传统规制模式去应对数据交易市场的新现象，不但难以面向实践提出具有说服力的解释框架，还可能阻碍数据产业和数字经济的蓬勃发展。科学的理论对社会实践具有强大的指引作用。

本选题的学术价值主要体现在 3 个方面。首先，从数据交易基本概念入手，聚焦数据的财产属性和生产要素属性进行基础性探索和研究，解构数据交易市场失灵的成因，并从宏观调控和市场化监管角度提出辨证施治的路径，为破解规范数据交易行为与数据交易市场化监管等问题奠定研究基础。其次，数据交易市场失灵是数字经济背景下的一种新的市场失灵，它并不在传统经济法的市场失灵的涵盖范围之内，通过对本选题的研究可以进一步完善经济法的理论范畴体系。最后，从法学、经济学和信息科学

---

〔24〕 参见徐翔：《数字经济时代：大数据与人工智能驱动新经济发展》，人民出版社 2021 年版，第 7 页。

等多学科角度出发，探索规范数据交易行为和数据交易市场化监管的理念、模式和机制。

（二）选题实践意义

2021年12月，国务院印发的《“十四五”数字经济发展规划》指明了“十四五”期间我国数字经济发展方向，该规划强调“数据要素是数字经济深化发展的核心引擎”，要求“加快数据要素市场化流通”，“创新数据要素开发利用机制”。[25] 国务院印发的《要素市场化配置综合改革试点总体方案》也明确要求“探索建立数据要素流通规则”和健全要素市场化监管。[26] 该规划和该方案都强调了加快构建数据要素流通交易规则的重要性。国家高度重视数据交易市场的发展，然而数据交易市场的规范有序发展离不开完善的法律规范。以数据交易中心为例，早在2015年贵阳就成立了我国首家大数据交易所，尝试培育数据要素交易市场。根据贵阳大数据交易所发布的《2016年中国大数据交易产业白皮书》，2016年中国大数据交易市场规模将达到62.12亿元，2020年将达到545亿元。[27] 然而，时至2022年9月全国各地20余家大数据交易所并未展现最初设想的爆发式增长的数据交易规模。究其原因可以归结为定位不清，重复建设，交易模式混乱，相互融合不足等。管窥见豹，大数据交易所的失序发展可以映射出整个数据交易市场的失灵和失范。

数据是驱动数字经济发展的新型生产要素，数据交易市场是实现数据资源有效配置的基础。加快数据要素市场化交易和完善数据交易监管机制作为中央的一项重大决策已经被提出。然而，我国数据交易市场呈现不规

---

[25] 参见《国务院关于印发“十四五”数字经济发展规划的通知》，载中国政府网2022年1月12日，http：//www.gov.cn/zhengce/content/2022－01/12/content_5667817.htm。

[26] 参见《国务院办公厅关于印发要素市场化配置综合改革试点总体方案的通知》，载中国政府网2022年1月6日，http：//www.gov.cn/zhengce/content/2022－01/06/content_5666681.htm。

[27] 参见贵阳大数据交易所：《2016年中国大数据交易产业白皮书》，中国财政经济出版社2016年版，第32页。

范的野蛮生长趋势，具体表现为数据黑市交易，数据平台无序竞争，数据跨境流动难以限制，数据交易所交易不活跃，企业间数据交易无标准。数据交易规模的野蛮扩张，相关法律的缺失，监管的缺位，给数据交易产业的规范化带来了种种问题。如果任由市场参与主体基于“意思自治”恣意进行数据交易，数据交易市场将会充斥非法数据、数据滥用、侵权欺诈等乱象，不加节制的市场扩张冲动会使数据交易市场呈现无序竞争的混乱状态，进而损害整个市场的交易安全和效率。

数据交易市场面临多重制约，需要通过经济法回应型理论寻找解决思路。本选题一方面试图从经济法理论出发解决数据交易市场失灵问题，另一方面试图提出规范数据交易主客体，数据交易行为和数据交易监管的制度方案，以期推动数据交易市场规范运行，促进我国数字经济高质量发展。

三、国内外研究综述

（一）数据交易相关理论研究

数据交易的理论研究肇始于经济学家肯尼斯·阿罗（Kenneth Arrow）1962年论文《经济福利和创新资源配置》对于信息作为商品的研究。他提出当信息成为商品时，不确定性会在资源分配过程中制造微妙的难题。基于信息作为商品的不可分割性，信息所有者难以直接在公开市场上售卖信息，因为信息购买者可以用极低成本或零成本复制公开市场上的信息，从而打破信息所有者对售卖信息的垄断。阿罗信息悖论揭示了数据交易面临的挑战和困难，该理论指出在信息或数据交易中存在一个根本的悖论：在获得数据或信息之前，购买一方无法知悉数据或信息内容，从而确定数据真实价值；然而一旦售卖一方披露数据或信息内容，购买一方便可无偿获得该数据或信息。[28] 在《所罗门之结：法律能为战胜贫困做什么?》一书

〔28〕 See Kenneth J. Arrow, *Economic Welfare and the Allocation of Resources for Invention*, National Bureau Committee of Economic Research, ed., in The Rate and Direction of Inventive Activity: Economic and Social Factors, 1962, p. 615.

中，罗伯特·库特、汉斯－伯恩特·谢弗将阿罗信息悖论引用到创新领域，并提出创新的双重信任困境（double trust dilemma）。他们以创新者寄给波士顿投资银行的一封信作为例子来反映创新的信任困境，创新者在信中写道："只要贵行付给我 100 万美元，我就告诉贵行一个能挣 1000 万美元的点子。"这里就存在阿罗信息悖论，即创新者不愿将信息内容直接透露给银行，担心银行知悉信息内容之后拒绝付款，而银行也不愿在确定信息价值之前就付款，担心创新者骗取投资款。[29] 乔纳森·巴奈特（Jonathan Barnett，2011）也从专利创新角度阐述了阿罗信息悖论。他认为，在缺少财产权或专利权的情况下，创新者不会将创意披露给购买者或协助其进行商业开发。如果创意购买者认为该创意具有商业价值，那么购买者不可能明确承诺不抄袭或复制该创意，而创新者则将面临失去从其创意中获利的机会的情况。基于上述预期，创新者将不再对产生新创意投资，社会创新不足将随之产生。然而，创新者并非束手无策。即使没有专利，合同前谈判中的侵占风险也可以通过声誉效应、分级披露和组织整合的某种组合加以限制。[30] 玛格丽特·钟（Margaret Chon，2011）在其研究中提出，粘性知识构成的知识体系可能比知识产权更广阔，并以意想不到的方式与版权关联。为了激励创新，企业经常会采取一定措施让员工充分地披露他们的粘性知识，然而在披露过程中阿罗信息悖论经常发生作用，导致粘性知识的披露并不容易。[31]

为解决阿罗信息悖论中的猜疑链问题，埃杜蒙德·基奇（Edmund Kitch，1977）提出了基于知识产权的数据确权模式，而罗伯特·莫杰思（Robert Merges，2005）则提出了基于财产权的数据确权模式。基奇以产品专利模式为例进行论证。他认为，在缺乏产品专利的情况下，向购买者

---

〔29〕 See Robert D. Cooter & Hans－Bernd Schafer, *Solomon's Knot: How Law Can End the Poverty of Nations*, Princeton University Press, 2013, p. 27.

〔30〕 See Jonathan M. Barnett, *Intellectual Property as a Law of Organization*, 84 Southern California Law Review 785 (2011).

〔31〕 See Margaret Chon, *Sticky Knowledge and Copyright*, 2011 Wisconsin Law Review 177 (2011).

提供有关卖方产品需求的信息，而不是关于其产品特定特征的信息的激励是有限的。只有在存在产品专利的情况下，产品被证明是成功的，企业才能够进行必要的投资，使客户注意到产品优势，而不必担心竞争性的盗用。专利制度降低了技术信息所有者与其他拥有互补资源和信息的企业签订合同的成本。在没有专利的情况下，企业在提供有关新技术信息和技术方面的投资激励不足。专利制度创造了一套在谈判开始时双方都明确知悉的法律权利。尽管专利的真实价值很少被披露，但专利所有者可以披露受法律垄断范围保护的信息。交易成本的降低提高了发明开放的效率。[32] 莫杰思认为确立数据财产权可以降低机会主义风险。他引用桑福德·格罗斯曼、奥利弗·哈特、约翰·摩尔的不完全契约理论，并提出契约的不完全性导致实践中许多技术转让合同难以执行。这是由于在签订契约时当事人无法预见或事先穷尽所有可能后果。人的有限理性、信息的不完整性和交易事项的不确定性是造成不完全契约的前提条件。他以法院评估某一技术转让合同的遵守情况为例。假如某一技术买家同意向一家研发企业支付研发费用签订技术转让合同，合同要求研发企业“非常努力地工作”或存在诸如此类的表述，法院在之后就会很难确定研发企业是否遵守了双方约定。如果法院判定研发企业不够努力，这将导致技术买家无须支付全部合同价款便可从研发企业的工作成果中获益。预见到上述情形，研发企业可能从一开始就对签订合同持谨慎态度。双方可以通过财产权方式破解这一合同执行或信任困境。通过赋予研发企业对其工作成果的财产权，使研发企业即使在技术买家违约的情况下也能赚钱。财产权增加了研发企业的“外部选择权”。这一模型表明，在订立合同之前将财产权分配给任意一个交易者可以克服契约的不完全性。[33]

---

〔32〕 See Edmund W. Kitch, *The Nature and Function of the Patent System*, 20 The Journal of Law and Economics 265(1977).

〔33〕 See Robert P. Merges, *A Transactional View of Property Rights*, 20 Berkeley Technology Law Journal 1477 (2005).

数据交易的过程涉及信息经济学中的非对称信息博弈。张维迎（2004）认为信息不对称可以从发生时间和内容进行划分。从发生时间来看，信息不对称可以发生在当事人签约前（事前不对称），也可以发生在当事人签约后（事后不对称）。事前不对称的模型称为逆向选择模型，而事后不对称的模型称为道德风险模型。从内容上来看，不对称信息既可能涉及当事人的行为，也可能涉及当事人的知识。涉及不可观测行为的称为隐藏行为模型，涉及不可获取信息的称为隐藏信息或隐藏知识模型。[34] 根据数据的特殊性质，数据交易中的信息不对称应属于事前不对称的隐藏信息模型。在委托代理理论框架下，这一信息不对称可以通过逆向选择模型、信号传递模型和信号甄别模型予以解决。

我国学者还从不同角度对数据交易定价问题进行了研究。彭慧波和周亚建（2019）对数据交易的合理定价机制问题进行了探索，并归纳出了博弈论协议定价、第三方定价、元组定价和查询定价 4 种模型。通过对上述模型的比较分析，他们提出应建立以隐私度量为核心并综合其他影响因素的数据定价模型。[35] 郭鑫鑫等（2022）认为数据交易平台、数据所有者和数据需求者之间存在双边信息不对称，因此采用了迭代双边拍卖法设计数据交易定价规则和分配规则。他们通过研究发现：数据平台针对数据所有者设计的最优交易价格与数据所有者供给报价呈高度负相关；而针对数据需求者设计的最优交易价格基本等于数据需求者需求报价。[36] 刘小霞等（2022）提出数据要素的准公共产品、信息不对称性和负外部性等特征阻碍了数据要素大规模流通的可能性。数据要素市场发展的关键不在于产权归属，而在于权属明晰。通过基于多方计算的数据交易机制可以实现“数

---

〔34〕 参见张维迎：《博弈论与信息经济学》，上海三联书店、上海人民出版社 2004 年版，第 398－399 页。

〔35〕 参见彭慧波、周亚建：《数据定价机制现状及发展趋势》，载《北京邮电大学学报》2019 年第 1 期。

〔36〕 参见郭鑫鑫、王海燕、孔楠：《信息不对称下个人健康数据交易双边定价策略研究》，载《管理工程学报》2022 年第 4 期。

据可用不可见”和“数据使用可控可计量”的交易新范式。[37] 马滔等(2022)提出，由于数据具有非竞争性和非排他性，数据控制者更倾向于向多个数据经纪商披露用户数据。在数据价值互补性这一前提下，数据使用者的多边购买行为会影响数据经纪商的交易策略，并促使数据控制者采取适当的披露政策。数据价值的互补程度不同会导致相应的竞争缓和效应，并影响数据经纪商获取数据的策略，从而导致数据控制者只向单一数据经纪商披露数据。[38] 曹轩宇等（2017）数据所有者、数据收集者和用户等数据主体都寻求自身效用最大化，而不是整体效率最大化，因此需要设计一种复杂机制来指导数据主体提高数据流通效率。迭代拍卖机制可以引导自私的数据主体基于社会整体福利考量进行数据交易，并避免直接访问数据主体的隐私。[39] 焦玉涛等（2018）认为数据分析服务作为数字商品具有无限供应的特征。他们以数据分析服务为对象，利用贝叶斯数字商品拍卖法设计交易机制，并得出了最优的服务更新间隔、服务价格和服务量。[40] 沈波等（2019）提出车联网的经济模型由数据提供者、服务提供者和用户三方组成。他们利用斯塔克尔伯格（Stackelberg）博弈模型模拟了三者之间的交互关系，并推导出了供应商的均衡定价机制和用户的相应需求，进而设计出了服务提供者利润最大化的交易定价机制。[41]

---

〔37〕 参见刘小霞等：《基于多方计算技术的数据交易机制研究》，载《大数据》2022 年第 3 期。

〔38〕 参见马滔等：《价值互补性、数据披露与交易策略》，载《系统管理学报》2022 年第 4 期。

〔39〕 See Cao Xuanyu et. al, *Data Trading With Multiple Owners, Collectors, and Users: An Iterative Auction Mechanism, owners, collectors and users: An iterative auction mechanism*, IEEE Transactions on Signal and Information Processing over Networks, Vol. 3: 2, p. 268 (2017).

〔40〕 See Jiao Yutao et. al, *Profit Maximization Mechanism and Data Management for Data Analytics Services*, IEEE Interne of Things Journal, Vol. 5: 3, p. 2001 (2018).

〔41〕 See Shen Bo et. al, *Profit Optimization in Service – oriented Data Market: A Stackelberg Game Approach*, Future Generation Computer Systems, Vol. 95, p. 19 (2019).

（二）数据财产权相关理论研究

1. 美国数据财产权相关研究

早在20世纪90年代，帕特丽夏·梅尔（Patricia Mell，1996）就提出了电子人格（electronic persona）概念，它是指以电子形式存储的，与特定人相关的，至少存在一个可识别符号的个人信息档案。她认为个人对其电子人格应享有财产权。任何其他主体获取、访问、使用或公开电子人格信息均应获得电子人格主体的同意。类似于个人的其他财产形式，个人可以基于授权使用的不同理由对他人使用其电子人格进行不同的限制。[42] 朱莉·科恩（Julie Cohen，2000）研究了关于信息隐私保护的理论挑战。她认为对个人数据的收集、使用和交换施加限制忽视了对既有财产规则的理解。对于数据隐私保护的争论应基于对个人发展和行使自主权的必要条件的理解，她建议通过创设有限财产权和技术工具来实现数据隐私保护。[43] 维拉·贝尔格森（Vera Bergelson，2003）认为公民对其个人信息逐渐失去控制，其个人隐私也遭受到侵蚀，应立法赋予个人信息财产权。她认为该项个人权利不能绝对化，并提出两项排除例外，即对信息初始收集者赋予非排他性的不可转让自动许可以及对公众赋予有限非排他性的自动许可。[44] 保罗·施瓦茨（Paul Schwartz，2004）认为互联网和现代计算技术大幅提升了收集、操纵和共享大量数据的能力，而这种能力又催生了个人信息交易的蓬勃发展。具有争议的信息交易市场引起了消费者对其个人隐私的忧虑。虽然自由可转让性论点不足以证明个人信息的不受监管交易是正当的，但对市场失灵和公众对受保护的隐私公地的利益的担忧同样不足

---

〔42〕 See Particia Mell, *Seeking shade in a Land of Perpetual Sunlight: Privacy as Property in the Electronic Wilderness*, 11 Berkeley Technology Law Journal 1 (1996).

〔43〕 See Julie E. Cohen, *Examined Lives: Informational Privacy and the Subject as Object*, 52 Stanford Law Review 1373 (2000).

〔44〕 See Vera Bergelson, *It's Personal but Is It Mine? Toward Property Rights in Personal Information*, 37 UC Davis Law Review 379 (2003).

以证明禁止交易是正当的。他提出了个人信息财产化模型的5个要素：限制个人转让个人信息的权利，市场参与者的退出权，强制披露交易条款的默认规则，确定损害赔偿以阻止市场滥用行为，监管个人信息交易市场和惩罚侵犯隐私行为的机构。[45]

在《代码2.0：网络空间的法律》一书中，劳伦斯·莱斯格（Lawrence Lessig，2008）系统提出了数据财产化的思路。他认为，对于企业基于商业化利用而收集个人信息数据并进行分析的行为，学术界存在两种观点，即无害论和有害论。他进一步提出了解决隐私权冲突的方案：首先赋予个人数据财产权；其次通过代码来建构一个自动化的数据收集许可架构；最后通过侵权法来强化这种架构。他认为赋予个人数据财产权可以避免对隐私或信息的绝对化保护，从而打破阻碍数据流通交易的藩篱。在没有公共利益冲突或谈判的交易成本较低时，财产规则在一定程度上优于责任规则。借助个人隐私安全平台项目（The Platform for Privacy Preferences Project）的标准之类的技术标准，交易成本可以降到足以使财产规则发挥作用的程度。反之，财产规则也可以强化隐私价值观的多样性，即允许个人选择放弃自身权利。[46] 乔舒亚·费尔菲尔德（Joshua Fairfield，2017）在其专著中提出了信息即财产这一观点。由于用户缺乏数据分析和挖掘能力，数据平台通过自己掌握的平台架构和数据池使自己成为数字房东，而广大用户则沦为数字租客。通过改革现有知识产权制度可以增强用户对数据财产的控制，用户和社会将获得更大力量对抗数据平台对隐私的侵蚀。[47] 洛塔尔·德特斯坦（Lothar Determann，2018）则对数据产权化这一观点提出质疑。他提出立法者已将著作权、数据库权、土地和动产所有

---

〔45〕 See Paul M. Schwartz, *Property, Privacy, and Personal Data*, 117 Harvard Law Review 7 (2004).

〔46〕 See Lawrence Lessig, *Code: And Other Laws of Cyberspace, Version 2.0*, Basic Books, 2008, p. 228 – 243.

〔47〕 See Joshua A. T. Fairfield, *Owned: property, privacy, and digital serfdom*, Cambridge University Press, 2017, p. 133.

权授予不同主体，以激励对这些项目的投资和改进。然而，对于数据而言，这一目的并不存在。个人、企业、政府和公众对数据和访问限制有不同的诉求。这些利益受到现有错综复杂的法律的保护，这些法律刻意不授予数据产权。数据确权并不能促进更好的隐私政策或技术创新，它更有可能扼杀言论自由、信息自由和科技进步。[48] 伊曼诺尔·阿列塔·伊瓦拉等（Imanol Arrieta Ibarra et. al，2018）提出了将数据视为劳动这一观点。他们认为，在数字经济中，用户数据通常被视为企业观察有意愿的个人所创造资本。这忽视了用户在创造数据中的作用，降低了对用户的激励，使数据经济的收益分配不均，从而让用户产生对自动化的恐惧心理。因此，将数据视为劳动有助于解决这些问题，并恢复用户贡献市场的运作，但这可能会与受益于将数据视为“免费”的数据垄断者的近期利益相冲突。[49] Daron Acemoglu et. al（2019）发现当用户与在线平台分享他的数据时，该用户通常会透露其他用户的相关信息。数据的外部性压低了数据的价格，因为一旦用户的信息被他人泄露，他就没有什么理由保护自己的数据和隐私。低迷的价格导致了过度的数据共享。平台之间的竞争无法解决数据价格过低和数据共享过多的问题，并可能进一步降低整体福利。[50] 查尔斯·琼斯（Charles Jones）、克里斯托弗·通内蒂（Christopher Tonetti，2020）提出了个人位置数据、医疗记录和驾驶数据可以被任意数量的企业同时使用，因此数据具有非竞争性。数据的非竞争性会导致整体收益增加，并意味着市场结构和产权的重要作用。由于数据的非竞争性，即使在考虑隐私的情况下，企业间广泛使用数据也可能带来巨大的社会收益。由于担心创造性破坏，企业可能会选择囤积自己拥有的数据，从而导致非竞

〔48〕 See Lothar Determann, *No One Owns Data*, 70 Hastings Law Journal 1(2019).

〔49〕 See Imanol Arrieta Ibarra et. al, *Should We Treat Data as Labor? Moving beyond "Free"*, AEA Papers and Proceedings, 108, p. 38 – 42 (2018).

〔50〕 See Daron Acemoglu et. al, *Too Much Data: Prices and Inefficiencies in Data Markets*, NBER Working Paper No. 26296 (2019).

争数据的低效使用。相反，将数据产权授予消费者可以产生接近最优的分配。[51]

2. 欧洲数据财产权相关研究

对于数据财产权，欧洲学者也进行了广泛深入的研究。赫伯特·泽奇（Herbert Zech，2015）认为信息是现代社会的关键概念。在技术进步的推动下，信息本身已成为一种善。信息的生产、转播和使用是现代经济不可或缺的。信息经济对法律提出挑战，要求法律提供一个适当的框架，以促进信息生产，实现信息传播以及应对信息技术固有风险。产权是这种框架的主要组成部分。作为知识产权客体的信息不仅限于知识产权，甚至有可能以人格权和有形财产的形式出现。数据生产者应该拥有一种新的数据产权。[52] 此外，赫伯特·泽奇（2016）还提出了数据保护和使用数据的潜在权利服务于不同的目的。使用数据的权利可以为数据创造一个有效的数据市场，从而有助于建立信息经济。无论是企业还是消费者，作为数据生产者，二者都应考虑建立一种统一的数据生产者权。[53] 约瑟夫·德雷弗（Josef Drexl，2016）认为数据经济的发展必须依赖数据的商业化。他试图通过为数据所有权和数据访问权问题制定一个有利于竞争的框架来帮助欧盟委员会。通过分析知识产权法在多大程度上提供了对数据的控制，他论证了引入数据所有权新规则的必要性与理由。他还分析了欧盟竞争法是否已经提供了促进数据获取的补救措施，并论证了在何种条件下引入新的数据访问制度是可取的。[54] 沃尔夫冈·克尔伯（Wolfgang Kerber，2016）提

---

〔51〕 See Charles I. Jones & Christopher Tonetti, *Nonrivalry and the Economics of Data*, NBER Working Paper No. w26260 (2020).

〔52〕 See Herbert Zech, *Information as Property*, Journal of Intellectual Property, Information Technology and E-Commerce Law 6 (3), p. 192 (2015).

〔53〕 See Herbert Zech, *A Legal Framework for a Data Economy in the European Digital Single Market: Rights to Use Data*, Journal of Intellectual Property Law & Practice, Vol. 11: 6, p. 460-470 (2016).

〔54〕 See Josef Drexl, *Designing Competitive Markets for Industrial Data - Between Propertisation and Access*, Max Planck Institute for Innovation & Competition Research Paper No. 16-13 (2016).

出了非个人数据所有权的问题。他从经济角度分析了是否有必要创设新的数据专有知识产权。他认为，由于缺少数据生产和分析的激励机制，引入这种新的知识产权缺乏令人信服的经济理由。与此相反，新的数据知识产权可能会阻碍竞争和创新。因此，当前解决数据访问问题可能是比构建数据产权更重要的政策问题。[55] 莎拉·斯皮克曼（Sarah Spiekermann, 2017）、雅娜·科鲁诺夫萨克（Jana Korunovska, 2017）构建了一个以用户为中心的个人数据价值理论。基于对1269名脸书用户的问卷调查，她们确定了驱动自愿提供的个人数据价值的核心结构。事实上，将数据视为可交易资产的意识是增强数据付费意愿的最具影响力的因素。人们对自己的数据有一种心理归属感，因此重视数据。她们提出的价值理论有助于揭示影响个人数据市场繁荣的市场设计机制。观察数据表明，如果有意识地剥夺对个人数据的控制权，多数用户会反应激烈并退出市场。因此，企业应考虑使用以用户为中心的控制工具，让用户更多地参与个人数据市场。[56] 安德列亚斯·博尔丁等（Andreas Boerding et. al, 2018）认为数据已成为后现代信息社会最重要的资源之一，而欧洲民法却未充分反映这一发展。欧洲民法似乎难以作为一个法律实体处理数据问题。他们认为欧洲财产法已为建立数据所有权的理论概念提供了充分的框架。因此，他们提出了分配所有权的潜在标准，并论证了积极访问权和消极限制权。[57]

3. 我国数据财产权相关研究

早在虚拟财产研究兴起之时，杨立新和王中和（2004）就提出，虽然以数据为底层基础的网络虚拟财产有异于传统类型财产，但网络虚拟财产

---

〔55〕 See Wolfgang Kerber, *A New (Intellectual) Property Right for Non – Personal Data? An Economic Analysis*, Gewerblicher Rechtsschutz und Urheberrecht, Internationaler Teil (GRUR Int), 11/2016, p. 989 – 999 (2016).

〔56〕 See Sarah Spiekermann & Jana Korunovska, *Towards a value theory for personal data*, Journal of Information Technology 32 (2017).

〔57〕 See Andreas Boerding et. al, *Data Ownership—A Property Rights Approach from a European Perspective*, 11 Journal of Civil Law Studies 2 (2018).

仍应被视为受物权法规制的一种特殊类型的物。[58] 林旭霞（2009）则认为在物债两分结构下，将虚拟财产纳入二元体系是符合制度效率的。物的典型特征是其具有排他支配可能性，而虚拟财产权具备这一排他支配性特征，因此虚拟财产权应被认定为物权。[59]

数据作为生产要素已渗透经济和社会生活的各个层面，而数据有价这一观念已在社会上形成共识，因此有部分学者认为应赋予个人或企业相应的数据财产权。齐爱民（2012）提出了数据信息权，并认为这是一种不同于物权、债权和知识产权的财产权形态。该权利可以排除他人干涉直接支配特定的信息产品。他从数字文化商品的法律特征出发，通过对美国、俄罗斯和欧盟数字文化商品确权方式的利弊进行分析，得出了大陆法系视野下的信息权制度，认为信息权是一种相对独立的新型财产权，并对这种权利进行了交易规则构建。[60] 杨立新和陈小江（2016）认为原始数据经过加工聚合后会变为具有使用价值的衍生数据。这一转变是通过创造性劳动而产生的成果，属于智能成果。我国民事立法应将衍生数据作为知识产权客体的一种，并赋予拥有者数据专有权。[61] 王玉林和高富平（2016）研究认为国内外大数据交易实践揭示了大数据具有财产属性。由于大数据的财产属性，大数据应成为信息财产权客体，并被视为大数据实际控制人的数据资产。[62] 龙卫球（2017）认为莱斯格教授将个人信息财产权赋予个人难以反映数字经济的结构本质和双向动态特点。他提出应从体系上区分个人信息和数据资产，除了向个人赋予人格和财产权益之外，还应赋予数据经营者相应的数据经营权和数据资产权。[63] 对于企业数据财产权保护，

---

〔58〕 参见杨立新、王中合：《论网络虚拟财产的物权属性及其基本规则》，载《国家检察官学院学报》2004 年第 6 期。

〔59〕 参见林旭霞：《虚拟财产权性质论》，载《中国法学》2009 年第 1 期。

〔60〕 参见齐爱民：《数字文化商品确权与交易规则的构建》，载《中国法学》2012 年第 5 期。

〔61〕 参见杨立新、陈小江：《衍生数据是数据专有权的客体》，载《中国社会科学报》2016 年 7 月 13 日，第 5 版。

〔62〕 参见王玉林、高富平：《大数据的财产属性研究》，载《图书与情报》2016 年第 1 期。

〔63〕 参见龙卫球：《数据新型财产权构建及其体系研究》，载《政法论坛》2017 年第 4 期。

龙卫球（2018）提出简单的财产权构造已经无法应对数字经济的迫切需要，需要一种能实现多元利益协同的复杂财产权设计。立法者应突破传统法律思维和框架的藩篱，向数据新型财产化机制进行转变。[64] 程啸（2018）提出个人数据权利保护实质上是关于个人民事权益保护与企业数据商业活动关系的协调。个人数据权利应通过私法规制，而数据企业基于对个人数据的合法收集、存储和支付对价等事实行为应享有一种新型财产权，仅通过反不正当竞争法保护企业数据权利有失偏颇，这实际上将企业数据权利降格为受法律保护的纯粹经济利益，应当对企业数据权利赋予绝对性权利，给予更系统的保护。[65] 纪海龙（2018）创新性地提出了数据文件所有权理论，并将数据区分为数据信息层、数据文件层和数据存储层。数据信息是数据文件的信息内容，不具有财产的自成一体性和可支配性，具有公共属性；数据文件是数据信息的电子载体，具有财产的可界分性、可支配性和排他性，不具有公共属性；数据存储是数据文件的有形载体，具有财产的自成一体性、可支配性和排他性，属于民法上的物，应通过物权进行保护。该理论认为数据文件凝聚了数据加工者的劳动，应当被赋予类似于所有权的财产权，以激励数据文件的生产与加工，促进数字经济的持续发展。[66] 孟涛（2019）提出数据法律属性的变化使得传统立法思路已经无法满足数据发展的现实需求，阻碍了数据财产价值的充分发挥。因此，应当合理转变数据立法思路，积极拓展数据的利用空间，并在规范层面上确立数据的财产价值。此外，还应当在私权体系内部构建数据新型财产权，以实现对数据财产利用秩序的有效规制。[67]

学者梅夏英和金耀则对数据财产权提出了质疑。梅夏英（2016）认为，由于数据不具备独立性和特定性，也不能纳入无体物范畴，因此数据

---

〔64〕 参见龙卫球：《再论企业数据保护的财产权化路径》，载《东方法学》2018 年第 3 期。

〔65〕 参见程啸：《论大数据时代的个人数据权利》，载《中国社会科学》2018 年第 3 期。

〔66〕 参见纪海龙：《数据的私法定位与保护》，载《法学研究》2018 年第 6 期。

〔67〕 参见孟涛：《基于“丰鸟数据之争”的数据财产的法律属性与保护路径》，载《大连理工大学学报（社会科学版）》2019 年第 2 期。

无法成为民事权利客体。数据是信息内容的载体，因此数据不具有独立经济价值，数据交易性也受制于承载的信息内容。数据的价值实现也依赖数据安全和自我控制保护，因此不应将数据独立地视为财产。[68] 金耀（2020）则认为激励理论无法佐证数据专有财产权，赋予数据专有财产权可能阻碍数据流通，而且数据专有财产权在权利配置上也存在障碍，也缺乏相应公示手段展示其内容和范围。采用数据治理合同路径可能更符合数字经济发展趋势。[69]

（三）数据交易市场与监管研究

我国数据要素市场发展面临的诸多问题可以概括为数据确权、数据定价、数据流通和数据监管 4 个方面的问题，而其中数据交易和数据监管的问题更为突出。

关于数据要素市场发展，田杰棠和刘露瑶（2020）认为数据具有非稀缺、非均质和非排他等典型特征。实践证明在数据撮合交易和数据增值服务两种交易模式中，后者更为有效。由于数据产权界定争议较大，应坚持"在实践中规范、在规范中发展"的原则，推动我国数据要素市场快速发展。[70] 于施洋等（2020）从数据统筹、数据立法、市场培育、资源配置、市场监管和安全保障等方面剖析了数据要素市场配置面临的问题，并提出了搭建公共平台，完善市场要件，研究配套政策，推进协同联动和优化市场结构等政策建议。[71] 徐玖玖（2020）认为在《数据安全法（草案）》提出培育数据交易市场的背景下，应搭建数据权益保护和数据产业激励双层维度的基本规制原则。以前者知情同意原则、责任和安全保护原则为双

---

〔68〕 参见梅夏英：《数据的法律属性及其民法定位》，载《中国社会科学》2016 年第 9 期。

〔69〕 参见金耀：《数据治理法律路径的反思与转进》，载《法律科学（西北政法大学学报）》2020 年第 2 期。

〔70〕 参见田杰棠、刘露瑶：《交易模式、权利界定与数据要素市场培育》，载《改革》2020 年第 7 期。

〔71〕 参见于施洋、王建冬、郭巧敏：《我国构建数据新型要素市场体系面临的挑战与对策》，载《电子政务》2020 年第 3 期。

足，以后者区分规制原则、合理使用原则为两翼，进而形成“保护—激励”双层维度的平衡性制度安排。[72] 李直和吴越（2021）认为数字经济的核心内涵是数据、算法和算力。数据要素市场培育是推动数字经济进一步发展的必然要求，应使用先进的技术手段、科学的数据要素分类和完善的治理体系打破数据要素市场培育过程中的多方困局，加快培育数据要素市场。[73] 陶卓等（2021）认为我国数据要素市场化配置形成了3种模式，即“政府数据平台+政企合作机制+精准治理”模式、“产业化联盟+产学研合作机制+协同治理”模式、“数字经济产业园+数据交易机制+迭代治理”模式。数据要素市场化配置需要明确数据交易范围，推动数据开放利益平衡，推进数据流通技术创新，构建数据价值转化渠道，实现数据资源的标准化，优先布局大数据产业链。[74]

关于数据交易标的的研究，史宇航（2016）提出了为打击因非法数据交易而形成的产业链，引导个人有序进行数据交易，应在明确个人数据人身属性与财产属性的基础上，设立专门的数据交易中心。[75] 张敏和朱雪燕（2018）认为原始数据与组合数据均具有财产属性，都可以作为商事交易的标的。大数据交易法律关系由数据供需两方以及交易中介方构成。[76] 王德夫（2019）认为数据交易的对象是具有独立性、可流转性和财产权属性的“大数据信息”。[77] 苏成慧（2020）则提出对可交易数据的认定应根据主体和数据进行类型化分类。对于自生数据而言，企业自生数据应基于财产属性自由交易；个人自生数据则因其人格属性而交易受限。企业对其控

---

〔72〕 参见徐玖玖：《数据交易法律规制基本原则的构建：反思与进路》，载《图书馆论坛》2021年第2期。

〔73〕 参见李直、吴越：《数据要素市场培育与数字经济发展——基于政治经济学的视角》，载《学术研究》2021年第7期。

〔74〕 参见陶卓、黄卫东、闻超群：《数据要素市场化配置典型模式的经验启示与未来展望》，载《经济体制改革》2021年第4期。

〔75〕 参见史宇航：《个人数据交易的法律规制》，载《情报理论与实践》2016年第5期。

〔76〕 参见张敏、朱雪燕：《我国大数据交易的立法思考》，载《学习与实践》2018年第7期。

〔77〕 参见王德夫：《论大数据时代数据交易法律框架的构建与完善》，载《中国科技论坛》2019年第8期。

制的非自生数据进行交易的前提为合法持有。公共数据因其公共属性而不可交易。[78]

关于数据交易监管的研究，邹开亮和刘佳明（2017）提出大数据来源的合法性、大数据定价的合理性，以及大数据质量保证和争议解决方式的确立都是导致消费者权利遭受侵害的重要因素。要解决在大数据交易中存在的问题，必须在完善相关法律法规的基础之上，强化行政执法监督力度，严格追究违法经营者的司法责任，切实维护消费者的合法权利。[79] 雷震文（2018）认为数据交易平台既是数据交易的组织者也是参与者，兼具"裁判员"和"运动员"双重身份。提升对数据交易平台的监管需要明确平台的性质和功能，完善平台准入制度，合理界定平台法律责任范围和加大对平台交易的制度激励。[80] 张敏（2019）认为基于数据交易的特殊性，应允许数据交易平台自律监管，并赋予数据交易平台自律性法人地位。针对数据交易平台的设立应采取政府事前准入制度，并构建自律监管与行政监管并行的数据交易监管体系。[81]

（四）国家干预与市场失灵相关研究

如何妥善处理政府与市场之间的关系不但是经济法学的永恒命题，也是社会市场经济的核心问题。市场秩序是一种自发的秩序，它并非人为设计的，而是社会中所有个体行为的结果。市场经济是符合人类自然天性的经济制度，它具有无与伦比的优越性。在1776年出版的《国富论》中，古典经济学派奠基人亚当·斯密对市场经济运行机制进行了系统的分析和研究。他认为，在市场经济中每个人都带着自利的目的试图改善自身的处

〔78〕 参见苏成慧：《论可交易数据的限定》，载《现代法学》2020年第5期。

〔79〕 参见邹开亮、刘佳明：《消费者权益保护视阈下的大数据交易监管探析》，载《齐齐哈尔大学学报（哲学社会科学版）》2017年第9期。

〔80〕 参见雷震文：《以平台为中心的大数据交易监管制度构想》，载《现代管理科学》2018年第9期。

〔81〕 参见张敏：《大数据交易的双重监管》，载《法学杂志》2019年第2期。

境，每个人都试图为其所能支配的资本找到最有利的用途，并竭力使其生产物的价值最大化，从而无意识地导致了社会年收入增加。这就仿佛在一只“看不见的手”的引导下去实现一个并非他本意想要达到的目的。每个人在追求自己利益的同时也间接地促进了社会产出和社会整体福利的提升。[82] 在斯密看来，财富增长和经济发展的原动力来自个体对自身利益的追求，而市场机制这只“看不见的手”会发出信号引导个体的经济活动，从而扩大自由贸易，形成劳动分工，增加国民财富。斯密认为，政府的作用仅仅是保障市场机制稳定运行。政府干涉和指导个人如何运用资本的行为将被证明是自寻烦恼的徒劳。这种规制显然是无用且有害的。[83] 尽管斯密描述了政府应将其职能限定于提供国防、司法等公共服务方面，但他并未明确提出国家干预的主张。

政府与市场之间存在对立的思想最先由大卫·李嘉图和约翰·穆勒提出。19 世纪后期，新古典经济学派代表人物阿尔弗雷德·马歇尔继承了斯密的自由放任的经济思想，主张政府应以不干涉为基本准则。20 世纪 30 年代经济大萧条使公众开始质疑新古典经济学派的自由放任经济体制。凯恩斯革命引领了国家干预主义的思潮。约翰·凯恩斯从边际消费倾向、资本边际效率和流动性偏好三大基本心理规律出发，提出了关于消费和投资的“有效需求”不足理论，进而提出了“让国家之权威与私人之策动力量互相合作”的国家干预主义理论。[84] 凯恩斯认为政府应对宏观经济活动进行调控，从而削弱或消除自由经济体制中的某些弊端，保证宏观经济的稳健运行。新自由主义学派代表人物弗里德利希·冯·哈耶克则坚定认为市场机制可以自行修复货币、投资等问题引起的市场运行紊乱。经济危机也是一种市场自我调节形式，政府过度干预会掩盖需要解决的实际问题。因

[82] 参见［英］亚当·斯密：《亚当·斯密全集第 3 卷国民财富的性质和原因的研究（下卷）》，郭大力、王亚南译，商务印书馆 2014 年版，第 30 页。

[83] 参见［英］亚当·斯密：《亚当·斯密全集第 3 卷国民财富的性质和原因的研究（下卷）》，郭大力、王亚南译，商务印书馆 2014 年版，第 31 页。

[84] 参见［英］凯恩斯：《就业、利息和货币通论》，徐毓枬译，商务印书馆 1997 年版，第 326 页。

此，政府对经济的干预是不必要的。哈耶克提出人类社会存在一种有序的结构或秩序，它是许多人共同行动的产物，而非人为刻意设计的结果。这种自生自发秩序不是创造出来的，而是许多人在互动模式下各自行动的结果。[85] 由于理性、经验和知识的有限，人类只有通过自发的市场机制和价格机制才能实现资源有效配置，才能促进经济发展和社会繁荣。哈耶克认为，如果政府用计划指令代替市场机制将会产生严重后果，因为一旦市场机制的自由运行受阻超过了一定程度，规划者就将被迫扩大规制或管制范围，直到政府指令变得包罗万象为止。[86] 他也不否认政府在市场经济中的作用。他提出，如果政府在经济领域采取的措施符合法治标准，该措施就不能被视为政府干预而被摒弃。市场经济可以容纳更多符合有效市场的政府行动。与较多关注经济活动却引导自发性秩序的政府相比，较少关注经济活动却采取错误经济措施的政府更容易破坏市场经济的力量。[87] 综观西方市场经济发展实践，自由市场与政府干预在经济发展的不同历史时期也呈现出一种此消彼长的关系。历史经验表明，完全的市场机制和过度的政府干预都可能带来灾难性后果。正如保罗·萨缪尔森所言，世界经济发展史已证明，无论是无管制的资本主义制度还是过度管制的中央计划经济都无法有效组织和支撑起一个真正的现代化社会，只有认可有限的折衷主义，经济发展的果实才能被更多人公平分享。[88]

西方主流经济学认为国家干预的前提是存在市场失灵或市场缺陷。约瑟夫·斯蒂格利茨认为，市场无法有效配置资源一般由不完全竞争、不完全信息、外部性和公共物品等导致，政府可以通过公共政策促进竞争，矫

---

〔85〕 参见［英］弗里德里希·奥古斯特·冯·哈耶克：《法律、立法与自由》（第1卷），中国大百科全书出版社2000年版，第56页。

〔86〕 参见［英］弗里德里希·奥古斯特·冯·哈耶克：《通往奴役之路》，王明毅等译，中国社会科学出版社1997年版，第103页。

〔87〕 参见［英］弗里德里希·奥古斯特·冯·哈耶克：《自由秩序原理》，邓正来译，生活·读书·新知三联书店1997年版，第280–281页。

〔88〕 参见［美］保罗·萨缪尔森、［美］威廉·诺德豪斯：《经济学》（第19版），萧琛主译，商务印书馆2014年版，XXVI–XXVIII。

正导致外部性和不完全信息产生的问题，以及提供公共物品来纠正市场失灵。[89] 格里高利·曼昆则认为市场失灵是市场本身不能有效配置资源的情况所引发的。第一个可能的原因是外部性，即某个人的行为对旁观者的福利所产生的正面或负面影响；另一个可能的原因是市场势力，即某个人或某群人不适当地影响市场价格。[90] 市场失灵这一概念最早由弗朗西斯·巴托（1958）提出。他认为在分配理论中，市场失灵是指一个或多或少理想化的价格市场制度体系未能维持"理想"的活动或制止"不理想"的活动。然而在现实世界中存在不完全信息、惯性、变革阻力、税收成本、不确定性、不一致的预期和总需求的变幻莫测等情况，而这些不确定性都会导致无错误的利润和偏好最大化计算，从而使市场机制无法维持帕累托有效分配。[91] 阿尔佛雷德·马歇尔、阿瑟·庇古和罗纳德·科斯对市场机制的缺陷进行了反思，并推动和完善了外部性理论。马歇尔（1890）首先提出"外部经济"这一概念，并声称在现实世界中有两类因货物生产规模扩大而产生的经济：一是依赖于该工业的一般发达的经济，即外部经济；二是依赖于该工业的特定企业的资源、组织架构和运营效率的经济，即内部经济。[92] 在马歇尔"外部经济"的基础上，庇古（1920）提出了"外部不经济"的概念。他认为，负外部性的产生是由于社会边际成本与私人边际成本背离，二者之间的差异不由私人承担。由于私人最优产量大于社会最优产量，因此产生资源浪费。解决方案是政府通过对私人收税实现外部成本内部化，从而减少边际社会损害。[93] 在庇古的外部性理论的基础上，

---

〔89〕 参见［美］约瑟夫·E·斯蒂格利茨、［美］卡尔·E·沃尔什：《经济学》（第3版）（上册），黄险峰、张帆译，中国人民大学出版社2005年版，第247页。

〔90〕 参见［美］N. 格里高利·曼昆：《经济学原理：宏观经济学分册》（第6版），梁小民、梁砾译，北京大学出版社2012年版，第12页。

〔91〕 See Francis Bator, *The Anatomy of Market Failure*, In Estrin, S., Marin, A., eds., Essential Readings in Economics, Palgrave, 1995, p. 129 – 130.

〔92〕 参见［英］马歇尔：《经济学原理》（上卷），朱志泰译，商务印书馆1997年版，第134 – 135页。

〔93〕 参见［英］A. C. 庇古：《福利经济学》（上卷），朱泱、张胜纪、吴良健译，商务印书馆2006年版，第194 – 201页。

科斯（1960）创新性地发现交易成本会对产权安排产生影响。他提出假如定价系统的运行毫无成本，那么最终结果（使生产价值最大化）将与法律状况无关。无论养牛者是否对农作物造成的损害负责，牛群的规模都是一样的。[94] 科斯所说的定价系统的运行成本指的是谈判和履约过程中的交易成本，而法律状况指的是法院判决。科斯的这一假定被学界誉为科斯第一定理，如果交易成本为零，而且当事方权利界定清晰，则无论权利界定给哪一方，资源配置都会是相同的。施蒂格勒将其表述为，在完全竞争条件下，私人成本等于社会成本。[95] 科斯还提出，一旦考虑到进行市场交易的成本，那么只有当重新安排后的生产价值增长大于它所带来的成本时，权利的重新安排才能继续。反之，禁令或损害赔偿责任可能会导致发生在零成本市场交易条件下的活动的终止。在这种情况下，合法权利的初始界定确实会影响经济体系的运行效率。[96] 换言之，在产权清晰的前提下，交易费用为零。在市场机制充分有效的情况下，市场主体通过市场交易就可以解决彼此之间的纠纷，外部性问题也就迎刃而解。对于纠正市场失灵，萨缪尔森（1954）贡献了公共产品理论。[97] 斯蒂格利茨（1989）系统研究了逆向选择、道德风险和不完全信息等问题，拓展了市场失灵理论研究的视野。[98] 他提出国家干预经济的目的在于矫正市场失灵。在信息不完善或市场不完全的条件下，市场机制难以在约束条件下实现帕累托效率，因此市场失灵具有普遍性。在矫正市场失灵时，代表全体社会成员并拥有强制力的政府具有征税权、禁止权、处罚权以及交易成本等优势。由于政府本

---

〔94〕 See Ronald H. Coase, *the problem of social cost*, Journal of Law and Economics, Vol. 3, p. 7 – 8 (1960).

〔95〕 参见［美］罗纳德·H. 科斯：《企业、市场与法律》，盛洪、陈郁译，格致出版社、上海三联书店、上海人民出版社2014年版，第11页。

〔96〕 See Ronald H. Coase, *the problem of social cost*, Journal of Law and Economics, Vol. 3, p. 15 – 16 (1960).

〔97〕 See Paul A. Samuelson, *the pure theory of public expenditure*, The Review of Economics and Statistics, Vol. 36: 4, p. 387 – 389 (1954).

〔98〕 See Joseph E. Stiglitz, *Markets, Market Failures, and Development*, The American Economic Review, Vol. 79: 2, p. 197 – 203 (1989).

身的有限性，不完善信息和不完全市场同样会导致公共失灵或政府失灵，与政府强制力高度关联的再分配权也可能会滋生权力“寻租”等不公平现象。[99]

在西方经济学中，国家干预也时常被称为政府管制或政府规制。丹尼尔·史普博（2008）认为管制是政府直接干预市场机制或间接影响企业或消费者供需决策的规制或行为。他将市场失灵分为准入壁垒、外部性和内部性3种类型。通过对价格、准入和服务质量的管制，政府可以解决与准入有关的不充分竞争问题，与第三方交易成本有关的外部性问题，以及交易成本不反映在交易条件中的内部性问题。[100] 植草益（1992）提出，所谓公的规制，是指政府依照法律规则对构成特定社会的市民主体以及构成特定经济的经济主体的活动实施限制的行为。广义的公的规制包括应对自然垄断的经济性规制，应对外部性和非价值物的社会性规制以及不公平竞争规制。[101] 无论是政府干预还是政府规制，实质上都体现了国家公权力对市民生活和经济活动的渗透和介入。在古典和新古典自由主义看来，市场机制的自生自发秩序在多数情况下可以自动实现资源配置帕累托最优。只有在存在市场失灵情形时，政府才需要介入市场经济活动。传统国家干预（公共利益规制）理论隐含着政府是以公共利益为目标的全能型“道德人”的前提假设，然而这一假设并不符合实际。公共选择理论分析了政府行为和公共选择过程中的弊端，并揭示了政府是维护自身利益最大化的“经济人”，因此政府失灵也难以避免。在詹姆斯·布坎南（1988）眼中，政府干预和市场机制都有其内在缺陷和不可克服的局限性，过度依赖政府干预会导致难以预料的悲剧。公共选择理论证明了市场的缺陷并不是把所有问

---

〔99〕 参见［美］斯蒂格利茨：《政府为什么干预经济——政府在市场经济中的角色》，郑秉文译，中国物资出版社1998年版，第69－79页。

〔100〕 参见［美］丹尼尔·F. 史普博：《管制与市场》，余晖等译，上海三联书店、上海人民出版社2008年版，第11－26页。

〔101〕 参见［日］植草益：《微观规制经济学》，朱绍文等译，中国发展出版社1992年版，第1－24页。

题丢给政府处理的充分理由。[102] 安德烈·施莱弗和罗伯特·维什尼（2017）提出了一个看待政府的新视角，即在传统的“看不见的手”政府模型和“扶持之手”政府模型之外，还存在基于政治因素的“掠夺之手”政府模型。在调整经济活动过程中，“看不见的手”政府模型和“扶持之手”政府模型都有其缺陷。由于在现实生活中，政府对于经济活动的干预远远超出想象，因此过于理想化的“看不见的手”政府模型不适合作为实证模型。“扶持之手”作为实证模型之所以失败，在于假设政府会追求社会福利最大化，然而政府出台干预政策经常只是为了服务于特定政治目的，即使最终导致整体社会福利提升，那也仅是巧合。“掠夺之手”政府模型将政治过程看作政府行为的决定因素，政客的目标是追求私利，而非社会福利。政府在扮演“掠夺之手”对经济和社会进行干预时往往会伴随腐败、权力“寻租”和阻碍创新等行为。[103]

在经济学领域之外，政府干预和政府规制也是经济法和行政法的研究对象。美国法学家杰里·马肖（1997）尝试用经济学领域的公共选择理论来解释和改进公法。公共选择理论假定所有人都受自私利益的驱使，只有通过加强政府体制所固有的制衡机制，国家才有希望抵消其公民最坏的冲动。他试图在公共选择理论的拥趸者和反对者之间找到一个中间立场。在涉及政府管制时，他认为政府过于积极主动是有害的。[104] 英国法学家安东尼·奥格斯（2004）批判性地研究了公法如何应对和规制工业活动的任务，并系统地概述了社会规制和经济规制的理论和形式。他认为现代政府规制理论存在两个理论框架：一是公共利益理论确定政府规制的目标应该是改善社会和经济福利；二是经济理论认为政府规制应以满足私人利益的

---

〔102〕 参见［美］詹姆斯·M. 布坎南：《自由、市场和国家：20世纪80年代的政治经济学》，吴良健、桑伍、曾获译，北京经济学院出版社1988年版，第2-3页。

〔103〕 参见［美］安德烈·施莱弗、［美］罗伯特·维什尼编著：《掠夺之手：政府病及其治疗》，赵红军译，中信出版社2017年版，第2-6页。

〔104〕 See Jerry L. Mashaw, *Greed, Chaos, and Governance: Using Public Choice to Improve Public Law*, Yale University Press, 1997, p. 43-49.

需求为目标。[105] 奥格斯对政府规制理论的阐述对于经济法如何合理干预经济具有借鉴价值。德国法学家罗尔夫·斯特博（1999）提出经济法可分为经济私法、经济刑法和经济行政法。他以对经济现象的责任为线索，将经济行政法的责任分为个人责任、共同责任和国家责任，个人责任与共同责任也被称为经济参与者责任。他认为经济法的核心是国家责任在经济领域中的扩张。他提出经济体制是经济宪法的基础，经济宪法则决定经济行政法，经济行政法是经济宪法的具化。经济宪法既包含经济自由和社会规制的对立协调，也包括国家责任和经济参与者责任的对立协调。对于国家干预的目的，他认为国家责任不应仅限于纠正市场失灵，而应扩展为更广的服务性职能。[106] 日本法学家金泽良雄（1988）认为，由于市民法自动调节的有限性，对于在经济循环中遇到的矛盾和困难需要采用社会调节的办法解决。因此，经济法是在经济政策上满足社会调节要求的国家干预之法。所谓国家干预既包括消极的权利调整，也包括积极的扶植保护，还包括集权式干预和非集权式干预。[107]

政府与市场之间的关系也是中国学界的热门研究领域。林毅夫（2017）的新结构经济学倡导发展中国家在经济发展或转型过程中，应同时用好“两只手”，并发挥有效市场和有为政府的作用，并形成有机融合、相互促进的发展格局。[108] 虽然，林毅夫新结构经济学的有为政府理念与新古典经济学的有限政府理念相背离，并因此饱受争议，但林毅夫发展经济学理论对中国经济的贡献却毋庸置疑。脱嵌的自由市场为了追求经济和效率往往对社会正义视而不见，从而导致社会和组织的分崩离析，而一个有

---

〔105〕 See Anthony Ogus, *Regulation: Legal Form and Economic Theory*, Hart Publishing, 2004, p. 1 – 12.

〔106〕 参见［德］罗尔夫·斯特博：《德国经济行政法》，苏颖霞、李少康译，中国政法大学出版社 1999 年版，第 9 – 11 页。

〔107〕 参见［日］金泽良雄：《当代经济法》，刘瑞复译，辽宁人民出版社 1988 年版，第 20 – 32 页。

〔108〕 参见林毅夫：《中国经验：经济发展和转型中有效市场与有为政府缺一不可》，载《行政管理改革》2017 年第 10 期。

序社会应该是市场机制与政府机制有机融合、互补共进的社会。[109] 张新宁（2021）提出价值规律是市场经济一般规律，然而市场机制通过价值规律发挥作用存在市场信息不完全、不完善和市场垄断等缺陷，最终市场调节手段也存在盲目性、滞后性等缺陷，导致市场失灵。我国处理政府和市场关系的历史经验表明，只有通过有效市场和有为政府的组合才能破解市场失灵。[110]

我国法学界也对国家干预进行了广泛的研究。国家干预既是经济法的调节机制，也是基本职能。国家应如何通过经济法手段对经济社会生活进行干预是经济法的主要研究内容。自我国社会主义市场经济体制确立以来，经济法学界围绕政府与市场界限、国家干预相关理论进行了深入的研究。李昌麒（2008）对经济学和经济法学语境下的国家干预进行了阐释。经济学语境下的国家干预仅指政府为实现某一经济目的而实施的特定政府行为，它具体表现为一种经济事实关系。经济法学语境下的国家干预是指公权机关在授权范围内介入社会经济生活的状态，它具体表现为在干预主体和受体之间产生的经济法律关系。国家干预旨在克服市场失灵，提升市场效率，它并非泛指国家公权意志在法律中的体现，而是国家实施市场经济体制的特殊经济职能。[111] 漆多俊（2008）提出市场机制并非万能，也存在局限性，此即市场缺陷。市场缺陷可归纳为 3 种：市场障碍，市场机制的唯利性，市场调节具有滞后性与被动性。国家克服上述市场缺陷的做法是对市场强行干预规制、国家直接参与投资经营以及国家宏观调控。[112] 李昌麒和张波（2006）提出了国家干预和市场调节是经济法理论的两条主线。从经济思潮历史演进角度来看，重商学派和以凯恩斯为代表的国家干

---

〔109〕 参见朱富强：《林毅夫的新结构经济学为何引发如此争议——兼论如何正确认识和参与学术争论》，载《学习与探索》2017 年第 5 期。

〔110〕 参见张新宁：《有效市场和有为政府有机结合——破解“市场失灵”的中国方案》，载《上海经济研究》2021 年第 1 期。

〔111〕 参见李昌麒：《论经济法语境中的国家干预》，载《重庆大学学报（社会科学版）》2008 年第 4 期。

〔112〕 参见漆多俊：《经济法基础理论》（第 4 版），法律出版社 2008 年版，第 12－21 页。

预主义并不反对经济自由主义，而以亚当·斯密为代表的经济自由主义也不反对国家干预。在政府行为非理想化和市场道德风险凸显的前提下，应重视国家干预的宏观调控与微观重构。[113] 胡元聪（2008）基于法经济学的分析框架，从成本和效益、需求和供给和均衡的角度对国家干预的合法性、干预方案的选择以及干预的范围和限度进行了分析和厘定。[114] 卢代富（2013）提出市场失灵会损害社会整体福利，而国家干预是克服市场失灵的有效手段。经济法为国家干预提供法律规范和制度框架，其背后体现的是国家意志。国家在经济法的法益结构安排中会作出符合社会整体利益的制度设计，从而实现社会整体福利最大化。[115] 此外，卢代富（2019）还提出了国家干预是个体意识自治无法实现公共目标时国家对经济生活的介入活动。国家干预具体包括宏观调控和市场规制，二者都需符合经济法的形式要求。[116] 张守文（2014）提出了市场与政府作为资源配置的两个子系统存在双向运动和二元配置的问题，应客观认识政府与市场功能，对市场失灵和政府失灵辨证施治。在转变政府职能和简政放权过程中，既要遵循司马迁善因论，也要破解黄宗羲定律。[117] 刘大洪和段宏磊（2014）提出了经济法应秉持一种谦抑干预的思维方式，而国家干预也应以一种谦抑品格嵌入市场失灵的边界之中。市场机制应在资源配置中发挥决定性作用，基于经济法的国家干预应作为补充性和最后手段的机制而存在，应合理谨慎地处理政府与市场关系，避免泛干预主义盛行。[118] 此外，刘大洪（2017）还论证了市场优先原则是谦抑干预在经济法原则领域的映射，并

---

[113] 参见李昌麒、张波：《论经济法的国家干预观与市场调节观——对国家与市场分析范式的一种解读》，载《甘肃社会科学》2006 年第 4 期。

[114] 参见胡元聪：《国家干预行为的法经济学分析——基于经济法的认知视角》，载《河南社会科学》2008 年第 2 期。

[115] 参见卢代富：《经济法对社会整体利益的维护》，载《现代法学》2013 年第 4 期。

[116] 参见卢代富：《经济法中的国家干预解读》，载《现代法学》2019 年第 4 期。

[117] 参见张守文：《政府与市场关系的法律调整》，载《中国法学》2014 年第 10 期。

[118] 参见刘大洪、段宏磊：《谦抑性视野中经济法理论体系的重构》，载《法商研究》2014 年第 11 期。

对市场优先原则的内涵和具体适用进行了阐述和梳理。[119] 侯利阳（2019）认为市场与政府的关系不仅是互补关系，二者还有更深层次的互相支撑和相互转化的交叉关系。若通过因素分析对市场经济法律体系进行解构，则依靠政府外力干预的市场规制法也蕴含市场机制，基于市场内力协调的民法和竞争法也暗含政府干预。[120]

（五）国内外研究评述

总体而言，数据交易相关理论源于国外学者对信息交易相关理论的研究，国外学者随后逐渐将研究延伸至专利、知识和科技创新等领域。为了解决数据交易主体之间由于信息不对称而产生的猜疑链问题，国外学者提出了基于知识产权和财产权的数据确权模式。欧美国家对于个人信息保护和数据财产权的研究已经比较成熟。欧美个人信息保护的两种流行范式是美国的隐私权模式和德国的个人自决权模式。美国的隐私权模式将个人信息或数据纳入隐私权范畴进行保护，而德国个人自决权模式则通过一般人格权对个人信息或数据进行保护。对于数据财产权，欧美学者也进行了较为系统的研究。美国学者的研究重点在于个人数据财产权的配置，以及如何通过个人数据财产权方式提升社会整体福利。德国学者关注数据生产，并创新性地提出了数据生产者权。国外对于政府与市场关系的论述和研究也较为丰富，重商学派、古典经济学派、凯恩斯主义学派和新自由主义学派都对政府与市场关系提出过各自的经济主张。国外学者将市场失灵或缺陷的原因归结为不完全竞争、负外部性、信息不对称、交易成本过高和偏好不合理等因素，而解决的方案则为国家对经济的适度干预。

在承继了国外相关研究的基础上，国内学者对数据交易从动态非对称信息博弈角度进行了研究。数据交易定价问题是我国学者关注的问题，相

---

〔119〕 参见刘大洪：《论经济法上的市场优先原则：内涵与适用》，载《法商研究》2017 年第 2 期。

〔120〕 参见侯利阳：《市场与政府关系的法学解构》，载《中国法学》2019 年第 1 期。

关研究主要集中在定价模式、交易策略、交易机制等方面。个人信息保护与数据财产权也是我国学者研究的热点。由于深受德国法影响，我国多位学者认为在个人信息和数据中包含个人特征信息，这些个人特征信息体现的人格利益，应作为一般人格权对待。我国学者对数据财产权的研究肇始于对网络虚拟财产的研究，随后学者们开始对个人信息财产进行研究，进而延伸到对个人与企业数据财产权的研究。我国对于数据交易市场的研究主要集中在数据要素市场发展模式、数据交易标的和数据交易监管等方面。林毅夫提出的新结构经济学是第三代发展经济学理论，他提出的有效市场与有为政府相互促进的理论对解决市场与政府之间的关系具有借鉴价值。我国经济法学者对国家干预的原则、界限和路径等主题进行了广泛而深入的研究。

现有数据交易研究从经济学、法学、社会学和心理学等多个视角展开，研究范围广、目的性强，相关研究成果的理论深度和实证分析水平都达到了较高水准，并为后续研究提供了良好的研究框架和理论借鉴。然而，现有研究中的一些领域仍需要进行扩展研究。比如现有研究聚焦个人数据保护理论和机制，而对于数据交易流通理论和机制的研究则稍显不足。数据保护问题和数据交易流通问题是一体两面的。规范数据交易流通可以更好地促进个人数据保护。同时，数据交易实践已经领先于数据交易理论研究，当前的数据交易市场乱象需要引入经济学和经济法学的理论框架进行解释，并通过诊疗式的理论分析找到解决当前实践困境的方法和策略。此外，第四次工业革命孕育出的数字经济是经济和社会发展到全新阶段的产物，数据作为新型生产要素更为强调时效性和动态性，因此对数据交易的治理不能沿袭或套用以往全有或全无的刚性法律规则，而应根据数据的流动性和非竞争性特征，并结合数字经济特点构建新型数据交易监管目标、原则和机制。

四、研究目标、方法和创新之处

（一）研究目标

数据交易市场失序是我国进入数字经济时代所面临的新问题。根据经济学理论，市场失灵的诱因一般包括不完全竞争、负外部性、信息不充分、交易成本和偏好不合理等，而具体到数据交易市场失灵的诱因则需要运用相关理论进行分析和诊断。理论研究需要对现实困境进行回应，并为社会实践提供具体指引。经济法理论研究既需要与时俱进地从多维度探索在前沿和交叉领域出现的新问题，也需要立足中国本土实际寻找实现善治的良方。对于数据交易市场失灵的研究可以提高经济法理论对现实问题的解释力和指导力，丰富和完善国家干预和市场监管理论，并为经济法学研究探索一条新的理论进路。

数据交易的主体具有多元性，而涉及的利益又具有复合型。对数据交易市场进行监管不但需要协调个人、企业和公共利益之间的冲突，还需要平衡科技创新、市场秩序和权益维护之间的矛盾。数据交易市场的复杂化使得传统规制工具出现了不敷使用的情形，而政府监管能力不足也会导致监管失效。面对手段不足和监管失效这些实践问题需要进行深入理论研究予以回应。监管路径的选取、创新监管的必要性和可行性以及监管方案的设计都需要经济法基础理论加以解答。

（二）研究方法

数据交易市场失序所引发的市场失灵问题是一个较为复杂的经济和法律问题，而纠正市场失灵也需要从经济学和法学角度寻找适合的规制工具和方法。因此本书将综合运用文献研究、比较分析、实证分析和跨学科分析等研究方法。

1. 文献研究法

对数据交易法律监管的研究需要建立在对数据交易、市场失灵、国家干预等进行理论梳理和社会实证分析的基础之上，既要对数据内涵与数据交易性质进行系统性梳理和评价，又要探索关于数据交易的市场失灵、风险社会和市场监管等经济学和经济法学理论，还需结合数据交易与国家干预现状进行研究，因此需要搜集、甄别、整理大量文献资料，包括专著、论文、研究报告和法律法规等。对国内外学者前期成果的系统性研究、梳理和分析可以为本书的研究奠定坚实的理论基础与提供丰富实践佐证。

2. 比较分析法

数据交易、市场失灵和国家干预理论皆起源于西方经济学理论，相关理论和实践也成熟于美欧等发达国家或地区。对于数据交易市场失灵的研究和治理需要镜鉴美欧等国家的数据交易相关理论和数据治理实践，并合理借鉴美欧等国家的数据财产化制度和做法，在比较分析过程中推动构建符合中国国情的数据交易监管机制和方法。

3. 实证分析法

实证分析是通过对客观事件与经验事实的观察和剖析来验证各种命题。实证分析能从微观层面上调和理论和实践之间的差异。案例分析是实证研究的常用方法，它包括对研究对象的相关案例和现实经历进行筛选和分析，以发现可以作为实证数据的信息。数据交易涉及个人、企业和公众等多元利益主体。多种利益的交织时常会导致各种利益冲突。解决利益冲突的方式一般是对簿公堂，进而形成了一系列案例。国内外数据交易和财产权案例不但折射出在当前数据交易市场竞争中存在的问题，同时也反映了司法和行政机关在处理相关案件时所面临的困难。通过横向对比不同国家，纵向对比不同时期的司法案例，可以发现典型案例都有某种特性，这些案例关注案件双方争点以及法院判决的理由和社会效果，可以为数据交易法律规制提供理论和实践参考。

4. 跨学科分析法

数据交易市场失灵问题涉及信息、法律、社会和经济发展等诸多方面，而数据交易市场失灵的矫正更是关系到公平、效率和利益平衡等价值判断因素。法律秩序属于多维事物，只有将多种维度视为变项，才能真正对法律进行彻底的研究。[121] 本书将从经济法学视角，结合信息学、经济学

---

〔121〕 参见［美］P. 诺内特、［美］P. 塞尔兹尼克：《转变中的法律与社会：迈向回应型法》，张志铭译，中国政法大学出版社 2004 年版，第 10 页。

和经济法学基础理论，利用市场失灵理论、国家干预理论、产权理论、创新理论和矫正正义理论等知识对数据交易市场失灵与监管进行深入研究，并考虑数据交易市场的创新发展和有序运行，思考如何在效率与公平的基础上对数据交易市场进行有效规制与监管。

（三）研究重点

本书的研究重点是数据交易的内涵及其法律性质，数据交易市场失灵的理论分析，数据交易市场监管的必要性与正当性，促进数据交易市场有序发展的监管机制构建。与传统市场相比，数据交易市场既有共性，也存在特性，比如交易双方信息不对称，数据讲究时效性，对技术性要求高，这些特性决定了数据交易市场失灵的治理不同于传统市场失灵治理，需要从信息学角度理解数据内涵，从经济学和法学角度了解数据交易，从经济法学角度探寻适合的国家干预或政府监管路径。数据交易市场是一个持续发展和创新的新型市场，固守传统思维窠臼无法解决新型市场带来的新问题，比如：数据交易中的信息不对称和负外部性如何解决？多元主体的利益如何进行平衡？数据交易市场在创新发展过程中如何兼顾公平与效率？数据交易市场需要不断发展壮大以助力数字经济高质量发展，经济法的功能除了维护市场有序发展外，还可以提供指引并完善法律规制体系以促进数据交易市场的有序运行和良性竞争。

（四）研究创新之处

1. 研究视角创新

关于数据交易和国家干预的现有研究已较为成熟，本书将从经济法视角出发将数据交易市场与国家干预结合起来进行研究。国家干预既是经济法中涉及政府与市场关系边界的重要内容，也是经济法基础理论。政府与市场的关系一直是经济学和经济法学的重点研究领域，如何平衡“看不见的手”与“看得见的手”以促进经济社会稳健发展是学者们孜孜以求的目标。本书试图选取创新视角，将数据交易市场失灵和国家干预置于经济法的宏观视角之下，在深入剖析数据交易市场失灵的成因和危害的基础上，通过国家干预手段或政府监管机制辨证施治，并从创新发展角度多维度考察经济法的国家干预本质。本书在具体制度构建层面将引入公平、效率和创新等价值判断，通过利益平衡和行为分析来探索符合实际的法律规制手段。

2. 研究观点创新

虽然本书研究的主线是经济法语境下数据交易市场中的国家干预，但本书的研究不会仅囿于传统国家干预理论，而是会将研究边界拓展到创新或新场景国家干预的多元理论梳理，探索数据交易背景下国家干预的边界厘定、干预机制和手段优化以及相关法律制度的构建和完善。市场经济天然具有对抗性，数据交易市场的网络特性导致其竞争更为激烈。对于数据交易市场的监管既要考虑法律的公平价值，也需要考虑经济效率和社会整体福利，必须创新监管理念和方式，完善立法、司法、执法各个环节。此外，本书还将从制度经济学角度探讨数据财产权的合理性。在本书逻辑结构上，将首先对我国数据交易市场的现状及存在的问题进行检视，其次对数据交易市场中国家干预的正当性和必要性进行论证，再次对美欧等发达国家的数据交易和数据财产权的立法、司法和实践进行系统梳理并将其作为我国立法镜鉴，最后提出我国规制数据交易的具体制度或相应对策。

3. 研究方法创新

经济法既是促进发展之法，也是国家干预之法。经济法的传统干预框架仅限于宏观调控和市场规制，然而传统规制工具已无法满足数字经济背景下科技创新所产生的数据交易市场的需要。本书将从经济法视角出发研究与探索数据交易市场国家干预的正确定位、干预机制的创新和优化以及相应法律制度的建构与完善。本书将围绕理论与实践两条主线，从法律经济学、制度经济学、创新经济学和市场监管理论出发进行交叉多维研究，以期提出创新的思路和观点。同时希望本书的研究成果可以进一步丰富国家干预理论和经济法基础理论研究。

第一章
数据交易与数据交易监管

一、数据交易概述

（一）数据的内涵、属性及价值

1. 数据的内涵

数据一词由汉字“数”和“据”构成，数是计数，据是凭据。从“数”的角度来看，数据是对客观世界万千事物的属性、样态及交互关系等进行测量、记录和描述的结果；从“据”的角度来看，数据是记录或承载于石头、贝壳、竹简、纸张、电磁波、硬盘等各种物理载体上的物理符号。[1] 迄今为止最早的数据记录是在非洲大陆的斯威士兰（Swaziland）发现的列彭波骨和在刚果民主共和国（Congo）发现的伊尚戈骨，距今已有上万年历史。[2] 在文字产生之前，不同的古文明均出现了类似“结绳记事”“刻木计数”的行为记录，比如古代印加人编制的“奇普”、我国商周时期的甲骨卜辞、古埃及的汉莎纸草、古印度的贝罗多树叶、古巴比伦的泥土算板等。[3]

在信息科技和数字经济快速发展的今天，究竟应如何理解与定义“数据”？《现代汉语词典》将数据定义为，进行各种统计、计算、科学研究或

---

〔1〕 参见赵刚：《数据要素：全球经济社会发展的新动力》，人民邮电出版社 2021 年版，第 2 页。
〔2〕 参见吴军：《文明之光》（第 3 册），人民邮电出版社 2015 年版，第 95 页。
〔3〕 参见刘燕：《会计法》（第 2 版），北京大学出版社 2009 年版，第 1 页。

技术设计等所依据的数值。[4] 在《牛津学习者词典》中，数据被定义为用于形成决策或发现新知的事实或信息。[5] 上述定义均强调了数据的用途，即统计计算，科学研究，形成决策或发现新知。科学领域对数据的认识与数据的一般定义略有差别。从数学的角度来看，“数据”一词是已知的意思，也可理解为事实，它起源于拉丁文 Datum。欧几里得经典著作《已知数》的标题就是 Data，这本著作用已知的或可由已知推导的知识来对几何学进行阐释。[6] 数据也指有根据的数字，即对客观世界测量、描述、记录的结果。数字的产生源于人类在生产和交换活动中发现语言、文字或图像难以精确地描绘客观世界，而数字可以精确描绘客观世界，因此数据可以成为人类改造世界的工具。[7] 从经济学角度来看，数据具有 3 个重要特征：其一，数据是经济活动副产品；其二，数据是用于预测的信息；其三，数据可以降低不确定性提高企业的盈利能力。数据可以被定义为编码为一系列 0 和 1 组成的二进制序列信息，这些信息既包括数字化音乐、影像资料和专利等，也包括统计数据和交易记录。前者可被视为以数据形式存在的产品与服务，而后者可被当作为知识进行的一类特殊投入。[8] 从哲学角度来看，数据是在某一情境下有关差异或统一性缺乏的推定事实。这一现实架构中的差异在特定条件下使得信息成为可能，但需要具备 3 个先决条件：一是需要一份或更多份数据；二是这些数据必须是可取的，即它们必须是根据特定规则组合起来的；三是这些数据有意义和内

---

〔4〕 参见中国社会科学院语言研究所词典编辑室编：《现代汉语词典》（第 7 版），商务印书馆 2019 年版，第 1218 页。

〔5〕 See Data Definition, Oxford University Press. Oxford Learner Dictionary, https://www.oxfordlearnersdictionaries.com/definition/english/data. Data is defined as facts or information, especially when examined and used to find out things or to make decisions.

〔6〕 参见［英］维克托·迈尔－舍恩伯格、［英］肯尼思·库克耶：《大数据时代：生活、工作与思维的大变革》，盛杨燕、周涛译，浙江人民出版社 2013 年版，第 104 页。

〔7〕 参见涂子沛：《数据之巅：大数据革命，历史、现实与未来》，中信出版社 2014 年版，第 255 页。

〔8〕 See Maryam Farboodi & Laura Veldkamp, *A Growth Model of the Data Economy*, NBER Working Paper No. 28427 (2021).

涵，即可以通过不同方式去阐释、翻译或表达。[9] 从技术标准角度来看，国际标准化组织（ISO）将数据定义为，以适合通信、解释或处理的形式化方式重新解释信息的一种表达。[10]

在大部分情形下，数据都可以被视为一种特殊的，按照二进制形式编码和存储的信息。然而数据始终是一个具有抽象性和模糊性的概念，正是由于这一特性，它与相邻概念难以区分。一种观点认为，数据一般指未经加工处理的原始数据，而信息则是经过加工处理的有意义和有价值的描述。另一种观点则认为，对数据与信息不应加以区分。单独的数据并没有太大价值，而当数据形成规模化的大数据后，数据本身就成为信息。此外，数据时常会被多次加工和利用，这些被加工利用的数据可能直接变成具有价值和意义的信息。反之，上述信息也可能成为再次被分析利用的数据。正如吴军所言，信息是对于客观世界万事万物的描述，它比数据更加抽象。数据是信息的主要载体，然而并非所有数据都承载了有意义的信息，没有信息的数据并无太大的价值或意义。数据是人为创造，可以被篡改和伪造的，因此过滤无用噪声并删除有害数据，进而获得数据背后有价值的信息才是提升数据价值的关键。[11] 由于数据与信息二者在大多数应用场景和核心内容上具有同一性，因此数据应被定义为任何以电子或非电子形式对信息的描述、记录和表达。[12]

---

〔9〕 参见［法］布鲁诺·特博尔：《数据的哲学》，载网易 2018 年 5 月 31 日，https：//www. 163. com/dy/article/DJ59ATEI0511FBRQ. html。

〔10〕 See ISO/IEC 2382：2015，Information technology—Vocabulary，https：//www. iso. org/standard/63598. html. Data：reinterpretable representation of information in a formalized manner suitable for communication，interpretation，or processing.

〔11〕 参见吴军：《智能时代：5G、IoT 构建超级智能新机遇》（上卷），中信出版集团 2020 年版，第 7 – 8 页。

〔12〕 参见《数据安全法》第 3 条第 1 款规定：“本法所称数据，是指任何以电子或者其他方式对信息的记录。”

2. 数据的基本属性

（1）数据的自然属性

自然属性是对某一事物与生俱来的面貌或者本原特征的描述说明。数据的自然属性是其本身所固有的客观存在的特征。数据的自然属性可以概括为物理形态上的无体性、占有过程中的非竞争性、使用过程中的非损耗性、流转过程中的流动性。

①数据的无体性

数据的无体性是其物理特征，它不具有物理外观意义上的形状、重量和密度。无体性要求数据必须以特定方式固定记录才能被控制利用。传统法学理论下的有体物具有“占有”或“排他”等权能，而有体物的“占有”具有天然排他的效果，法律只需保护有体物的“占有”状态即可。然而数据的无体性使其可以突破时间和空间的限制，并能为不特定的人同时重复使用，这就使传统所有权的“占有”权能被另一个更为重要的概念“控制”超越。[13] 与有体物不同，法律无法实现对数据的支配性控制，而是在对其价值实现的全生命周期的流程中实现有效管控。数据的无体性并不代表它是虚无缥缈、无法掌控的，通过控制其依附的媒介或载体，便能固定以比特形式存在的数据。

②数据的非竞争性

传统的有形物具有天然的竞争性（排他性），只能为一个主体所占有，该物的占有者可在事实上或法律上排除他人享有该物之上的利益；而数据不同于传统的有形物，数据具有天然的非竞争性，可以同时被多个主体事实占有，且多个主体可同时基于同一数据（集）实现不同的利益。正是由于数据的非竞争性，数据在流通交易实践中可以完美地实现“一物多卖”，而不贬损数据的本身价值。这种交易方式与传统有体物的交易方式大相径庭。以有体物自行车为例，如果卖家将自有自行车出卖并实际交付，这辆

〔13〕 参见刘青：《信息法新论——平衡信息控制与获取的法律制度》，科学出版社 2008 年版，第 86－88 页。

自行车就变成了买家所有的特定物。除非卖家日后回购该自行车，否则卖家将无法再拥有并使用该自行车。数据的非竞争性还能衍生出数据的可复制性，数据的可复制性极大地拓展了数据的使用范围，强化了它的共享属性，激发了它的共享经济效用。

③数据的非损耗性

物理意义上的有体物都会因为自然原因或日常使用而出现损耗。与有体物不同，对于数据的高频使用并不会减损其价值。数据是非物质形态的比特或符号，具有无限复制的可能性，并且在使用过程中也不会发生损耗，甚至数据使用过程中的与其他数据结合还能使数据增值，并附随产生的新的数据。即便对数据进行删除处理，通过技术措施也能还原其本来面貌，只有对其载体或媒介进行彻底毁损才能使数据彻底灭失。

④数据的流动性

数据的流动性是数据作为商品在市场得以交换的现实基础。数据以比特或符号形式存在于各种载体和媒介之上，与有体物相比它具有更强的流动性，因而不易受到地理因素影响。数据的无体性使得它可以不断复制，并依附于网络和媒介永续往复流转，在流转过程中不断汇聚结合、演算分析生成新的数据、信息、知识和洞见。数据的流动性与共享经济高度关联，数据只有在不断流动共享的过程中才能创造更大的价值，激发知识与智慧的火花。从促进数据生产的角度来看，政府应减少对数据传播流转的限制，让更多民众接触和挖掘数据，从而实现数据增值。[14]

（2）数据的社会属性

数据既是新型生产要素，也是新型社会资源，它对人类的经济和社会发展具有重要作用，尤其对数字经济中生产力的提高和生产关系的调整具有突出作用。在建设数字社会的过程中，数据具有的多重社会属性也逐渐彰显。

---

〔14〕 参见高富平：《信息财产——数字内容产业的法律基础》，法律出版社 2009 年版，第 32 页。

①数据的社交属性

数据是人类对客观世界万事万物的描述和记录，是人类社会活动的产物。数据与一般自然资源相比存在显著的差异。矿产、油气和水等自然资源可以直接或间接地从自然界获取，而数据则一般源自人类的生产或社会活动。数据孤岛、数据封锁和数据访问限制会导致数据碎片化或反公地问题，从而阻碍科技创新，降低数据市场效率。对个人用户而言，拒绝个人数据社交共享可能会提高隐私保护的可感知收益，但在企业与企业之间，企业与消费者间的电子商务场景下，个人数据社交共享的意愿降低会阻碍数据通过聚合产生范围经济效应，从而降低社会整体的福利。〔15〕

②数据的识别属性

数据是对人类社会活动和事物运行的描述与刻画。从数据产生的目的来看，数据具有识别和区分的工具属性，这种属性决定了数据兼具社会性和公共性。数据的识别属性源于数据的“自然物质”基础，即数据的源头，例如个人数据源于自然人，商业数据一般源于企业，而自然地理数据则源于大自然等。〔16〕 以个人数据为例，它就是为了在不同社会场景中识别个体和表达交流而产生的，它是个人与社会进行互动的必要工具，这种识别属性决定了个人数据在一定程度上应当处于为社会所知悉的公共领域，而不能完全由个人所有。

③数据的共享属性

从数据的传播和流转过程来看，数据具有很强的流动和共享属性。除非通过技术手段封锁，否则数据一经生成就很难限制其流动和传播。数据本身所固有的非竞争性和流动性体现了很强的社会公共属性。从数据利用的角度来看，在数字经济时代各行各业都更加依赖数据资源来提升行业的

---

〔15〕 See Néstor Duch - Brown et. al, *The Economics of Ownership, Access and Trade in Digital Data*, JRC Digital Economy Working Paper 2017 - 01 (2017).

〔16〕 参见李爱君、张珺：《数据的法律性质和权利属性》，2017 年“新时代大数据法治峰会——大数据、新增长点、新动能、新秩序”会议论文。

发展水平：社交应用的有效运转依赖大量的个人相关数据；医院与诊疗机构通过病患医疗数据提升诊疗水平；交通出行依靠交通数据来优化出行线路，避免城市拥堵；应急救灾依赖气候数据来制定应急预案。数据利用过程中的共享是双向的，对个人数据的获取、整理和分析可以提高企业和产业的收益，而企业和产业的升级又将回馈社会中的每一个人。这种个人与社会的双向共享体现了数据的公共利益价值。

（3）数据的法律属性

在普通人的一般观念中，数据总是与个人信息或隐私紧密联系，而人们对于数据的关注焦点在于隐私层面的数据对个人的威胁。由于个人隐私属于人格权范畴，公众格外关注数据蕴含的人格要素。随着数字经济在全球范围内蓬勃发展，人们对数据的认知边界也得到拓展，在把数据作为关键生产要素投入社会化生产和商业化的过程中逐步认识到了数据的财产属性。

①数据隐含人格要素

在拉伦茨眼中，人格权是一种概括的受尊重权，它承认并且不侵犯人的身体、精神、尊严以及应然的存在，而人格权所保护的“物”实际就是人本身的生存。[17] 梅迪库斯将人格权分成一般人格权和特别人格权。他认为一般人格权是一种框架性权利，对其进行界定时需要利益权衡，而特别人格权则包括姓名权、著作权、肖像权和数据保护等。[18] 德国民法认为数据具有人格要素，应将其视为特别人格权进行保护。

我国学者也从不同角度对数据的人格属性进行了研究。有学者认为个人信息包罗万象，而隐私则是个人信息的重要组成部分。隐私权的内容主要包括不愿为他人知悉的私生活信息和生活秘密。隐私权是人格权的重要

---

〔17〕 参见［德］卡尔·拉伦茨：《德国民法通论》（上册），王晓晔等译，法律出版社2013年版，第282页。

〔18〕 参见［德］迪特尔·梅迪库斯：《德国民法总论》，邵建东译，法律出版社2013年版，第800－811页。

组成部分，而隐私数据也关乎人格。对于不涉及隐私的个人信息，信息拥有者可以自由公开。[19] 也有学者认为数据人格权是一种类似隐私权的新型权利，它的主要功能是保障个人私密空间，让人们享受不受干扰的宁静生活。数据人格权包括知情同意权、修改权和被遗忘权。[20] 也有学者认为，在研究数据信息等新型权利客体的法律属性和权利归属时应当借鉴人格理论，关注民事权利主体与客体之间的关系，重视此类财产中具有人格利益和人格属性的个人信息，需要考察信息与主体之间的关系以及主体对信息的支配、收益、处分等行为。[21] 还有学者提出个人数据人格性是其财产性的基础，对个人数据的法律保护需以对其人格性的保护为出发点。对于个人数据，基于其数据集合的客观实在性而产生的可识别性特征，应对其进行"人格—财产"双重性质的权利设置。[22]

数字技术的发展加速了现实物理世界和网络虚拟世界的融合。元宇宙风潮的兴起使网络世界更加现实化，在这种融合空间的场景中，人的自然属性和社会属性都不断地被数字化分解并融入网络世界。人的身高、体重、肤色、基因等自然属性，以及姓名、身份证号、信用状况和兴趣偏好等社会属性，都一一被数字化融合，浮游于网络世界。这些内容都属于人格权内容，体现了自然人的人格尊严和自由意志。这些网络世界中堆积的数字化产物就是个人数据。随着个人数据与数据行为的不断累积，在网络世界中就能形成模拟自然人现实人格的数字人格。自然人的人格要素被数据化后都可以依附于数据之上。正如王利明所言，在网络生态下个人的行为和行动轨迹都可能被收集为个人信息，个人信息碎片也都可以被网络数字化处理形成个人信息的"人格拼图"。[23] 而个人数据及其数据行为自然

---

[19] 参见史卫民：《大数据时代个人信息保护的现实困境与路径选择》，载《情报杂志》2013 年第 12 期。

[20] 参见肖冬梅、文禹衡：《数据权谱系论纲》，载《湘潭大学学报（哲学社会科学版）》2015 年第 6 期。

[21] 参见陶盈：《人格理论视角下的权利客体制度的现代化课题》，载《法学论坛》2017 年第 5 期。

[22] 参见温昱：《大数据的法律属性及分类意义》，载《甘肃社会科学》2018 年第 6 期。

[23] 参见王利明：《论人格权商品化》，载《法律科学（西北政法大学学报）》2013 年第 4 期。

也能被网络数字化处理形成具有人格要素的数据“人格拼图”。

②数据蕴藏财产利益

从经济学角度来看，马克思对财产功能的解释是同时具备使用价值和交换价值。使用价值既构成财产的物质内容，同时也是交换价值的物质承担者。[24] 在法学视野下，拉伦茨认为财产是与特定人相联系的各种权利的总和。只有具有金钱价值的权利才属于财产。[25] 梅迪库斯则认为对于财产难以作出概括性定义，但个人财产一般应包括个人的物以及有金钱价值的权利。[26]

我国《民法典》第 127 条将数据与网络虚拟财产并列进行保护，表明在立法者眼中二者具有类似的财产属性。在我国司法实践中，数据的财产属性也得到了认可。例如，在大众点评诉爱帮网不正当竞争案中，一审、二审法院均支持大众点评的主张，认为大众点评对其收集和整理的注册会员评论内容信息具有竞争法上的财产利益，爱帮网的行为超出了合理引用限度造成了市场替代，构成不正当竞争。[27] 在谷米诉元光不正当竞争案中，深圳市中级人民法院认为谷米“酷米客”App 的实时公交信息数据具有竞争法上的财产利益，元光使用爬虫无偿爬取的行为侵犯了谷米的无形财产权益构成不正当竞争。[28] 对于数据的财产属性，我国学者也提出了一些学术观点。有学者对美国、俄罗斯和欧盟的数字文化商品确权及交易规则进行了梳理，并提出了大陆法系背景下的信息权制度。他认为信息权是一种不同于现有民事权利的全新财产权形态，是权利人对信息产品进行支

---

〔24〕 参见［德］卡尔·马克思、［德］弗里德里希·恩格斯：《马克思恩格斯全集》（第 23 卷），人民出版社 2016 年版，第 48 页。

〔25〕 参见［德］卡尔·拉伦茨：《德国民法通论》（上册），王晓晔等译，法律出版社 2013 年版，第 410 页。

〔26〕 参见［德］迪特尔·梅迪库斯：《德国民法总论》，邵建东译，法律出版社 2013 年版，第 889 页。

〔27〕 参见上海汉涛信息咨询有限公司与爱帮聚信（北京）科技有限公司不正当竞争纠纷案，北京第一中级人民法院民事判决书，（2011）一中民终字第 7512 号。

〔28〕 参见谷米科技诉元光科技等不正当竞争纠纷案，广东省深圳市中级人民法院民事判决书，（2017）粤 03 民初 822 号。

配并排除其他人干涉的权利。[29] 也有学者认为，国内外大数据交易实践揭示了数据的财产属性。大数据属于大数据控制人的数据资产。它是信息财产权客体，具有财产属性。[30] 也有学者从发展数字经济的角度提出应在区分个人信息和数据资产的基础上进行权利建构。在原始数据层面，应赋予用户人格权益和财产权益；对于数据企业应赋予数据经营权和数据资产权。[31] 也有学者认为应将数据财产权抽象为数据权，这有利于权利人对数据集合实施占有、收益、处分等权利。在商业秘密、反不正当竞争法和数据财产化三重数据保护进路中，数据权的设计能为数据提供最佳保障。[32] 还有学者提出在数据时代数据具有形式性、可复制性、相关性和价值延伸性等法律属性。数据法律属性的变化致使传统立法思路难以满足实践需要，并阻碍数据财产价值的发挥。因此，立法者应在规范层面确立数据价值，并在私权体系内构建数据财产权。[33]

与传统生产要素不同，数据作为新型生产要素有其独特的属性。例如，数据的总量趋于无限，不断聚集的数据集蕴含巨大的经济价值；数据的流动性使其复制使用的边际成本极低，其非损耗性又使其能在不断使用的过程中生成更多数据；作为新型要素，数据还能对其他要素的生产效率起到倍增作用，提高全要素生产率。在社会生产和商业实践中，数据经常通过产业数字化和数据产业化彰显其财产属性。产业数字化是以数据赋能为目标，对产业链上下游的全要素进行数据化升级、转型和再造的过程。[34] 通过对生产要素的再造可以提高生产效率和增加消费者剩余。例

---

〔29〕 参见齐爱民：《数字文化商品确权与交易规则的构建》，载《中国法学》2012 年第 5 期。

〔30〕 参见王玉林、高富平：《大数据的财产属性研究》，载《图书与情报》2016 年第 1 期。

〔31〕 参见龙卫球：《数据新型财产权构建及其体系研究》，载《政法论坛》2017 年第 4 期。

〔32〕 参见许可：《数据保护的三重进路——评新浪微博诉脉脉不正当竞争案》，载《上海大学学报（社会科学版）》2017 年第 6 期。

〔33〕 参见孟涛：《基于“丰鸟数据之争”的数据财产的法律属性与保护路径》，载《大连理工大学学报（社会科学版）》2019 年第 2 期。

〔34〕 国家信息中心、京东数字科技研究院：《携手跨越重塑增长——中国产业数字化报告 2020》，载知产财经官网 2020 年 6 月 30 日，www. ipeconomy. cn/index. php/index/news/magazine_ details/id/1061. html。

如，大数据在全球商业零售领域的应用可以将营业利润率提高 60%，大数据在美国医疗业的应用可以为该行业增加 3000 亿美元的经济价值，个人位置数据服务可以让消费者获得 6000 亿美元的潜在盈余。[35] 对产业链进行数据化升级还能降低各个环节的运营成本，减少必要数据集的重复建设，促进组织间的沟通与协作。在产业数据化过程中，数据的价值不应被狭隘地视为辅助性的工具利用。在诸如智能制造、平台经济和工业互联网等领域，数据会逐步转化为信息、知识、智慧，从而为经营决策提供新洞见，为商品服务提供新蓝海，为社会治理提供新措施。[36] 数据已成为数字经济的关键生产要素和价值源泉。虽然数据的经济价值经常通过其预测或辅助决策功能来体现，但不能因此否认数据财产价值之源的定位，毕竟这世界上的所有事物都依赖于特定系统或条件来展现其经济价值。[37] 数据产业化就是直接将数据要素作为交易对象，推动数据的商业化、市场化和产业化。例如，富士通公司（Fujitsu）的数据交易市场（Data Plaza）的交易标的为经脱敏清洗的非底层数据，包括网站购物记录、行驶车辆堵塞记录、手机位置信息以及社交网络数据等；美国数据企业 Data Coup 和 Personal 公司会定期评估个人用户的银行交易、社交等数据价值，并与用户分享数据交易的收益。[38] 我国的数据交易所基本分为综合数据服务平台和第三方数据交易平台。国内大部分平台属于综合数据服务平台，提供经济、教育、能源、交通、医疗等 10 多个领域的可交易数据产品。截至 2018 年底，贵阳大数据交易所提供了可交易数据产品 4000 余个，山东大数据交易中心上架了可交易数据产品 100 余种，上海数据交易所上架了数据产品和服务

---

〔35〕 See McKinsey Global Institute, *Big data: The next frontier for innovation, competition, and productivity*, Mckinsey Digital (May 1, 2011) https://www.mckinsey.com/business-functions/mckinsey-digital/our-insights/big-data-the-next-frontier-for-innovation.

〔36〕 参见中国信息通信研究院：《中国数字经济发展白皮书（2017 年）》，载中国信通院官网 2017 年 7 月，http://www.caict.ac.cn/kxyj/qwfb/bps/201804/P020170713408029202449.pdf。

〔37〕 参见文禹衡：《数据产权的私法构造》，中国社会科学出版社 2021 年版，第 99 页。

〔38〕 参见郭兵等：《个人数据银行——一种基于银行架构的个人大数据资产管理与增值服务的新模式》，载《计算机学报》2017 年第 1 期。

44 个，京东万象提供了超过 1000 种数据接口应用。[39] 此外，人工智能需要海量数据的喂养以提升智力。人工智能范式通过复杂的传感器、大规模的数据库、精妙的算法和机器学习来完成各种智能任务，而海量数据是驱动这一智能系统的动力源泉。[40] 高质量的训练数据集是提高人工智能算法的必要条件，规律和洞见也是从海量数据集中提炼出来的。在上述场景中，数据并不只是作为工具在流转过程中发挥使用价值，而是直接成为可交易商品发挥其交换价值。

3. 数据的价值

（1）数据的认知价值

数据、信息、知识、智慧关系（DIKW）模型描绘了人类通过观察和度量客观世界获得原始数据，通过加工处理有逻辑的数据获得信息，通过提炼信息之间的联系并在实践中应用信息产生新知，从新知中获得洞察力和预测能力从而形成智慧的获取新知全过程。无处不在、实时反馈的动态数据可以帮助人类了解和感知研究对象，提供探索新规律和新事物的条件，甚至培育人类的新欲望，从而生成新的需求和价值。在探索人类未知领域时，数据还能减少人类行为主观的不确定性，提高认知和决策的效率。人类在决策过程中，不但要面对现实世界的不确定性，而且要面临对数据收集成本、时间和难度等认知不全面而导致的主观不确定性。对大量数据进行集聚和分析可以降低主观不确定性，提高行为和决策的确定性。此外，现实世界运转的规律是物质、能量和信息的不间断流动，这也是现实世界结构匹配的过程。对现实世界未知领域的探索都需要耗费现实世界的真实资源，而在网络虚拟世界中，则可以在几乎不耗费现实资源的前提

---

〔39〕 参见南都大数据研究院：《数据交易机构交易什么？既提供数据接口，也能定制报告与方案》，载腾讯网 2022 年 4 月 6 日，https：//new. qq. com/omn/20220406/20220406A01PEW00. html。

〔40〕 参见程显毅等：《大数据时代的人工智能范式》，载《江苏大学学报（自然科学版）》2017 年第 4 期。

下实现资源优化配置，从而降低现实世界中试错和匹配等行为的交易成本。[41]

（2）数据的经济价值

20世纪末，随着中国接入国际互联网，我国也开始启动以数据为基础的数字经济建设。1996年我国的数字经济规模仅为430亿美元。与发达国家相比，仅为美国的1/63，日本的1/23，英国的1/6。[42] 经过数十年发展，2020年我国数字经济规模已达到39.2万亿，GDP占比为38.6%。数字经济保持了9.7%的增长，远高于同期GDP名义增速。[43] 数字经济增长主要依靠数据要素等无形资本投入，它是一种新的技术经济范式。数据对全要素生产率的倍增作用是颠覆性的。

我们可以从生产者理论角度来观察生产函数的时代变化，以及数据作为新型生产要素的价值。在农业经济时代，生产函数被用于描述可用的生产技术在给定数量的土地（P）和劳动力（L）下创造一定规模产出的函数关系。令Y为经济产出量，则生产函数的常见表示为式1.1：

$$Y = F(P, L) \tag{1.1}$$

在上述生产函数中，F（,）反映了把劳动力和土地变为产出的可用技术。在该形式的生产函数中，技术进步表现为F（,）形式的变化，在土地（P）和劳动力（L）规模不变的情况下使产出（Y）得以上升。在工业经济时代，在之前的生产函数中独立引入了给定数量的资本（K），则新的生产函数常见表示变为式1.2：

$$Y = F(P, K, L) \tag{1.2}$$

在新的生产函数中，技术进步F（,）形式的变化，在资本（K）、劳动力（L）和土地（P）规模不变的情况下使产出（Y）得以上升。

---

〔41〕参见杨涛主编：《数据要素：领导干部公开课》，人民日报出版社2020年版，第7－8页。

〔42〕参见马化腾、郭凯天、司晓主编：《数字经济：中国创新增长新动能》，中信出版集团2017年版，第23页。

〔43〕参见中国信息通信研究院：《中国数字经济发展白皮书》，载中国信通院网2021年4月，http://www.caict.ac.cn/kxyj/qwfb/bps/202104/P020210424737615413306.pdf。

还可以在独立引入生产要素 K 后，继续添加 X_1 和 X_2，二者分别代表了与资本、劳动力相结合发挥作用的生产要素（如组织能力、人力资本等），见式 1.3。

$$Y = F\ (P,\ K \times X_1,\ L \times X_2) \tag{1.3}$$

上述农业经济时代和工业经济时代的方程基本涵盖了已有生产者理论研究所采用的生产函数形式。上述生产函数的生产性投入大多以土地、资本和劳动力为核心要素。然而，数字经济的生产过程却与传统经济生产函数构建的基本假设相悖。数字经济生产过程中的关键投入是生产要素化的数据和数字技术，而非传统的劳动力和资本，劳动力成本的高企与资本回报的降低不再是产出增加的关键约束。基于数据价值随数据规模增大而提高的特征，边际收益递减这一基本假设也不再适用于数字经济生产模式。数据和数字技术在生产过程中的应用还能提升已有生产要素的结合效率，从而在生产技术不变的情况下实现产出规模上升，这也颠覆了规模报酬不变的假设。

因此，在研究数字经济的生产者理论时，需要考虑到数字经济的新知识经济属性，以及传统经济的数字化。这两种模式的生产逻辑大相径庭。

作为新知识经济的数字经济，其生产函数可以采取如式 1.4 表示：

$$Y_D = F\ (D,\ A,\ L) \tag{1.4}$$

Y_D 代表通过对数据提炼而获得的知识和信息，D 代表投入生产过程中的数据，A 则代表在生产过程中使用的算法。除了算法，知识生产过程仍然需要劳动力参与（参与数据收集、提炼、分析等过程），因此在生产函数中仍需要加入劳动力（L）这一传统生产要素。

对于传统经济的数字化，其生产函数也应同时考虑土地、资本和劳动力等传统生产要素，以及以数据和算法为代表的新生产要素。一个可能的表达式如式 1.5、式 1.6：

$$Y = F\ (Y_D,\ K,\ L_M,\ P) = F\ [\ (D,\ A,\ L_D),\ K,\ L_M,\ P] \tag{1.5}$$

$$L = L_D + L_M \tag{1.6}$$

在这一生产函数中，生产的投入包括：传统企业基于数据提炼得到的知识和信息（Y_D），传统生产要素：土地（P）、资本（K）和用于生产商品的劳动力（L_M）。在上述生产要素的共同作用下，最终得出经济产出（Y）。在上述函数中，劳动力被细分为用于传统生产的L_M和用于收集、提炼、分析和挖掘数据的L_D。上述两种生产函数代表了数字经济的两种基础生产模式。在这两种基础生产模式之外，还存在知识生产与传统生产相互交融的复合生产模式，比如式1.7：

$$(Y, Y_D) = F(D, A, K, L, P) \tag{1.7}$$

在上述生产函数中，企业投入数据和算法等新生产要素，以及土地、资本和劳动力等传统生产要素之后，同时得到实际产出Y和知识产出Y_D。这一生产模式适用于企业同时产出实体产品和知识产品的生产过程。[44]

通过数据进行创新也可以提升社会整体福利和生产率。个性化数据服务可以在零售、地图、流媒体等领域改善用户体验，也可以解锁全新医疗方法，还能在交通和公共服务部门实现以数据驱动为导向的服务创新。数据的非竞争性、正外部性和规模效应等特征经常阻碍数据发挥作用。非竞争性意味着难以建立数据使用权，难以发挥数据排他性和转让性。正外部性只有数据在聚合、联系和分析时才能显现。规模效应体现在将两个或以上互补的数据集合。这些特征导致拥有潜在价值数据的主体与拥有数据挖掘技能的创新主体之间不匹配。只有当数据能在市场主体之间自由交易流通时，它的潜在价值才能转化为经济价值。[45]

---

〔44〕 参见徐翔：《数字经济时代：大数据与人工智能驱动新经济发展》，人民出版社2021年版，第26－28页。

〔45〕 参见武长海主编：《数据法学》，法律出版社2022年版，第10－11页。

（二）数据交易的概念、性质及模式

1. 数据交易的概念

《现代汉语词典》对交易的定义是买卖商品或生意。[46] 交易这一概念源远流长，它在不同语境下有着不同含义。在《易经·系辞下》中有着远古先民在市集用以物易物的方式进行交易的记载："日中为市，致天下之民，聚天下之货，交易而退，各得其所，盖取诸《噬嗑》。"这里描述的是神农氏在正午开设市集，商贾和民众聚集在市集进行交易活动，交易完成后大家都得到各自想要的货物而离开。明代李鼎的《李长卿集》中也有对当时商品长途贩运交易的记载："燕、赵、秦、晋、齐、梁、江淮之货，日夜商贩而南；蛮海、闽广、豫章、楚、瓯越、新安之货，日夜商贩而北。"在以物易物的场景下，假设铁匠用自己打造的铁犁与农夫交换若干玉米，交易使得物品被交换到有需求的主体手中，这一过程既未产生额外产品，也未增加任何成本。交易双方都通过交换满足了需求，提高了福利。交易的本质就是在不增加总成本的前提下通过交换提高交易双方的福利。因此，交易也被誉为人类文明史上最伟大的发明之一。当人们发现交易的好处之后，交易的范围就会扩大，交易的品类就会增加，固定的交易场所和交易时间随之出现。交易范围的扩大也会促使人们专注于提高特定商品的生产效率以最大化自身利益，因此亚当·斯密所说的专业化分工出现了。交易最早发生在人类部落内部，进而发展到部落之间，随之发生在具有不同资源禀赋的地区之间。国家出现之后，资源禀赋不同，地理位置相近的国家之间就开始了交易行为，这就是现代国际贸易的起源。[47]

在经济学语境下，冯·米塞斯认为交易的实质是用一种更满意状态与一种不满意状态置换。在米塞斯眼中，人的任何行为都是交易，不与他人

---

〔46〕 参见中国社会科学院语言研究所词典编辑室编：《现代汉语词典》（第7版），商务印书馆2019年版，第651页。

〔47〕 参见海思：《金融幻象：对现实经济的真实剖析》，中国发展出版社2010年版，第10-14页。

合作的行动是自给交易。例如，猎人为自我消费而打猎的行为就是用子弹和闲暇交易猎物。[48] 奥利佛·威廉姆森则认为交易的发生源于某种产品或服务在两种技术边界之间转移，当技术边界清晰时，就会成交。[49] 米塞斯对交易的界定基于交易者的主观意图视角，而威廉姆森则基于资源配置视角。康芒斯从人际关系角度对交易进行界定，他认为交易是与生产相对应的概念，生产涉及人与自然的关系，而交易则涉及人与人之间的关系。因此交易就是人际的所有权的转移。他同时提出交易可以细分为 3 种类型：(1) 买卖的交易，是指法律上平等主体之间根据特定价格或交易公式所进行的商品交易；(2) 管理的交易，是一种纵向的上下级之间的交易，交易中的上级一般是一个人或少数人组成的特权组织，下级必须服从上级指令；(3) 限额的交易，也是一种上下级之间的交易，交易中的上级是一个集体的上级或代表人，它会将整个机构的负担和利益分配给下级。[50] 罗纳德·科斯强调从市场资源配置效率的角度认识交易的内涵，他提出了交易成本理论，并对企业内部组织资源的成本和市场交易成本进行比较。科斯所认为的交易一般是在市场交易语境下出现，他认为价格变动决定生产，而这 过程是通过一系列市场交易来协调的。[51]

虽然在不同语境下，学术界和实务界对交易内涵的认识有所区别，但交易的核心内涵是特定资源或权利在不同主体之间的交换流转。对于数据交易，有学者提出数据交易的前提和基础是确定数据产权归属，数据交易是数据产权转移的结果，并主张将原始数据和经匿名化处理的数据集的所

[48] 参见［奥］路德维希·冯·米塞斯：《人的行动：关于经济学的论文》（上册），余晖译，上海人民出版社 2013 年版，第 213 页。

[49] 参见［美］奥利弗·E. 威廉姆森：《资本主义经济制度：论企业签约与市场签约》，段毅才、王伟译，商务印书馆 2002 年版，第 8 页。

[50] 参见［美］康芒斯：《制度经济学》（上册），于树生译，商务印书馆 1997 年版，第 74－75 页。

[51] 参见胡乐明：《“交易”范畴的演化——从康芒斯到威廉姆森》，载《山东财政学院学报》2001 年第 1 期

有权分别赋予用户和企业等主体。[52] 这一观点具有一定的局限性，未能揭示数据交易的全貌。虽然数据交易中确实包含所有权在不同主体之间转移的情形，但鉴于数据的非竞争性和流动性特质，也存在数据在不同主体间发生转移和利用，而不涉及数据权属变更的情形。例如：互联网内容提供商（ICP）采集用户注册和行为数据构建自己的数据库，虽然数据在不同主体间发生转移，但这并不意味用户对数据权利的丧失；互联网企业间通过数据应用程序编程接口（API）调用各自数据库中的数据。数据交易是围绕数据利用实现经济利益的过程，因此对于它的概念应从广义上进行理解和界定，即不同主体之间对数据产权转移或利用达成的一种协议。在数据交易市场中，不同主体之间通过交易实现数据在各个领域和不同部门之间的流通和利用。数据交易可以帮助个人、企业和政府机构获得更加全面准确的数据，以辅助其进行决策。

2. 数据交易的性质

（1）数据交易的经济学分析

数据是传递信息的媒介，而信息能减少不确定性。11 世纪毕昇活字印刷术的出现使人类拥有了快速批量复制信息的能力，这使人类获取和处理数据的能力显著提升。在信息技术普遍应用之前，人类主要通过人工对数据进行碎片化的采集和处理分析，并由此来推断事物发展趋势和规律。互联网、物联网自动生成数据为数据交易提供了充足的原料素材，而大数据技术则为数据交易提供了技术条件和无限可能性。

肯尼斯·阿罗提出的阿罗信息悖论为数据交易提供了经济学分析框架。阿罗以信息为研究对象，提出当信息成为商品时，不确定性会在资源分配过程中制造难以调和的矛盾。为了完成信息交易，信息的购买者必须能够对信息进行准确的估值，并确定愿意付出的交易金额。然而信息商品具有不可分割性，信息所有者难以在公开市场上直接售卖信息，因为一旦

---

〔52〕 参见王融：《关于大数据交易核心法律问题——数据所有权的探讨》，载《大数据》2015 年第 2 期。

信息所有者基于某种原因披露或泄露了该信息，信息购买者就直接拥有了该交易标的，从而会打破信息所有者对售卖信息的垄断，也不再有为该售卖信息付款的动机。阿罗信息悖论揭示了在信息或数据交易中所存在的一个悖论，即在获得数据或信息之前，购买方无法知悉数据或信息内容，从而确定其真实价值；然而一旦售卖方披露数据或信息内容，购买方便可无偿获得该数据或信息。[53] 在阿罗提出信息交易的悖论之后，不同学者试图将该理论应用到不同场景。罗伯特·库特和汉斯－博恩特·谢弗将该理论应用到了创新领域，并提出了创新中的双重信任困境。他们以创新者寄给波士顿投资银行的一封信作为例子来反映创新中的信任困境，创新者在信中写道："只要贵行付给我 100 万美元，我就告诉贵行一个能挣 1000 万美元的点子。"这封信就存在阿罗信息悖论，即创新者不愿将赚钱点子直接告诉银行，担心银行知道点子内容后拒绝付款，而银行也不愿在确定点子价值之前就付款，担心创新者骗取投资款。[54] 乔纳森·巴内特则将阿罗信息悖论应用到了专利创新领域。他提出，在缺少对创意的财产权或专利权的前提下，创新者不会愿意将创意披露给购买者或协助购买者进行商业开发。如果创意购买者认为该创意具有商业价值，那么购买者不可能明确承诺不抄袭或复制该创意，而创新者则将面临失去从其创意中获利的机会。基于上述预期，创新者将不再对新创意进行投资，社会创新不足将随之产生。然而，创新者并非束手无策。即使没有专利，合同前谈判中的侵占风险也可以通过声誉效应、分级披露和组织整合的某种组合加以限制。[55]

为了解决阿罗信息悖论中的猜疑链问题，罗伯特·莫杰斯提出了基于财产权的数据确权模式，而埃德蒙·基奇则提出了基于知识产权的数据确

---

〔53〕 See Kenneth J. Arrow, *Economic Welfare and the Allocation of Resources for Invention*, National Bureau Committee of Economic Research, ed., in The Rate and Direction of Inventive Activity: Economic and Social Factors, 1962, p. 615.

〔54〕 See Robert D. Cooter & Hans－Bernd Schafer, *Solomon's Knot: How Law Can End the Poverty of Nations*, Princeton University Press, 2013, p. 27.

〔55〕 See Jonathan M. Barnett, *Intellectual Property as a Law of Organization*, 84 Southern California Law Review, p. 785－794 (2011).

权模式。莫杰斯认为确立数据财产权可以减少机会主义风险。他引用了格罗斯曼、哈特和莫尔的不完全契约理论，并提出了契约的不完全性导致实践中许多技术转让合同难以执行。这是由于在签订契约时当事人无法预见或事先穷尽所有可能后果。人的有限理性、信息的不完整性和交易事项的不确定性是造成不完全契约的前提条件。他以法院评估某一技术转让合同的遵守情况为例。假如，某一技术买家同意与一家研发企业签订支付研发费用的技术转让合同，合同要求研发企业"非常努力地工作"或存在诸如此类的表述，法院在之后就会很难确定研发企业是否遵守了双方约定。如果法院判定研发企业不够努力，这将导致技术买家无须支付全部合同价款便可从研发企业的工作成果中获益。预见到上述情形，研发企业可能从一开始就对签订合同持谨慎态度。双方可以通过财产权方式破解这一合同执行或信任困境。通过赋予研发企业对其工作成果的财产权，使其即使在技术买家违约的情况下也能赚钱。财产权增加了研发企业的"外部选择权"。这一模型表明，在订立合同之前将财产权分配给任意一个交易者可以克服契约的不完全性。[56] 数据财产化路径的正当性体现在减少交易成本和公地悲剧两个层面。[57] 首先，数据财产化路径可以有效减少交易成本，并摆脱阿罗信息悖论中的双重信任困境。科斯提出，当交易成本为零时，无论立法者或法院对权利如何界定，交易双方都可以通过市场交易实现资源配置的帕累托最优；当交易成本过高时，高交易成本会阻碍市场交易并降低经济运行效率。[58] 科斯定理为分析市场交易提供了一个全新视角。制度经济学理论认为产生外部性的原因是社会成本大于私人成本，这会导致社会福利的损失或低效，而产权的优势在于它可以向潜在的交易对象传递清晰的

---

〔56〕 See Robert P. Merges, *A Transactional View of Property Rights*, 20 Berkeley Technology Law Journal 1477 (2005).

〔57〕 参见丁晓东：《数据交易如何破局——数据要素市场中的阿罗信息悖论与法律应对》，载《东方法学》2022 年第 2 期。

〔58〕 See Ronald H. Coase, *the problem of social cost*, Journal of Law and Economics, Vol. 3, p. 16 – 19 (1960).

信息，使其无须顾虑高额的交易成本和错综复杂的社会现实。其他学者也从不同角度对产权进行了阐释。例如，阿尔曼·阿尔钦认为产权是政府强制与社会强制二者统一的权利。〔59〕哈罗德·德姆塞茨则认为产权是一种调整经济活动的社会工具，也指使自己或他人受益或受损的权利。它的功能在于引导人们将外部性内在化，并帮助人们在交易时形成合理预期。〔60〕张五常认为契约的本质就是一些约束产权转让者双方行为的条件。只有产权界定清晰并为私人所有，产权转让才能在交易成本最低的情况下进行，资源配置才能达到最优。〔61〕菲吕博顿和配杰威齐则认为产权趋向于影响激励和行为，它是指物的存在和使用引起的人们之间相互认可的行为关系。〔62〕概括而言，产权具有3个典型特征：其一，它是由多种权利组合形成的一种结构型权利束；其二，它是调整人与人之间相互关系的社会基础性规则；其三，它是平等交易的权利，并不必然具有排他性。〔63〕科斯定理和产权理论在多个领域都产生了影响。例如，在公司法领域，弗兰克·伊斯特布鲁克和丹尼尔·费希尔认为公司是一种财产制度安排，公司章程不过是一份附随管理者目标的自治契约。〔64〕亨利·汉斯曼和莱纳·克拉克曼也提出了公司法本质上是财产法功能，其目的在于解决公司内部各种复杂的资产分割问题，以降低社会成员与公司内部成员的交易和谈判成本。〔65〕亨利·史密斯进一步提出了基于信息成本的产权规则优势理论，产权规则的

〔59〕参见兰玲、高鑫：《现代产权理论研究述评》，载《内蒙古民族大学学报（社会科学版）》2012年第2期。

〔60〕参见［美］哈罗德·德姆塞茨：《关于产权的理论》，银温泉译，载《经济社会体制比较》1990年第6期。

〔61〕参见伍先斌：《新制度经济学要义》，光明日报出版社2007年版，第67页。

〔62〕See Eirik G. Furubotn & Svetozar Pejovich, *Property Rights and Economic Theory: A Survey of Recent Literature*, Journal of Economic Literature, Vol. 10: 4, p. 1137 (1972).

〔63〕参见刘凡、刘允斌：《产业经济学》，湖北出版社2002年版，第6页。

〔64〕参见［美］弗兰克·伊斯特布鲁克、［美］丹尼尔·费希尔：《公司法的经济结构》（中译本第2版），罗培新、张建伟译，北京大学出版社2014年版，第1页。

〔65〕See Henry Hansmann & Reinier Kraakman, *The Essential Role of Organizational Law*, 110 Yale Law Journal 387 (2000).

优势在于提供更低的信息搜寻成本，并阻止潜在的机会主义行为。[66] 在数据财产权问题上，由于存在信息披露悖论问题，产权理论支持者认为数据更需要纳入财产权保护。然而，数据财产化的障碍在于数据的价值具有不确定性，这使数据难以成为可流通交易的标准化商品，即使对数据进行财产化确权，也难以降低交易双方的交易成本和信息搜寻成本。[67] 其次，数据财产化路径可以减少公地悲剧和搭便车等问题。加勒特·哈丁认为公地悲剧的出现是由于个人在追求个人利益时忽视社会整体福祉，用户倾向于过度消费并最终耗尽没有产权的公共资源。例如牧民在公共牧场肆意放牧，最终导致公共牧场损耗殆尽。[68] 公地悲剧一般适用于具有竞争性和非排他性的稀缺资源。对信息和数据的使用也可能存在公地悲剧问题。通过对信息或数据赋予一定期限的财产权保护，可以促进信息与数据资源的开发利用。将信息或数据财产化不但可以增加信息商品的专有性，还能增加公共信息资源的数量。[69] 此外，在缺乏产权保护的前提下，公众更倾向于搭便车，免费占有或使用他人资源，因此人们便不会对该资源进行投资或维护，激励缺失也会使市场失去活力。产权保护缺失会导致一系列负外部性问题，而产权制度可以通过将外部性问题内部化来解决激励不足和搭便车问题。德姆塞茨曾指出，在交易成本为零的世界中，清晰的产权设定使得成本和收益内部化，因此产权交易时的产出组合总是有效的；当内部化收益大于内部化成本（负外部性）时，产权就会将外部性内部化。[70] 然而，数据本身具有非竞争性和非排他性，即使数据在未经授权的情况下被

---

〔66〕 See Henry E. Smith, *Property and Property Rules*, 79 New York University Law Review 1719 (2004).

〔67〕 参见丁晓东：《数据交易如何破局——数据要素市场中的阿罗信息悖论与法律应对》，载《东方法学》2022 年第 2 期。

〔68〕 See Garrett Hardin, *The Tragedy of the Commons*, 162 Science 1243 (1968).

〔69〕 See Polk R. Wagner, *Information Wants to Be Free: Intellectual Property and the Mythologies of Control*, 103 Columbia Law Review 995 (2003).

〔70〕 See Harold Demsetz, *Toward a Theory of Property Rights*, 57 American Economic Review 347 (1967).

他人获取或复制，原始数据依然存在，数据控制者仍可继续对数据进行开发利用。在此种情形下，公地悲剧理论似乎并不适用。而且，对信息或数据这类无形财产的搭便车行为不一定会造成损耗，这种搭便车行为甚至可能产生溢出效应，成为正外部性活动。[71]

基奇以产品专利模式为例进行论证。他提出在缺乏产品专利的前提下，向购买者提供有关卖方产品需求的信息，而不是关于其产品特定特征的信息的激励是有限的。只有在存在产品专利的情况下，产品被证明是成功的，企业才会进行必要的投资，使客户注意到产品优势，而不必担心竞争性的盗用。专利制度降低了技术信息所有者与其他拥有互补资源和信息的企业签订合同的成本。在没有专利的情况下，企业在提供有关新技术信息和技术方面的投资激励不足。专利制度创造了一套在谈判开始时双方都明确知悉的法律权利。尽管专利的真实价值很少被披露，但专利所有者可以披露受法律垄断范围保护的信息。交易成本的降低提高了发明开放的效率。[72] 然而，数据知识产权路径也存在问题。数据缺乏专利权应具备的创造性和新颖性要件，也缺乏商标权应具备的易识别和显著特征要件。而且专利与商标的申请、流转和利用全流程都以公开为前提，这与数据的自我保护和控制的理念并不相符。同时，数据一般缺乏原创性也无法适用著作权保护。知识产权的限制性规定将不具备价值的数据排除在保护范围之外，降低了数据交易成本，但也减少了数据产权化保护的可能性。

也有学者提出了其他解决阿罗信息悖论的方案。伊桑·伯恩斯坦提出了在知识产权和财产权之外的其他替代方案。他借鉴学习和控制理论，提出了透明度悖论概念，并认为创建加密隐私区域可能有助于提高绩效。[73] 阿罗信息悖论不一定适用于所有类型数据。通过特定加密技术措施，某些

---

〔71〕 See Lawrence Lessig, *Free Culture*, Penguin Press HC, 2004, p. 34.

〔72〕 See Edmund W. Kitch, *The Nature and Function of the Patent System*, 20 The Journal of Law and Economics 265 (1977).

〔73〕 See Ethan S. Bernstein, *The Transparency Paradox: A Role for Privacy in Organizational Learning and Operational Control*, Administrative Science Quarterly 57, no. 2, p. 181 - 216 (2012).

数据可以比其他数据更具有排他性。数据是驳杂异质的，可以分割为不同的数据包，并以比特形式显示。展示部分数据并不一定会导致披露所有数据。这使得数据交易和披露能够采用逐步有序的方式进行。罗纳德·吉尔森等则提出企业边界的变化导致企业之间产生了一种新的契约形式，创新契约。这种契约模式结合了显性与隐性契约特点，通过提高转换成本来支持迭代式协作创新。这些成本表现为双方对特定交易的平行投资，即对创新契约中的另一方合作者能力的了解，即在无法明确签订合同、重新谈判和对未来交易的预期的情况下，阻止双方的机会主义倾向。[74] 创新契约可以在信息不对称的情况下建立双方的信任和协作。创新契约关系建立的新型治理机制可以取代传统契约中常见的风险分配条款，通过这一机制交易双方可以在合同有效期内进行信息共享和产品开发。双方通过共同参与建立信任，交换敏感信息，提高寻找另一合作伙伴的转换成本的协作过程来克服机会主义，从而阻止叛逃行为。从石油钻探到神经成像，各种行业的报告证实，这种在“法律阴影”下的方法已被广泛应用。此外，通过社会规范也可以补充这些数据交易协议的不足。风险投融资等创新驱动行业的数据披露是一种基于信任的披露机制，随着双方信任不断增加，数据拥有者逐步对数据进行披露，这种合作安排是一种分阶段的循序渐进式的方案。[75]

（2）数据交易的法律性质

交易关系是民法所调整的财产流转关系的核心。所谓交易，就是指平等、独立的市场主体对其财产或利益进行的交换。[76] “交易”一词广泛出现在我国多部法律法规及国家标准之中。例如，我国《民法典》中涉及

〔74〕 See Ronald J. Gilson et al., *Contracting for innovation: Vertical disintegration and interfirm collaboration*, Columbia Law Review, Vol. 109: 3, p. 431 – 502 (2009).

〔75〕 See Néstor Duch – Brown et. al, *The Economics of Ownership, Access and Trade in Digital Data*, JRC Digital Economy Working Paper 2017 – 01 (2017).

〔76〕 参见王利明主编：《民法》（第 8 版）（上册），中国人民大学出版社 2020 年版，第 10 页。

"交易习惯"的条文共有 8 条,[77]《证券法》规定了"证券交易"的形式,[78]《消费者权益保护法》规定了保护消费者"公平交易"的权利,[79]《反垄断法》规定了"拒绝交易"与"限定交易"是经营者滥用市场支配地位的体现。[80]

数据交易所涉及的法律规范体系主要包括国家立法、地方性法规和国家标准 3 个层次。在国家立法层面，国家围绕个人数据保护和处理进行了一系列立法，为数据交易立法奠定了基础。《民法典》将数据与网络虚拟财产并列进行规范，立法者认可二者的同质性。[81]《数据安全法》也认可数据为民事权益的主体,[82] 并提出了规范数据交易管理制度、数据交易行为和数据交易服务机构的概括性规定。[83] 此外，《个人信息保护法》《网络安全法》也对数据的处理和流通利用进行了规范。在地方性法规层面，我国已有 13 个省市颁布了数据条例，8 个省市颁布了数据条例征草案。对于数据交易，各地已通过的数据条例存在如下共性：一是基本遵循公平竞争的交易原则；二是对交易标的采取负面清单管理；三是对数据保护

---

〔77〕《民法典》第 480 条、第 484 条、第 509 条、第 510 条、第 558 条、第 599 条、第 814 条和第 891 条都涉及交易习惯。

〔78〕《证券法》第 37 条规定："公开发行的证券，应当在依法设立的证券交易所上市交易或者在国务院批准的其他全国性证券交易场所交易。非公开发行的证券，可以在证券交易所、国务院批准的其他全国性证券交易场所、按照国务院规定设立的区域性股权市场转让。"第 38 条规定："证券在证券交易所上市交易，应当采用公开的集中交易方式或者国务院证券监督管理机构批准的其他方式。"

〔79〕《消费者权益保护法》第 10 条规定："消费者享有公平交易的权利。消费者在购买商品或者接受服务时，有权获得质量保障、价格合理、计量正确等公平交易条件，有权拒绝经营者的强制交易行为。"

〔80〕《反垄断法》第 22 条规定："禁止具有市场支配地位的经营者从事下列滥用市场支配地位的行为：……（三）没有正当理由，拒绝与交易相对人进行交易；（四）没有正当理由，限定交易相对人只能与其进行交易或者只能与其指定的经营者进行交易。"

〔81〕《民法典》第 127 条规定："法律对数据、网络虚拟财产的保护有规定的，依照其规定。"

〔82〕《数据安全法》第 7 条规定："国家保护个人、组织与数据有关的权益。"

〔83〕《数据安全法》第 19 条规定："国家建立健全数据交易管理制度，规范数据交易行为，培育数据交易市场。"第 33 条规定："从事数据交易中介服务的机构提供服务，应当要求数据提供方说明数据来源，审核交易双方的身份，并留存审核、交易记录。"

和利用强调安全与发展。[84] 各地在数据交易标的和数据权属等方面存在分歧，例如：海南、安徽和山西等地直接将交易标的表述为“数据”；上海、山东等地则将交易标的表述为“数据产品和服务”；广东则采用了“数据资源开发利用的成果”的表述。在数据权属方面，安徽对数据产权交易机制进行了原则性规定；山东、广东、上海则提及了数据“财产权益”；河南则提出了通过知识产权保护数字技术和产品。[85] 在国家标准层面，2018~2019年国家标准化管理委员会发布了《信息技术—数据交易服务平台—交易数据描述》（GB/T 36343—2018）、《信息技术—数据交易服务平台—通用功能要求》（GB/T 37728—2019）、《信息安全技术—数据交易服务安全要求》（GB/T 37932—2019），其中《信息安全技术—数据交易服务安全要求》国家标准将数据交易描述为：数据交易主体之间将数据商品作为交易对象，使用货币及其等价物进行交换的行为。交易对象包括原始数据和衍生数据，数据交易既包括大数据及其衍生品交易，也包括传统数据及其衍生品交易。[86]

对于数据交易法律性质的界定，学界众说纷纭。概括而言存在数据交易买卖说、数据交易许可说和数据交易服务说等学术观点。数据交易买卖说认为，所谓交易就是对于商品和服务的产权，即所有权、使用权、收益权等权利的转让。而数据交易就是对数据的所有权、使用权、收益权等权利进行的交易。[87] 然而，民事上的买卖合同以特定标的物为对象，交易对象为动产和不动产，同时具有竞争性、排他性、唯一性等特点，而且交易标的物的所有权转移是买卖合同的重要特征。对比而言，数据本身的无体性、非竞争性、非排他性和可复制性等属性使得数据所有权概念无法形成共识，无论哪种数据交易模式对数据都是主张占有或控制，并不涉及数据

---

[84] 参见文英姿等：《数据交易相关法规比较研究》，载《大数据》2022年第3期。
[85] 参见文英姿等：《数据交易相关法规比较研究》，载《大数据》2022年第3期。
[86] 参见《信息安全技术—数据交易服务安全要求》（GB/T 37932—2019）。
[87] 参见吴江：《数据交易机制初探——新制度经济学的视角》，载《天津商业大学学报》2015年第3期。

所有权的转移。在实践中，在完成数据交易后，卖方并不会丧失对原有数据的占有、控制和利用能力，而买方获得的仅是与卖方一致的数据。数据权属界定的复杂性使得适用买卖合同进行所有权转移难以实现，也使得在出现合同无效情形时，主张返还原物请求权毫无意义。

数据交易许可说将数据交易视为一种对数据的许可授权使用。这一观点的源头可以追溯到美国《统一计算机信息交易法》（UCITA）提出的许可授权使用理论。UCITA 开拓性地将计算机信息作为交易对象调整，并明确提出“信息权”概念，它将计算机信息交易界定为因计算机信息或其中信息权利的生成、修改、转移或许可使用而达成的协议，以及对该协议的履行。[88] UCITA 试图建立一套以授权许可合同为基础，以自动限制措施为辅的授权使用机制来鼓励信息交易主体利用合同来保护自身利益。[89] 受 UCITA 信息交易理念的影响，公众也很容易将数据交易等同于信息交易，认为数据交易的法律属性就是许可授权使用。例如，上海数据交易所就曾使用“数据互联”这一概念指代数据交易，并认为“数据互联”是指互联成员之间在遵循国家法律法规、相关协议和《数据互联规则》的基础上运用数据互联服务平台，实现数据及其衍生品在互联成员之间许可使用的行为。数据及其衍生品包括数据集、工具集和应用集。[90] 2008 年，商务部公布的《网上商业数据保护指导办法（征求意见稿）》也将数据转让视为对数据的许可授权使用。[91] 受传统知识产权路径的影响，数据交易许可授权说曾盛极一时。该观点承认数据与传统民法上的财产客体相比具有差异性，数据交易与一般有体物的交易也存在差异。物权转移是有体物交易的

---

〔88〕 参见齐爱民：《数字文化商品确权与交易规则的构建》，载《中国法学》2012 年第 5 期。

〔89〕 参见何天翔：《版权、运行的电子控制与大众市场许可——对美国〈统一计算机信息交易法〉若干制度的法经济学分析》，载《暨南学报（哲学社会科学版）》2011 年第 5 期。

〔90〕 参见上海数据交易中心：《数据互联规则》，载原创力文档 2020 年 12 月 11 日，https：//max. book118. com/html/2020/1210/7156124014003030. shtm。

〔91〕 参见《商务部关于公开征求对〈网上商业数据保护指导办法（征求意见稿）〉意见的通知》，载中华人民共和国商务部 2008 年 12 月 12 日，http：//www. m. mofcom. gov. cn/article/zcfb/zcwg/200812/20081205949613. shtml。

核心特征，在有体物的买卖过程中，买方获得的是标的物所有权，但在数据交易过程中买方获得的是无体物数据，而且一般仅获得数据的使用权。[92] 上述观点的认识具有一定的局限性，过于片面。例如，在一些数据交易场景中，买方获得的是完整的对数据进行控制、开发、许可和转让的权利。虽然 UCITA 极具理论借鉴价值，但照搬其理论仍不足以指导和规范数据交易实践。

数据交易服务说则直接将数据交易合同界定为数据服务合同。梅夏英认为数据交易的核心是数据交易主体之间的数据传送行为，而不是对数据的公示。数据的无体性、可复制性等属性使其难以成为特定权利独占的标的，其交易价值则取决于交易主体的控制性措施，一旦交易数据内容被泄露或窃取，该数据将不再具有交易价值。[93] 也有学者对数据交易服务说提出质疑，认为服务一般泛指由人直接完成的劳务，不应当包括具体产品的提供。一旦某项交易涉及具体产品的提供，它就不应属于服务范畴，而应属于产品交易范畴。[94] 虽然，数据交易经常以服务形式出现，但数据与媒介或载体结合也可能形成数据产品。简单将数据交易界定为服务，实际上是试图回避数据属性界定难题。

虽然我国《民法典》《数据安全法》《个人信息保护法》都对数据确权问题采取了回避的立法态度，但这一态度并不妨碍市场主体对数据进行合法的管理和利用。正如日本《河川法》第 2 条之规定，“河川是公共用物，为实现前条之目的，必须适当进行保全、利用和管理河川。河川的流水，不得作为私权标的”。虽然日本的河川流水不得作为私权标的，但也未明确规定河川归国家所有。这使得日本的河川实质处于所有权未定之状

[92] 参见齐爱民：《私法视野下的信息》，重庆大学出版社 2012 年版，第 413 - 432 页。
[93] 参见梅夏英：《数据的法律属性及其民法定位》，载《中国社会科学》2016 年第 9 期。
[94] 参见齐爱民、周伟萌：《论计算机信息交易的法律性质》，载《法律科学（西北政法大学学报）》2010 年第 3 期。

态，但这并不妨碍日本各级政府对河川行使保全、利用和管理的权力。[95]以此类推，数据交易也不需要以数据提供方对数据享有传统意义上的所有权为前提。数据交易的法律本质是数据财产性权益的部分或全部转移，但当前我国立法尚未对数据财产权益赋予物权性质的权利，因此实践中数据交易主要通过私法自治的契约性安排构建债权性质的数据权益。与一般物相比，数据具有非竞争性、非损耗性和可复制性等属性，因此数据权益的转让规则与一般物的所有权转让规则有所区别。例如，一般物转让之后，买方即无法同时保持物之占有，并继续自该物获取收益，但数据交易转让之后，卖方一般仍保存数据之备份，并可继续利用该数据获取收益。理论上，数据可以为无数人所占有或控制，并基于不同目的进行利用创造价值。[96] 我国《民法典》第1035条、《网络安全法》第41条和《个人信息保护法》第2章都采用了个人信息"处理"的概念表述，这一表述来源于2018年生效的欧盟《通用数据保护条例》中的"数据处理"。2021年9月生效的《数据安全法》沿用了《通用数据保护条例》的"数据处理"概念，并首次明确了数据处理活动的义务边界。《数据安全法》第3条第2款规定，数据处理，包括数据的收集、存储、使用、加工、传输、提供、公开等，而第7条则明确了，国家保护个人、组织与数据有关的权益。从立法者视角来看，数据处理是数据使用的上位概念，而国家保护在数据处理过程中形成的权益。因此，数据交易的法律性质可以归纳为，数据交易主体之间就在特定数据处理过程中形成的数据财产性权益的交易。[97]

---

〔95〕 参见罗丽、邓海峰：《日本自然资源利用与保护立法研究》，载《生态文明与环境资源法——2009年全国环境资源法学研讨会（年会）论文集》，第490页。

〔96〕 参见刘新宇：《数据权利构建及其交易规则研究》，上海交通大学2019年博士学位论文，第61页。

〔97〕 参见林野丽：《数据安全法之下：数据交易的法律本质初探》，载个人图书馆2021年6月30日，http：//www. 360doc. com/content/21/0630/11/54396214_ 984482511. shtml。

3. 数据交易的模式

（1）场内交易与场外交易

数据场内交易指的是数据交易所作为经纪商为数据供需双方提供中介撮合服务的数据交易方式。场内交易主要以企业间（B2B）的数据交易模式为主。我国现有数据交易所一般是由政府监管的数据交易平台，它呈现出两个鲜明特点：一是在平台运营上以“国有控股，政府监管”为原则；二是在股权模式上采用混合所有制，引导数据交易向社会化、平台化和规范化转变。[98] 自2015年4月贵阳大数据交易所成立以来，仅2015年至2016年两年时间，全国各地陆续成立了13家大数据交易所。大数据交易所的涌现，促进了数据的流通和共享，在一定程度上减少了“信息孤岛”现象。然而，国内大数据交易实践呈现出明显的“三低一高”现象，即交易总额低、数据质量低、市场层次低、交易风险高。国内数据交易所提供的数据交易类型多样，除了数据包和数据在线交易应用程序编程接口（Application Programming Interface，API）之外，还包括数据处理结果，例如数据产品、数据定制服务、云服务和解决方案等。[99] 然而，全国由地方政府推动设立的20余个大数据交易所的运营效果难以达到预期，存在数据流转失序，定价机制缺失，安全保护不足等难题。[100] 北京和上海数据交易所不但在政策层面得到了国家的支持和指导；在技术层面也采用了隐私计算、区块链、人工智能等新技术，实现了数据“可用不可见”，比以往交易所的纯信息撮合或数据包交易模式有了较大提高。例如，北京大数据交易所依托隐私计算、区块链及智能合约、数据确权标识、测试沙盒等技术构建了新型数据交易系统。基于区块链的数字交易合约涵盖交易主体、服务报价、交割方式、存证码等信息，是用途可追溯，记录可信赖的“动态

[98] 参见唐斯斯、刘叶婷：《我国大数据交易亟待突破》，载《中国发展观察》2016年第13期。

[99] 参见王卫、张梦君、王晶：《国内外大数据交易平台调研分析》，载《情报杂志》2019年第2期。

[100] 参见王星：《维度、力度和限度——中国数字经济发展观察报告》，载腾讯研究院2021年12月30日，https：//www.tisi.org/22949。

交易账本”。基于隐私计算和区块链技术可实现交易数据的可用不可见和全链路存证。[101] 上海数据交易所的智能数据交易系统则实现了全时挂牌、全域交易、全程可溯，并通过数据产品登记凭证与数据交易凭证的发放，实现了一数一码，可登记，可统计，可普查。交易所的“数商”体系试图培育数商新业态，涵盖数据交易主体、数据合规咨询、质量评估、资产评估、交付等多领域。[102] 这种新型的数据交易所模式也被称为数据加密式交易模式，数据需求方可以在“黑箱”中不接触数据而使用数据（可用不可见），数据提供方则可获得相应的经济性利益。该交易模式在双方约定的范围内，买方在不接触数据的前提下使用数据，因此并不形成新的数据财产权，而是类似有体物的租赁或知识产权客体的许可使用。

数据场外交易是指在数据交易所以外进行的数据交易。它主要包括：数据直接交易、企业数据平台交易和数据驱动型并购交易。数据直接交易是指数据交易主体提前对数据交易的内容和方式进行约定，交易通过以发送或下载数据包的方式完成。在这种模式下，数据提供方在保留原有数据的基础上，授权买方获取一份与原件一致的副本。相较于物权的权利转让，此种交易模式在原有权利不消灭的情况下，生成了新的财产控制权，原有权利与新生权利之间的关系并非如传统物权中“主物权—他物权”的二元结构，而是彼此独立的权利，而且在这种模式下标的数据包具有“所见即所得”静态特征，一般不会有后续的更新，数据的时效性较差。因为这种交易方式具有高度的隐蔽性，数据黑市交易也经常采用这种方式。个人私密数据通过企业内鬼、网络技术、黑客等渠道进入数据黑市，并流入各个层级的数据中间商（料商）手中。数据料商既是连接数据源头和数据卖家的中间桥梁，也是地下数据黑市的重要玩家。数据料商以不同价格在

---

〔101〕 参见江聃：《京沪深竞逐大数据交易所 政府主导型数交平台谋变》，载证券时报网 2021 年 12 月 29 日，https：//www. stcn. com/stock/djjd/202112/t20211229_ 4020553. html。

〔102〕 参见中国上海自贸实验区：《上海数据交易所揭牌成立，首批 20 个数据产品完成挂牌》，载澎湃网 2021 年 11 月 25 日，https：//m. thepaper. cn/baijiahao_ 15551028。

地下数据黑市购买和兜售个人数据。一级数据料商采购电话号、微信号、QQ 号等个人普通信息的成本约为 0.15 元/条，而二级数据料商的采购成本则为 0.40 元/条，数据料商在终端兜售的均价为 1.2 ~ 1.5 元/条。涉及身份证号、户籍所在地、出行记录、通话记录等隐私的“渗透数据”交易则属于明码标价的高端定制交易。数据黑市交易产业链可以划分为 4 个层级：第一层级黑客或内鬼通过技术手段盗取个人数据；第二层级被盗取的个人数据进入数据料商手中，数据料商建立自己的数据库；第三层级数据料商通过自己的代理商进行分发和倒卖；第四层级数据终端使用者利用获取的数据进行电话营销或实施网络诈骗。[103] 市场上对数据交易和交换的需求是迫切的，但基于种种原因通过合法渠道交易仍然举步维艰。据媒体估算，正规大数据交易产业的收入规模仅为 50 亿元左右，当前数据黑市交易仍是数据交易的主流。据不完全统计，国内个人数据泄露数达 55.3 亿条，这些数据最终的去向都是数据黑市。[104]

企业数据平台一般是基于企业本身或衍生的数据资源进行数据交易，与企业母体存在强关联性，例如京东万象和聚合数据等都属于此类平台。企业数据平台一般以盈利或服务企业母体为目标，实现数据价值变现的意愿较其他平台更为强烈，并试图构建自采、自产和自销一体化的数据聚合平台。以京东万象为例，它是以京东云计算平台为基础，围绕数据提供方、需求方和服务方等多方构建的企业数据交易平台。作为京东生态的核心部分，其交易的数据与服务的主体与京东电商、物流等业务息息相关。尽管京东万象试图打造全品类数据资产的交易，并考虑引入各类政府开放的数据，但目前平台主要围绕金融、征信、电商、质检、海关等相关数

---

[103] 参见李想：《大数据黑市调查：内鬼、黑客、清洗者、料商、买家等寄生的千亿“产业链”》，载证券时报网 2021 年 3 月 24 日，https://news.stcn.com/sd/202103/t20210324_2944755.html。

[104] 参见周源：《中国大数据被黑市垄断，正规玩家年收入不到 50 亿》，载 360 氪网 2018 年 1 月 19 日，https://36kr.com/p/1722203455489。

据。[105] 此外，企业数据平台也提供数据定制模式，即数据提供方不事先收集数据，而是由数据需求方提出具体的数据需求，再由数据提供方匹配需求方的实际需要，并进行数据的收集、处理和分析。聚合数据、天元数据和京东万象的数据平台都会开展根据数据需求方的具体数据需求的数据定制服务。一些气象数据服务企业也会根据特殊用户需求，向用户提供基于最新公布的气象数据的离线数据加工和定制服务。

为了实现规模经济和纵向一体化等，为了获取更多数据以及向新市场扩张，数据平台型企业不断实施数据驱动型并购，以期在相关市场占据有利地位。经济合作与发展组织（OECD）在其《数据驱动的增长和福祉创新：中期综合报告》中使用了数据驱动决策的概念，认为数据的社会和经济价值主要在两个重要时点获得：一是将数据转化为知识（获得洞察力）；二是将数据用于决策（采取行动）。[106] 数据驱动型并购经常是为了获得目标公司的数据或数据技术，数据平台型企业通过并购目标数据公司，对其海量数据进行重组、筛选、整理和分析，创造出具有核心竞争力的信息资源。根据 2015 年 OECD 的调查数据，大数据市场相关领域的合并案件的数量从 2008 年的 55 件上升至 2012 年的 164 件。[107] 较为知名的数据驱动型并购案例包括：海外的谷歌收购双击公司案、脸书收购瓦次艾普案、微软收购领英案；国内的滴滴收购优步案、美团收购大众点评案、携程收购去哪儿案、58 同城收购赶集网案。在 2007 年谷歌收购 Double Click 的反垄断审查过程中，投出唯一反对票的哈珀认为，该合并不仅会整合两家企业的产品和服务，更会整合它们在网络上收集的大量有关用户行为的数据，并购完成后谷歌将成为一个超级中介，可以访问巨大的数据源。随着并购后公司数据源的增长，利用数据驱动算法在选择投放哪些广告以获得最大

---

[105] 参见《京东万象平台介绍》，载京东万象，https：//wx. jdcloud. com/help/center/1。

[106] See OECD, *Data - Driven Innovation for Growth and Well - being*: *Internet Synthesis Report*, https://www. oecd. org/sti/inno/data - driven - innovation - interim - synthesis. pdf.

[107] 参见邹开亮、刘佳明：《大数据企业合并的反垄断审查初探》，载《石家庄学院学报》2018 年第 2 期。

的投资回报方面会表现得比直接投放广告更有价值。哈珀提出数据市场的概念，并且认为谷歌在收购前在网络广告市场中已占领了较大份额的数据市场。交易完成后，谷歌在搜索引擎服务市场中的数据优势地位会继续加强，并且可能成为广告数据的支配者，这限制了其他广告服务商的进入，不利于网络广告市场的发展。[108]

（2）离线交易、在线交易与托管交易

数据离线交易是指数据交易主体以传送或下载数据包的方式完成数据交易。在这种交易模式下，数据提供方在保留原有数据的基础上，授权买方获取一份与原件一致的副本，一旦数据包传输或下载完毕，数据提供方的合同义务即履行完毕，数据提供方也无法控制数据包的未来使用场景或环境。该种模式下的交易标的数据包具有“所见即所得”的静态特征，一般不存在后续更新，数据的时效性较差。

数据在线交易也被称为 API 数据交易或调用。API 也被称为应用程序接口，它是一组规则和定义，它允许不同的软件应用程序或组件交互和通信，也经常被用于企业之间的数据共享和调用。API 可以让开发人员或其应用程序在无须访问对方底层源代码的前提下，调用或访问对方的一组例程。在数据 API 交易模式中，数据提供方开放 API 接口给经授权的数据购买方，需求方通过特定语言调用数据。在这种模式下，数据提供方不但可以限定开放数据的对象，还能限定开放数据的范围。数据需求方则可根据自身需要调用数据，并按照访问的频次付费。在这种模式下，数据提供方一般会通过合同约定或技术措施限制数据的大规模爬取，这实际上限定了数据需求方获取数据的规模和范围。数据需求方可在许可范围内小规模获取数据，并获得相应的数据财产权，这属于合理使用范畴。如超出授权范围或必要限度，利用爬虫软件大规模爬取数据，则不能取得相应的数据财产权。当前，我国腾讯、阿里、字节跳动和京东等数据平台都采用这种方

---

[108] 参见孟雁北等：《大数据竞争——产业、法律与经济学视角》，法律出版社 2020 年版，第 401 – 402 页。

式进行数据共享。在新浪诉脉脉案中，微博向脉脉开放了开放应用程序接口，允许脉脉获取新浪微博用户的头像、名称、标签等用户信息，但不包括用户的教育信息和职业信息。在双方合作过程中，脉脉未经微博和微博用户授权，擅自爬取了超出开放应用程序数据接口范围的用户教育信息和职业信息数据。北京知识产权法院认为：数据提供方向第三方提供个人用户数据，需首先获得个人用户授权；第三方收集数据还需获得数据提供方授权；第三方使用所收集的数据，还应就个人数据的使用方式、目的和范围再次获得个人用户的授权。此即“三重授权原则”。[109]

数据托管交易一般指数据提供方向数据中介机构提供数据，再由数据中介机构在其自身平台环境内向数据需求方提供各类数据服务。在国内数据交易所，一般以数据中介或中间商的形式向数据交易主体提供数据交易中介撮合服务，为数据供求双方搭建桥梁；而国外则一般通过数据经纪商为个人用户和企业提供数据交易服务。国外数据经纪商一般基于营销或风控等目的向用户或企业提供个人信息相关的数据服务。例如：数据经纪商会创建自己的个人用户信息库，并根据雇主的需求精准投放广告；银行或金融机构在放贷时也会借助数据经纪商以降低贷款欺诈的风险；网约车和外卖服务企业在与员工签约时也希望借助数据经纪商获取犯罪或严重违约行为等背景调查信息。[110]

（3）原始交易、基于数据库的交易和基于加工处理的交易

原始数据交易一般指数据提供方通过各种渠道进行数据收集和统计，数据提供方和数据需求方通过数据在线租赁形式实现数据交易。这种方式以使用权交易为主，能在较低费率的基础上提供多次交易。国内外搜索引擎上的关键字检索与社交网站上的个人评论历史追踪统计都属于这种交易

[109] 参见何渊等：《大数据战争：人工智能时代不能不说的事》，北京大学出版社 2020 年版，第 102 页。

[110] See *Data Brokers*：*A Call for Transparency and Accountability*，FTC，https：//www. ftc. gov/system/files/documents/reports/data - brokers - call - transparency - accountability - report - federal - trade - commission - may - 2014/140527databrokerreport. pdf.

模式。[111]

基于数据库的交易指的是通过调用或分享企业或其他机构的数据库而进行的数据交易。数据库企业一般会投入大量人力与物力对数据进行结构化处理，从而形成庞大的数据库。这些数据库蕴藏海量信息，可以为用户和企业提供数据查询和服务等功能。例如，为高校提供学术数据服务的知网、万方、斯普林格、科学直通车、律商联讯等学术数据库。在商业领域中，有天眼查、企查查和启信宝等为用户提供企业征信数据服务的数据库企业。此外，平台电商企业在商业运营中也能通过数据聚集形成自己的商业数据库。例如，淘宝在收集和整理用户浏览、交易等行为所产生的数据的基础上，通过算法归纳形成了一系列衍生数据和"生意参谋"数据库。淘宝用户可以通过生意参谋获取全面的店铺数据和行业数据，从而为商业决策提供参谋。

基于加工处理的交易是指数据提供方对数据进行采集、标注、整理和清洗等加工处理，然后将加工处理后的数据提供给数据需求方。在这一过程中数据提供方一般为数据型企业，而数据需求方一般为科技型企业。例如，对于高传染性疾病，数据加工处理企业可以为医药企业提供病患的临床医疗数据；对于无人驾驶，数据加工处理企业可以采集基于地理位置的街道驾驶数据和真实场景下的车辆行驶轨迹，为无人驾驶系统提供训练数据；对于人工智能客服，数据加工处理企业可以基于不同的方言、语调和音色采集语音数据，为人工智能识别语音和情绪提供训练数据；对于人脸识别，数据加工处理企业可以采集人脸生物信息，并通过标注为科技企业提供人脸识别训练。根据科技型企业的不同数据需求，数据型企业通过各种渠道采集相关数据，并进行加工、处理、标注，进而为科技型企业提供定制化的数据服务。[112]

---

〔111〕 参见李骥宇：《大数据交易模式的探讨》，载《移动通信》2016 年第 5 期。

〔112〕 参见丁晓东：《数据交易如何破局——数据要素市场中的阿罗信息悖论与法律应对》，载《东方法学》2022 年第 2 期。

二、数据交易的法律关系及其主要法律问题

（一）数据交易的法律关系

从广义的概念来看，数据交易是不同主体之间对数据财产性权益转移或利用而达成的一种协议。它大致涵盖数据采集、处理和交易。数据采集是指相应主体根据系统自身的需求和用户需要采集相关数据的行为。[113] 根据不同的数据源，数据的采集方式有：一是数据库采集，基于米斯克尔和甲骨文的传统数据库已无法满足大数据时代的需要，数据企业已逐渐在采集端部署非关系型数据库（NoSQL）来完成数据采集；二是系统日志采集，通过在企业平台采集系统日志数据供大数据系统分析使用；三是网络数据采集，通过网络爬虫或网站 API 爬取数据；四是感知设备数据采集，通过智能传感器、摄像头或其他智能终端自动采集数据。[114] 数据处理是指数据资源主体对异构的数据源进行抽取、归类、脱敏和分析，从中获取新知。数据处理也分为几个阶段：一是数据整理，解决数据不一致和不完全问题，并对关键信息进行筛选和归类；二是数据脱敏，对数据进行匿名化处理，并删除和替换具有可识别个人信息的内容；三是数据分析，通过大数据技术对数据进行分析，从而获得新知或形成数据产品。数据资源被采集和处理之后，只有通过各种模式进行交易流通才能发挥其最大价值。

对于数据交易的法律关系，有学者曾提出数据交易关系实质上是以数据为标的的横向商事交易关系。[115] 这一认识并未揭示数据交易法律关系的全貌。虽然数据交易法律关系涵盖平等民事或商事主体之间基于交易形成的权利义务法律关系，但其中还存在国家与数据交易主体之间以干预和监管为内容的纵向法律关系。在清晰划定政府与市场边界的前提下，国家需要维护国家数据安全、网络安全，保护个人信息、隐私以及企业商业秘

---

[113] 参见苏东水主编：《产业经济学》（第 3 版），高等教育出版社 2010 年版，第 168 页。

[114] 参见武长海主编：《数据法学》，法律出版社 2022 年版，第 32 页。

[115] 参见张敏：《交易安全视域下我国大数据交易的法律监管》，载《情报杂志》2017 年第 2 期。

密，促进数据生产要素有序的交易流通。民事法律关系一般由当事人、当事人客体和民事权利义务构成，分别称为主体要素、客体要素和内容要素。[116] 根据民事法律关系理论，数据交易法律关系也可以分为主体、客体和内容。数据交易法律关系的主体是指在数据交易过程中承担相应权利和义务的主体。这一法律关系中的主体包括：数据的提供方，主要负责采集、处理或交付可供交易的数据；数据需求方，在获取特定信息的商业需求指引下，进行数据交易的主体；数据中介，数据交易的中间商，为数据供求双方提供中介撮合服务。在上述平等主体之外，数据交易法律关系主体还应包括代表国家履行监管和干预职能的市场监管机关。数据交易法律关系的客体是指数据交易主体之间据以建立数据交易法律关系的对象性事物，即数据。根据不同的分类标准，可以对数据进行多种分类。根据数据的结构化程度，可以将数据分为结构化、半结构化和非结构化数据。结构化数据是指存储在关系型数据库中，采用二维表结构来实现逻辑表达的数据。它具有高度的组织性和整齐的格式化等特点，一般的表格和数据库都属于结构化数据。而非结构化数据是指在数据结构上残缺或不规律，难以采用二维逻辑来表达的数据。非结构化数据又可分为人为生成与机器生成两类。典型的人为生成的非结构化数据包括：办公文档、短信、邮件、音频、视频以及业务应用程序；机器生成的非结构化数据包括：卫星图像数据、科学数据、数字监控数据以及传感器数据。结构化数据与非结构数据的区别在于格式和结构，非结构化数据一般以其原始数据格式存储在基于 NoSQL 非关系型数据库中，而结构化数据一般以结构化查询语言存储在关系型数据库中。半结构化数据则介于二者之间，需要对数据进行归集整理才能揭示其完整表达。这一区分的意义在于数据结构化程度的不同会影响到具体数据交易流程，例如，具有可识别性的数据在交易前就需要进行数据匿名化处理。根据数据加工程度的不同，数据可被分为原始数据与衍生

---

〔116〕 参见张俊浩主编：《民法学原理》（修订第 3 版）（上册），中国政法大学出版社 2000 年版，第 58 页。

数据。原始数据是经第一手采集而来不依赖现有数据生成的数据，例如智能传感器采集的数据、网络用户服务日志数据、网络用户的行为数据等。衍生数据是指在原始数据基础上经过算法加工、计算、聚合而形成的数据，例如用户偏好数据、信用数据等。[117] 这一分类的意义在于数据加工处理一般需要额外投入资本和劳动，数据权属可能会因此发生转移，从而导致权利义务关系的变化。数据交易法律关系的内容则包括横向平等数据交易主体之间的权利义务关系和纵向监管机关对数据交易行使干预和监管职能的法律关系。根据交易类型的不同，平等数据交易主体之间又可以分为仅涉及数据供需双方的交易和涉及数据中介平台的交易。

基于合同类型的不同，数据直接交易模式与数据交易所模式中的数据包销售属于财产让与型合同。在财产让与型数据交易中，买卖双方通常根据交易协议的事先约定来确定能否对交易标的再次进行交易或处分。一般而言，协议约定是非排他性、非竞争性的，即卖方仍保留数据控制者的地位。但在例外情况下，买卖双方也可进行排他性协议安排，即卖方放弃或丧失数据控制者的地位。数据直接交易一般是通过 QQ 群或其他隐秘方式进行数据文件传输或通过特定平台下载数据文件完成数据交割，这种交易一般为一次性交易，也不存在后续数据更新，时效性较差。数据交易所的数据包模式一般指平台发布数据交易标的信息，需求方根据平台规则完成交易，并根据平台规定的方式进行数据交割。这种交易也是一次性的，需求方获得标的数据包后可自由使用标的数据。数据驱动型并购模式在一定程度上也属于排他性财产让与。数据在线交易模式属于财产利用型合同。需求方为降低数据获取成本可选择从供应方处获得有限使用权（主体、时间、空间等）和无限使用权，但需求方应根据协议约定的使用目的和授权范围进行合理使用，不得超出授权范围自行爬取数据并实施转卖等处分行为。API 数据接口调用实质上是供应方向需求方提供在线数据信息查询服

〔117〕 参见陈小江：《数据权利初探》，载《法制日报》2015 年 7 月 11 日，第 6 版。

务。需求方通过接入供应方提供的 API 接口，输入特定查询条件，由供应方向其反馈数据查询结果。数据定制模式则属于服务提供型合同。数据定制模式是指服务提供方不事先收集数据，而是在与需求方协商达成合作后，根据需求方的意向开展数据收集、处理和分析服务，并以可视化报告的形式向需求方展现数据的内在联系和隐秘价值。

（二）数据交易涉及的主要法律问题

数据本身承载着多元主体的利益。数据价值实现的过程一般沿着数据采集、数据集聚、数据整合、数据分析这一路径展开。在这一链条之中，数据主体、数据采集业者、数据平台等都参与价值创造并作出贡献。因此，数据权益不仅关系到数据主体的个人利益，还涉及不特定社会主体的群体利益，需要调和数据上个人利益与社会利益之间的矛盾，以实现数据利益协同。[118] 此外，数据权益上还存在人格利益与财产利益的冲突，对于二者的利益也需要进行协同保护。数据上复合利益的纠缠和矛盾也映射在数据交易市场上，通过诸多市场乱象反映得淋漓尽致。

17 世纪荷兰的郁金香狂热，18 世纪英国的南海泡沫和法国的密西西比泡沫都是人类历史上著名的金融投机泡沫事件。金融市场的狂热和失序使得贵族、牧师、官员和平民百姓等社会群体集体陷入金融投资骗局之中，最后导致社会财富蒸发，无数投资者倾家荡产。[119] 市场失序往往会给社会和民众带来灾难性后果，构建规范有序的市场环境才能持续释放市场红利，推动经济社会向前发展。在数字经济蓬勃发展的背景下，数据不仅是市场主体生产经营过程所必需的基础性社会资源，还是支撑国民经济稳定增长的关键生产要素。从交易角度来看，数据要素在 3 个方面有别于普

---

〔118〕 参见高富平、尹腊梅：《数据上个人信息权益：从保护到治理的范式转变》，载《浙江社会科学》2022 年第 1 期。

〔119〕 参见［英］查尔斯·麦基：《大癫狂：非同寻常的大众幻想与群众性癫狂》，程浩译，电子工业出版社 2013 年版，第 3 页。

通商品：其一，数据要素需要持续供给和更新才能满足实时商业需求，在实时取用的前提下，交易的并非历史数据，而是数据流，因此交易标的往往难以清晰界定；其二，数据要素的生产和利用都发生在特定场景之中，其价值一般由数据使用方决定，而不是数据供应方，因此在交易时难以准确判断交易标的估值；其三，当数据要素脱离原生环境后，对其分析和利用就变得异常困难，往往必须辅以还原数据真实场景的元数据才能实现在真实场景下再次应用。[120] 对于普通商品，通过产品标准化、公开竞争市场和良好法律机制就能确保交易市场有效运行。数据要素作为特殊商品存在难以标准化和供需双方信息不对称等固有缺陷，这成为制约其市场交易的难点。

在“十四五”规划的指引下，全国副省级以上政府已建成20余家新型大数据交易所，[121] 并已初步建成场内与场外联动的数据交易市场体系。然而，我国数据要素市场的发展也出现一个奇特现象：一方面数据交易市场仍然处于培育市场的初级阶段；另一方面数据交易市场失序的征兆已开始显现。在逐步建立和完善数据交易市场的同时还需要强化监管以规制各种市场乱象。我国数据交易市场的主要法律问题可以归纳为以下几点。

一是数据权属争议难以形成共识。根据科斯定理，对于任何需要拿到市场上进行交易的产品和服务都应界定其产权，以减少交易成本。[122] 数据权属争议为数据交易带来了不确定性，规范缺失阻碍了数据交易市场的培育和发展。一方面，数据权属争议直接影响到个人相关数据所产生的财产性权益的分配；另一方面，非个人数据的权属保障并未明确，导致数据控制者对数据进行交易或流通的意愿降低。

---

〔120〕参见高富平、冉高苒：《数据要素市场形成论——一种数据要素治理的机制框架》，载《上海经济研究》2022年第9期。

〔121〕《构建完善数据交易市场的层级结构　培育扶持数据要素市场参与主体》，载腾讯网2022年7月8日，https：//new. qq. com/rain/a/20220708A00NWO00。

〔122〕参见田杰棠、刘露瑶：《交易模式、权利界定与数据要素市场培育》，载《改革》2020年第7期。

二是数据交易规则和标准缺失。在缺乏针对数据交易的专门性法律规范和监管机构的前提下，部分数据控制者基于避险心态而回避参与数据交易，导致海量数据散落于不同数据仓库之中，形成众多数据碎片和数据孤岛。数据交易所因缺乏统一的交易规则和标准产生了信息共享不充分和可交易数据边界模糊等问题。在缺乏流动性和碎片化的数据之中很难提取出具有商业价值的数据，并且会增加交易成本，降低社会运行效率。[123]

三是数据交易市场机制尚不完善。在实践中，部分大数据交易所呈现出功能定位单一和提供同质性产品等问题，这导致了场内交易不活跃和同质性竞争，造成了资源浪费。数据交易主体责任也不明确，责任是违反义务的回拨机制，当前数据交易只能依据交易主体之间的合同约定来确定双方义务，这种约定在司法实践中的认定仍然存疑。

四是数据交易市场监管机制有待完善。基于"意思自治"的数据黑市交易导致非法获取敏感数据，侵犯公民隐私和欺诈行为横行。国家公权力需要运用公法手段对此予以矫正，而数据企业的数据不正当竞争行为和数据垄断行为的解决也需要国家予以适度干预。

三、数据交易监管

（一）市场交易监管

国家干预既是经济法的调节机制也是基本职能。国家应如何通过经济法手段对经济社会生活进行干预是经济法的主要研究内容。经济法学语境下的国家干预是指公权机关在授权范围内介入社会经济生活的状态，它具体表现为在干预主体和受体之间产生的经济法律关系。国家干预旨在克服市场失灵提升市场效率，它并非泛指国家公权意志在法律中的体现，而是

[123] 参见茶洪旺、袁航：《中国大数据交易发展的问题及对策研究》，载《区域经济评论》2018年第4期。

指国家实施市场经济体制的特殊经济职能。[124] 英国学者朱莉娅·布莱克将监管的定义分为3类：一是监管就是颁布规则，并辅以监督和执行机制。政府通过公共机构同时扮演规则制定者、监督者和执行者的角色。二是政府承担监管者责任，但扩大了监管的技术范围，包括国家对经济的任何形式的直接干预。三是监管包括所有影响行为的社会控制和影响机制，无论其出现是有意还是无意。[125]

在国家经济治理过程中，国家主要运用市场监管法和宏观调控法等经济法手段进行治理。[126] 政府市场监管职能的正当性源于市场在运行过程中存在诸如负外部效应、公共性欠缺等失灵表现，即市场失灵是国家干预的重要条件。[127] 卢代富认为，市场失灵会损害社会整体福利，而国家干预是克服市场失灵的有效手段。经济法为国家干预提供了法律规范和制度框架，其背后体现的是国家意志。国家在经济法的法益结构安排中会作出符合社会整体利益的制度设计，从而实现社会整体福利最大化。[128] 涉及市场监管的法律规范源于近代自由资本主义向垄断资本主义的进化，它以维护社会整体利益为法益目标。商品经济的兴起使得人本主义的私法保护过于强调个体利益，而忽略了社会公共利益。为了维护社会整体利益，市场监管法赋予了政府强大的管理和监督职权，为防止政府恣意滥权，该法还对政府权力行使进行了约束和规范，以免侵犯市场主体的正当权利。[129]

（二）数据交易监管

数据交易是数据流通、融合和变现的重要渠道。数据要素作为新型生

---

〔124〕 参见李昌麒：《论经济法语境中的国家干预》，载《重庆大学学报（社会科学版）》2008年第4期。

〔125〕 See Julia Black, *Decentring Regulation: Understanding the Role of Regulation and Self-Regulation in a "Post-Regulatory" World*, Current Legal Problems, Vol. 54: 1, p. 129 (2001).

〔126〕 参见刘春山、江之源：《论经济法与国家经济治理》，载《社会科学战线》2019年第6期。

〔127〕 参见宋林霖、张玉坤：《市场监管内涵界定：多学科视角综述》，载《中国市场监管研究》2020年第10期。

〔128〕 参见卢代富：《经济法对社会整体利益的维护》，载《现代法学》2013年第4期。

〔129〕 参见蒋悟真：《市场监管法治的法哲学省察》，载《法学》2013年第10期。

产要素，对数字经济和国民经济增长具有巨大的助推作用。数据要素与一般商品不同，它具有特殊性质。因此，与一般商品交易监管相比，数据交易监管有其特性。数据的非竞争性和共享性导致数据可以为多元主体共享使用而不贬损其价值，而一般商品并不具有上述特征。数据要素具有的准公共产品性使其不同于一般商品的私有性，而数据交易中的信息不对称现象比一般商品交易中的信息不对称更为严重。数据的要素属性使得国家在个人数据权益和数据主权遭受侵害的时候需要及时进行干预，并对数据交易过程中的负外部性进行治理。

数据交易监管与一般商品交易监管也具有共性。首先，二者的矫正对象都是市场失灵。市场失灵是政府干预经济运行的传统渊源，政府通过自身有形之手与市场无形之手联动来矫正市场不完全、不对称和不普遍等缺陷引发的市场失灵现象。在数字经济语境下，数据交易市场失灵已成为一种新型市场失灵。数据交易市场失灵主要表现在如下方面：一是基于“意思自治”的数据交易导致数据黑市交易蔓延，非法数据交易和数据泄露侵犯个人数据隐私，并滋生大量欺诈和侵权行为；二是数据平台自我优待导致平台无序竞争，并导致数据垄断；三是数据交易所交易模式混乱，法律定位不清晰，并存在重复建设和市场分割等情形；四是企业间数据交易缺乏统一规则和标准，导致企业数据价值不能得到充分挖掘；五是数据跨境交易流通仍存在障碍。政府适度干预数据交易市场不但可以修复市场失灵，为市场交易主体持续提供创新动力，还能通过市场规制和包容审慎监管降低数据交易的风险和不确定性。其次，降低交易成本都是二者的目的。交易的本质就是在不增加总成本的前提下通过交换提高交易双方的福利。数据交易意味着某种权利的交换，如果权利界定不明确，那么市场交易便难以顺利推进。在一定程度上对产权进行界定是数据交易市场发展和完善的重要前提。制度经济学理论认为产生外部性的原因是社会成本大于私人成本，这会导致社会福利的损失或低效，而产权的优势在于它可以向潜在的交易对象传递清晰的信息，使潜在的交易对象无须顾虑高额的交易成本和错综复杂的社会现实。科斯则提出，一旦考虑到进行市场交易的成本，那么只有当重新安排后的生产价值的增长大于它所带来的成本时，权利的重新安排才能继续。反之，禁令或损害赔偿责任可能会导致发生在零成本市场交易条件下的活动的终止。在这种情况下，合法权利的初始界定确实会影响经济体系的运行效率。[130] 如果不在一定程度上界定数据产权的边界，数据交易主体将始终面临交易的不可测风险和不确定性。这既不利于数据交易主体形成稳定的交易预期，也会给数据交易的监管带来极大挑战。再次，二者的监管目标一致。在经济法学视野下，监管是指市场监管主体对市场活动主体及其行为进行限制、约束等直接干预活动的综合。[131] 对于数据交易而言，其监管目标仍然是控制市场风险，保障市场安全。[132] 我国对数据交易的监管理念延续了对传统金融市场的监管理念，即主张轻度监管，效率优先，被美国联邦储备银行前任主席格林斯潘称为“最少的监管就是最好的监管”。在放松管制的背景下，为避免增加数据交易的成本负担，监管机关将监管重心放在事后监管层面，而且预设的监管目标也比较低，从而导致涉及非法交易的数据企业的违规成本较低。在这一情形下，与合规数据企业相比，涉及非法交易的数据企业在数据生产要素上更具竞争优势，最终导致数据交易市场出现劣胜优汰的格雷欣现象。此外，数据交易市场规模的扩大对数据交易安全和个人隐私保护提出了更高的要求。一旦含有个人隐私或企业商业秘密的数据被非法泄露或转卖，将对公民和企业带来难以估量的损失。当前数据交易的整体监管目标定位不明确，数据交易中的隐私与商业秘密保护也缺乏规范指引，因此更新监管理念，确定监管原则对数据交易市场的有序发展具有重大意义。对于新兴产业不能放任其自由野蛮成长，而应更新监管理念以匹配其发展需要。最

---

〔130〕 See Ronald H. Coase, *the problem of social cost*, Journal of Law and Economics, Vol. 3, p. 15 – 16 (1960).

〔131〕 参见王卫国、李东方主编：《经济法学》，中国政法大学出版社 2008 年版，第 290 页。

〔132〕 参见吴宏、胡伟：《市场监管法论——市场监管法的基础理论与基本制度》，北京大学出版社 2006 年版，第 2 页。

后，二者对于监管的定位一致。政府数据交易监管的定位应是数据交易主体意思自治之外的补充性机制，其功能应聚焦于查漏补缺，防范重大交易风险，维护数据交易安全。当前，我国数据交易监管牵涉诸多行政机关，九龙治水的分业监管难以形成监管合力，而且缺乏专门性的监管机关不利于数据交易监管效率和效能的提升。数据质量标准的缺失，使得数据交易目的难以实现。在数据交易中，数据交易的标的需要达到一定的质量标准以实现数据交易的初始目的，然而在实践中，对数据的采集、整理和分析都不存在国家质量标准，导致数据交易法律监管难以实现。各大数据交易所往往根据自身业务需要出台数据质量标准，这一方面是由于国家数据质量标准缺位，另一方面是出于扩大数据交易市场份额的商业考虑。鱼龙混杂的众多数据质量标准并不利于我国数据交易产业提升整体竞争力，服务数字经济大局。数据交易监管机制的完善需要在数据监管主体、客体、对象以及市场规范等方面进行制度建设，以实现监管理念与监管机制的协调一致。

对市场实施有效监管是社会主义治理现代化的重要标志，完善的监管法律规范是市场有序运行的基石和保障。我国数据交易的蓬勃发展对交易监管提出了更高的要求。从我国数据交易监管的立法现状来看，我国尚未制定数据交易监管的专门法律，对数据交易市场的监管也呈现碎片化和分散化的态势。涉及数据交易监管的规章和规范性文件所规定的内容都较为宽泛，原则性、纲领性的指导意见较多，既不具有实际监管的可操作性，也无法解决具体数据交易问题。当前，数据交易监管是以政府监管部门、行业自律组织和企业平台等为主要监管主体，利用法律和技术手段，对数据交易全过程监督和管理，从而降低交易成本，减少交易不确定性风险的机制。从流程上来看，动态的数据交易监管体系可以分为事前监管、事中监管和事后监管。事前监管的关注焦点在于防微杜渐，侧重在数据交易发生前形成监管的规范依据。事中监管注重对数据交易过程中具体细节和流程的监督和管理。事后监管则着眼于对偏离正常轨道的数据交易行为进行纠偏和惩治。从监管主体来看，数据交易监管主体应包括政府、行业自律组织和企业平台本身。从监管方式来看，数据交易监管应跳出传统规制窠臼，迈向合作规制之路，形成行政监管、行业监管和自律监管的协同监管机制。行政监管主要是政府通过制定法律规范，明确监管内容，采用事中执法和事后司法相结合的方式进行监督和管理，保证数据交易市场安全有序运行。行业监管主要是行业组织和协会通过自律公约、行业规范明确交易各方权利义务，加强行业内部数据交易监管。自律监管是企业平台通过与客户订立的各种协议以及各类声明，对数据交易行为进行自我规制。

四、本章小结

概念一词源自德文“de Begriff”，在法学方法论上的意思是所欲描述之对象的特征已经被穷尽地列举，而且被列举的特征属于在该概念的涵摄上所不可或缺、不可替代的特征。[133] 如果要深刻理解数据交易需要追本溯源把握数据内涵及其相关概念。数据的基本属性可以从自然属性、社会属性和法律属性 3 个层面进行解读。数据的自然属性可以归纳为无体性、非竞争性、非损耗性和流动性；数据的社会属性可以归纳为社交属性、识别属性和共享属性；数据的法律属性主要通过其人格要素和财产利益彰显。数据的价值主要表现为认知价值和经济价值。在数字经济语境下，数据只能通过持续的交易流通发挥它对其他要素的乘数效应，从而彰显其经济价值。对于数据交易的概念应从广义理解，即不同主体之间对数据产权转移或利用而达成的一种协议。数据交易经济学分析的起点是阿罗信息悖论，国外学者从不同角度对数据交易问题进行了研究和分析。数据交易的法律性质存在买卖说、许可说和服务说等学术观点，数据交易的法律性质可以归纳为，数据交易主体之间就在特定数据处理过程中形成的数据财产性权益的交易。数据交易的法律关系包括横向平等数据交易主体之间的权利义

〔133〕 参见黄茂荣：《法学方法与现代民法》，中国政法大学出版社 2001 年版，第 39 页。

务关系和纵向国家作为监管机构对数据交易进行监管和干预的权利义务关系。数据交易在全球范围内的兴起也带来了数据权属争议，数据交易规则和标准缺失，数据交易市场机制不完善，数据交易监管机制未建立等诸多法律问题。由于数据要素的特殊性，数据交易监管与一般商品交易监管有所区别，但二者在矫正对象、监管目的、监管目标、监管定位上都存在一致性。强化数据交易监管可以避免数据交易市场失灵导致的市场失序，数据权属争议导致的交易成本增加，放松监管导致的市场主体劣胜优汰，监管缺位导致的溢出风险不断叠加。

第二章
数据交易监管的正当性与必要性

一、数据交易监管的正当性分析

（一）数据交易市场失灵

任何市场的有序运作都是建立在一定秩序之上。这种秩序既可以内生于市场与社会，哈耶克称为自生自发秩序；也可以外生于监管和法治，我们常称为制度秩序。自发秩序是规范市场行为的基础，但时常会由于自发秩序局部失效或负外部性而出现市场失灵；在自发秩序失效时，政府通过其市场监管职能发挥制度秩序优势以弥补自发秩序的不足。市场秩序需要通过外部力量即制度秩序来维护，以避免自发秩序因少数人的私利和少数例外而无效。[1]

经济学家一般用市场失灵这一术语来描述市场本身不能有效配置资源的情况，市场失灵的可能原因是外部性、市场势力、公共物品提供和信息不对称。[2] 基于上述原因，市场在配置资源时难以实现帕累托最优，反而呈现出一种低效率运行的非理想状态。因市场自身固有的滞后性、自发性、唯利性和盲目性等缺陷，市场机制失灵是无法避免的现象。在现代经济条件下，资源配置一般通过市场机制和计划机制来实现调节和优化。市

---

〔1〕 参见江小涓、黄颖轩：《数字时代的市场秩序、市场监管与平台治理》，载《经济研究》2021 年第 12 期。

〔2〕 参见［美］曼昆：《经济学原理：微观经济学分册》（第 6 版），梁小民、梁砾译，北京大学出版社 2012 年版，第 12 页。

场机制是一种事后调节机制，是通过“看不见的手”来进行调节。在《国富论》中，亚当·斯密这样描述“看不见的手”：每一个人……既不打算促进公共的利益，也不知道在何种程度上促进那种利益……他所盘算的也只是他自己的利益。在这场合，像在其他许多场合一样，他受着“看不见的手”的引导，去尽力达到一个并非他本意想要达到的目的。也并不因为不是出于本意，就对社会有害。他追求自己的利益，往往使他能比在真正出于本意的情况下更有效地促进社会的利益。[3] 市场失灵就是亚当·斯密“看不见的手”范式语境下的一种叙述，它以理想市场状态作为一种参照。市场失灵理论主张市场机制在特定领域或特定条件下是无效的，国家在特定领域或特定条件下应进行干预或介入以矫正市场失灵。市场失灵不但是经济学理论中国家干预的主要原因，而且是市场经济体制下政府与市场关系的核心内容。以帕累托、阿罗和德布勒为代表的福利经济学家进一步发展和完善了“看不见的手”范式，他们提出，在完全竞争、没有公共物品、不存在规模经济、没有外部性等假设条件下，竞争价格机制能使整个社会资源配置的帕累托最优。但现实生活却无法满足福利经济学家的上述假设，因而产生了“市场失灵”。[4] 弗朗西斯·巴托也提出，市场失灵是指一个或多或少理想化的价格市场制度体系未能维持“理想”的活动或制止“不理想”的活动。然而，现实世界存在不完全信息、惯性、变革阻力、税收成本、不确定性、不一致的预期和总需求的变幻莫测等情况，而这些不确定性都会导致无错误的利润和偏好最大化计算，从而使市场机制无法维持帕累托有效分配。[5] 由于市场失灵的广泛存在，以凯恩斯为代表的国家干预经济思想成了西方经济学主流，并为西方资本主义国家走出大萧条和长期经济繁荣作出了贡献。

---

〔3〕 参见［英］亚当·斯密：《亚当·斯密全集（第3卷）：国民财富的性质和原因的研究》（下卷），郭大力、王亚南译，商务印书馆2014年版，第30页。

〔4〕 参见崔之元：《“看不见的手”范式的悖论》，经济科学出版社1999年版，第3页。

〔5〕 See Francis Bator, *The Anatomy of Market Failure*, In: Estrin, S., Marin, A. (eds) Essential Readings in Economics, Palgrave, 1995, p. 129 – 130.

福利经济学的标准假设是把市场失灵归咎于市场本身出现的偏差，完全忽视了政府在市场运行过程中的负面效应，这一假设是与事实相背离的。诺斯悖论明确提出，如果政府权力不介入，财产权利就无法得到有效保护；然而政府权力的介入却容易侵害个人的财产权利，危及有效产权安排。政府的行为并非完全基于公正和道德，期望政府对市场失灵发挥作用忽视了政府作为独立的经济主体要素的个体性特征。[6] 布坎南认为市场失灵理论将国家干预作为解决市场失灵的手段，实际隐含政府是仁慈的并且外生于经济决策者的假设。然而，实际上国家干预也会导致一系列政府失灵的问题，包括民众夸大对公共物品的需求而导致资源浪费，政府缺乏私人信息而导致资源错配，政府官员被私人利益俘获以及政府投资导致对民营经济的挤出效应。因此，国家干预导致资源再配置和工作重心从市场向政治组织转移并不一定会减少市场失灵问题。[7] 而且，政治过程充斥国家俘获、行政腐败和司法腐败之类的现象，政治家与管制者通常有更强的动机为自己的利益集团谋取利益，对政府干预的过分信任不仅在政治上是危险的，而且对克服市场失灵也没有好处。由于信息不对称和机会主义倾向的存在，政府会对市场抱有不切实际的想法而使市场状况变得更糟，政府失灵的危害甚于市场失灵。市场失灵与政府失灵都是亚当·斯密“看不见的手”范式在现实社会中的投射。在“看不见的手”范式中市场与政府两方都倾向于否定对方，似乎二者不能相容，其实二者之间的平衡点需要在不断试错中发现，而不能先验地确定。[8] 政府作为市场失灵矫正者的观点由于其对政府官员和立法者过分理想化的假定而注定会遭到挫折，他们的行为出发点并不总是基于公共利益。然而，政府失败总是比市场失败更为广泛的观点同样是一种盲目的迷信。盲目的迷信可能会导致严重的后果。

---

〔6〕 参见李俊生、姚东旻：《财政学需要什么样的理论基础？——兼评市场失灵理论的“失灵”》，载《经济研究》2018年第9期。

〔7〕 参见李俊生、姚东旻：《财政学需要什么样的理论基础？——兼评市场失灵理论的“失灵”》，载《经济研究》2018年第9期。

〔8〕 参见邓辉：《论公司法中的国家强制》，中国政法大学2003年博士学位论文，第48-50页。

正如罗纳德·里根所言："在现在的危机中，政府不能解决我们的问题，政府本身反而是问题，很可能起到误导的作用。"政府失灵与市场失灵何者为大，是个经验问题，不应给予先验的理论回答。[9]

（二）数据交易市场失灵的成因剖析

在生产过程中，数据要素利用其承载的有价值信息来提高与土地、资本和劳动等其他要素的协同性，这也是数据要素在微观层面提升运行效率的作用机制。数据要素的非竞争性、非排他性和低成本复制性等经济特征使得数据要素在微观层面的运行效率提升可以在宏观层面进一步放大，成为提高宏观全要素生产率和发挥规模效应的重要途径。[10] 数据在交易流通过程中对各行各业的演化、进步和发展起着重要的协同和助推作用。例如，在公共卫生和医疗领域，医疗数据能支持重大传染性疾病预测、智慧医疗诊断、DNA 解码测序和人体健康监控管理等工作，提供可靠高效的医疗解决方案；在金融领域，金融数据在信用风险识别、流动性和运营风险控制、证券市场预测中起到重要作用，同时金融同行业数据整合与跨行业数据融合也在不断强化；在科研学术领域，科学数据可以帮助科研院所提高科研成果产出和转化，并不断提高机器学习的智能性和数据模型的完整度。此外，社交数据可以帮助零售商和运营商分析客户信息，预测销售情况。物流数据可以帮助物流行业提高物流效率，降低物流成本。作为生产要素的数据逐渐深度参与各种生产和商业活动，商业化的数据交易流通活动的增加催生了数据交易市场的诞生，多方主体参与的第三方数据交易市场不断涌现。数据交易市场是数字经济发展到特定阶段的产物，也是数据产业中数据资源化的必然产物。为了促进数据要素市场建设，我国也出台了一系列政策激活数据要素潜能，助力数据交易进入 2.0 时代。2020 年发

---

〔9〕 参见崔之元：《"看不见的手"范式的悖论》，经济科学出版社 1999 年版，第 19 页。
〔10〕 参见蔡跃洲、马文君：《数据要素对高质量发展影响与数据流动制约》，载《数量经济技术经济研究》2021 年第 3 期。

展和改革委员会（以下简称发改委）、中央网络安全和信息化委员会办公室（以下简称网信办）、工业和信息化部（以下简称工信部）和国家能源局联合印发的《关于加快构建全国一体化大数据中心协同创新体系的指导意见》提出健全数据流通体制机制，促进政企数据对接融合，深化政务数据共享共用。在数据交易流通方面，要求完善覆盖原始数据，脱敏处理数据，模型化数据和人工智能化数据等不同数据开发层级的新型大数据综合交易机制。[11] 2021 年国务院印发的《"十四五" 数字经济发展规划》明确提出，到 2025 年数字经济核心产业增加值占 GDP 比重达到 10%，并初步建立数据要素市场体系。积极培育发展数据交易平台，健全数据交易平台报价、询价、竞价和定价机制，探索协议转让、挂牌等多种形式的数据交易模式。[12] 2022 年中共中央、国务院印发的《关于加快建设全国统一大市场的意见》提出了打造统一的要素和资源市场，加快培育数据要素市场，建立健全数据安全、权利保护、跨境传输管理、交易流通、开放共享、安全认证等基础制度和标准规范，深入开展数据资源调查，推动数据资源开发利用。[13]

当前，我国数据要素主要采用两种方式进行流通：一是具有公共服务性质的数据流通方式，即政府公共数据向社会公众的开放与共享；二是市场化的数据流通方式，即企业间数据的交易与共享。由于数据供给机制的不完善，政府和公共数据都存在活力不足的问题。教育、医疗、金融、交通、能源等领域的数据没有纳入公共数据范畴，各个地区政府公共数据的开放存在不充分和不平衡的现象，公共数据开放和利用的模式亟待创新；对公共数据加工和再利用的制度、标准和规范等尚不成熟；数据经纪和服

---

〔11〕 参见《关于加快构建全国一体化大数据中心协同创新体系的指导意见》，载中华人民共和国国家互联网信息办公室 2020 年 12 月 28 日，http：//www. cac. gov. cn/2020 – 12/28/c_1610723968453216. htm。

〔12〕 参见《国务院关于印发"十四五" 数字经济发展规划的通知》，载中国政府网 2022 年 1 月 12 日，http：//www. gov. cn/zhengce/content/2022 – 01/12/content_ 5667817. htm。

〔13〕 参见《中共中央　国务院关于加快建设全国统一大市场的意见》，载中国政府网 2022 年 3 月 25 日，http：//www. gov. cn/zhengce/2022 – 04/10/content_ 5684385. htm。

务商的专业能力仍有待提升。[14] 市场化的数据交易流通仍是以数据要素为核心。与土地、劳动和资本等传统生产要素相比，数据要素具有虚拟性、非竞争性、正外部性、规模报酬递增、产权模糊以及衍生性等特征。[15] 除了数据交易市场的结构性问题之外，数据交易市场失灵也与数据要素本身的特殊性质高度相关。

1. 数据交易中的信息不对称

信息不对称理论由美国经济学家斯蒂格利茨、阿克洛夫和斯彭斯提出，三者因此获得了2001年诺贝尔经济学奖。信息不对称理论是一种在信息不对称条件下，对信息不对称对市场交易行为和市场运行效率的重要影响并探讨相应解决方法的现代经济学前沿理论，而信息不对称模型也是信息经济学研究中不可或缺的分析工具。信息不对称是市场经济活动中的一种普遍现象，它根源于人的趋利性，人类对劳动的社会分工以及人的欲望与能力的差异性。所谓信息不对称，实际上是指在市场交易活动中双方拥有的交易信息不对称，其中一方掌握另一方未拥有的信息。信息不对称现象的存在不仅与交易方或市场参与者所掌握的私人信息有关，也与市场参与者获取信息的能力和来源有关。在市场交易中，当交易中的一方无法获知或观测另一方行动的完全信息，或者获知和观测成本过于高昂时，交易中的双方就处于信息不对称状态。用斯蒂格勒的话来说，任何一项经济决策或任何一次市场交易都存在一定的信息或知识的介入，而人们获取信息或知识是具有成本的。其中基本的搜寻信息成本就包括人们时间、金钱和脑力的投入，这些投入成本的大小决定了信息的价值和售卖价格。在市场中各种同质商品和服务却存在不同的价格，在一定程度上也是源于信息成本的差异。[16]

---

〔14〕 参见欧阳日辉：《我国多层次数据要素交易市场体系建设机制与路径》，载《江西社会科学》2022年第3期。

〔15〕 参见徐翔、厉克奥博、田晓轩：《数据生产要素研究进展》，载《经济学动态》2021年第4期。

〔16〕 参见林成：《从市场失灵到政府失灵：外部性理论及其政策的演进》，辽宁大学2007年博士学位论文，第39页。

信息的不对称性可以从多个角度进行区分。从信息不对称的市场主体角度可以分为两类：一是卖方占据信息优势地位。例如，在产品市场上，卖方比买方拥有更多关于产品质量、性能、成本和使用年限等方面的信息。二是买方占据信息优势地位。例如，在金融保险市场，借贷方比贷款方拥有更多关于潜在投资的未来收益和风险信息。从信息不对称的客观性角度可以分为两类：一是外生信息不对称。它涉及经济系统的外生变量，一般是指自然状态所具有的一种特征、性质和分布情况，它是客观事物本身所具有的并不为交易一方的决定或行为所影响的信息。二是内生信息不对称。它涉及内生变量，在这一情形下，交易一方对自己的偏好、禀赋和生产机会都有完全的了解，而仅是对交易另一方提供的产品不甚了解。在内生信息不对称的条件下，宏观层面上，人们会分析非均衡过程及价格的动态过程，而微观层面上，则是对交易伙伴的搜寻，即研究最优交易合约的过程。信息不对称从发生的时间角度也可以分为两类：一是发生在交易方签约之前（ex ante）的信息不对称，即事前的信息不对称。它产生的原因通常是信息在交易双方之间分布不均衡，交易中的一方对自身的知识或影响合约成立的自然情况了解得很清楚，但交易另一方对此却不甚了解，这就会导致处于信息弱势的交易一方不得不为处于信息优势的交易一方承担风险，从而使自己面临交易中的逆向选择。二是发生在交易方签约之后（ex post）的信息不对称，即事后的信息不对称。由于交易一方的行动只为自身及合约签订者了解，局外人不能了解，故处于信息优势的交易一方经常会做出败德行为。因此研究事前的信息不对称的博弈模型也称为逆向选择模型（adverse selection），而研究事后的信息不对称的博弈模型也称为道德风险模型（moral hazard）。从信息不对称产生的内容角度来看，信息不对称既可能是指某些交易参与方的行动（actions），也可能是指某些交易参与方的知识（knowledges）。研究不可观测行动的模型称为隐藏行动模型（hidden action），研究不可观测知识的模型称为隐藏知识模型（hidden knowledge）或隐藏信息模型（hidden information）。[17] 对于隐藏知识或信息的解决方案是设计一种机制以获得有用的信息，或令对方自行给出有用的信息，从而实现一种最优的合约安排。

信息不对称具有两面性，一方面会导致交易成本的内生，另一方面会导致分工和市场的发展。由于市场参与者之间存在信息不对称，人们为了避免因自己的无知而被交易对手哄骗，因此会向具有特定信息的人采购智力服务，从而促进分工和市场大发展。正如杨小凯所言，信息不对称是产生分工经济的原动力，瓦尔拉斯价格机制可以消除信息不对称可能产生的内生交易成本，从而更有效地利用信息不对称产生的分工经济效益。[18] 乔治·阿克洛夫也对信息不对称问题进行了系统性研究，他在其论文中对具有逆向选择信息问题的市场进行了详细分析。他以二手车市场为研究对象，对二手车的贩卖过程进行了研究，他发现在二手车市场中贩卖者对二手车质量的了解总是比购买者多。他认为买卖双方信息不对称问题可能导致整个二手车市场崩溃，或市场萎缩成只有“柠檬车”（劣等商品）充斥其中的状态。市场中的主体在面临信息不对称问题时，会积极寻求策略以消除其对市场效率的不利影响，为应对这一挑战，许多市场机构，例如职业中介、连锁店、商标和不同合约种类等方案应运而生。[19] 搜寻信息是解决由于事前信息不对称而产生的逆向选择的有效办法。在市场经济活动中掌握较少信息的一方通过搜寻信息可以降低交易双方信息不对称的程度，提高市场交易的效率。在更广阔的市场中，消费者也可以通过搜寻信息降低商家与消费者之间的信息不对称程度，这样可以减少商业欺诈的发生。虽然搜寻信息对于减少信息不对称和逆向选择有益，但如果每个消费者都积极去搜寻信息必然会导致资源浪费，因此解决逆向选择问题还需要政府

---

〔17〕 参见张维迎：《博弈论与信息经济学》，上海人民出版社 2004 年版，第 398 页。

〔18〕 参见［澳］杨小凯、黄有光：《专业化与经济组织——一种新兴古典微观经济学框架》，张玉刚译，经济科学出版社 2000 年版，第 102－103 页。

〔19〕 See George Akerlof, *The Market for Lemon*: *Quality Uncertainty and the Market Mechanism*, Quarterly Journal of Economics 84, 1970, p. 485－500.

进行适当的调控和干预。发布市场信号是解决逆向选择问题的另一个办法。在商品市场上，卖方可以通过传递关于商品质量的市场信号来缓解或对冲“买家不如卖家精”的问题。迈克尔·斯宾塞在其论文《劳动力市场信号》中提出信号传递理论，他创新性地分析了教育水平作为信号传递的手段在劳动力市场上的作用。他提出的信号传递模型合理解释了为何在劳动力市场上会出现文凭竞争现象。[20] 在劳动市场上，雇主通常会根据求职者的文凭、受教育程度和工龄来甄别劳动力质量。受教育程度可以提高人力资本，而文凭是展现个人能力的信号。求职者被雇用后，雇主可以根据其在工作中的实际表现做出正确判断。市场信号也可以被伪造，假文凭和假名牌的大量存在就是证明，政府应规范市场主体的信号发布行为，规范文凭和名牌产品的授予，以减少市场中的虚假信号。监督和激励机制是解决事后信息不对称而产生的道德风险的有效方法。在市场交易中，掌握较少信息的交易一方需要通过搜寻和获取更多信息来加大监督力度，当获取有效监督信息的成本大于收益时，交易一方应通过激励机制来减少道德风险。有效的激励机制包括明晰的产权与价格、合同与声誉以及报酬与生产效率的联合机制。

肯尼斯·阿罗将信息看作不确定性的负度量，他提出的阿罗信息悖论为数据交易提供了经济学分析框架。阿罗以信息为研究对象，并提出当信息成为商品时，不确定性会在资源分配过程中制造难以调和的矛盾。为了完成信息交易，信息的购买者必须能够对信息进行准确的估值，并确定愿意付出的交易金额。然而信息商品具有不可分割性，信息所有者难以在公开市场上直接售卖信息，因为一旦信息所有者基于某种原因披露或泄露了该信息，信息购买者就直接拥有了该交易标的，从而打破了信息所有者对售卖信息的垄断，也不再有为该售卖信息付款的动机。阿罗信息悖论揭示了在信息或数据交易中所存在的一个悖论，即在获得数据或信息之前，购

〔20〕 See Michael Spence, *Job Market Signaling*, The Quarterly Journal of Economics, Vol. 87: 3, p. 355 – 374 (1973).

买方无法知悉数据或信息内容，从而确定其真实价值；然而一旦售卖方披露数据或信息内容，购买方便可无偿获得该数据或信息。[21] 数据要素与信息的特征极为相似，因此数据要素的信息不对称也体现在两个方面，即价值上的信息不对称和使用上的信息不对称。数据要素价值上的信息不对称主要表现在数据需求方在完整获得数据要素前可能无法了解数据要素的真实价值，从而无法对其进行准确估价。与阿罗提出的信息悖论相似，数据供需双方完成数据交易的前提是数据需求方必须能够对标的数据进行准确的估值，并确定愿意付出的交易金额。然而数据具有不可分割性，数据供应方难以在公开市场上直接售卖信息，因为一旦数据供应方基于某种原因披露或泄露了该信息，数据需求方就直接拥有了该交易标的数据，从而打破了数据供应方对售卖标的数据的垄断，也不再有为该售卖标的数据付款的动机。数据要素使用上的信息不对称主要表现在数据供应方可能无法了解数据需求方的真实用途，并且难以对数据要素的违规使用进行事后监管以及相应的追责，这就造成数据供应方倾向于在数据要素定价过程中增加风险补偿考量，从而使数据要素的价格难以反映其内在价值。以影像标注服务为例，委托一方是标注服务采购方，而代理一方是标注服务提供方，委托方往往因缺乏代理方提供影像标注服务过程中投入成本的情况以及最终成果的准确性等信息而难以精准定价，这就会导致交易双方成交意愿的降低。数据交易中的信息不对称往往使得数据需求方处于信息弱势，因此对交易后的不确定性产生犹豫和怀疑，进而导致其成交意愿的进一步降低。在这一交易过程中，价格信号难以有效传递，也无法反映真实的供求关系。市场化调节难以为继，市场供求机制失灵。[22]

早在2015年，国务院印发的《促进大数据发展行动纲要》就提出

---

〔21〕 See Kenneth J. Arrow, *Economic Welfare and the Allocation of Resources for Invention*, National Bureau Committee of Economic Research, ed., in The Rate and Direction of Inventive Activity: Economic and Social Factors, 1962, p. 615.

〔22〕 参见刘小霞等：《基于多方计算技术的数据交易机制研究》，载《大数据》2022年第3期。

“引导培育大数据交易市场，开展面向应用的数据交易市场试点”。随后，2021 年国家《“十四五”规划》明确提出“培育规范的数据交易平台和市场主体”，《“十四五”数字经济发展规划》则提出“加快数据要素市场化流通”。2021 年 9 月正式实施的《数据安全法》也明确规定“培育数据交易市场”。〔23〕北京、上海、山东、浙江等 15 个省市也相继出台了一系列地方政策、法规和规划以期推动当地大数据交易所的建设，进一步促进数据交易流通。贵阳大数据交易所发布的《2016 年中国大数据交易产业白皮书》曾预测 2016 年我国大数据交易市场规模将达到 62.12 亿元，到 2020 年数据交易市场规模将达到 545 亿元。〔24〕然而，政府对交易市场的美好愿景却在现实中遭到冷遇。时至今日，全国各大数据交易所都未出现政府预期的百亿规模和万亿市场盛况。据贵阳大数据交易所内部人员透露，2019 年交易所因为缺乏数据和技术，项目成交额仅为 500 万～800 万元；2020 年交易所成交金额甚至低于 500 万元。该交易所类似于收取佣金，撮合买卖双方数据交易的中介平台，但该交易所既无交易大屏，也不可能达成数据高频交易，数据交易也没有想象中那么活跃。〔25〕截至 2022 年，我国副省级以上政府已建成 20 余家新型大数据交易所，然而大多数交易所同样面临贵阳大数据交易所遭遇的困境。虽然大数据交易遭遇市场困境的原因是多方面的，包括数据交易主客体不明确，数据来源不可溯，交易过程不透明和交易规则不完善等，但其中最主要的问题是数据交易主体之间信息不对称，这导致交易双方都对数据交易心存顾虑。这种信息不对称往往导致数据需求方处于信息弱势的地位，因此数据需求方会对交易标的（数据）的实际价值和用途产生猜疑和犹豫，进而导致数据需求方交易意愿大幅降

〔23〕《数据安全法》第 19 条规定：“国家建立健全数据交易管理制度，规范数据交易行为，培育数据交易市场。”

〔24〕参见贵阳大数据交易所：《2016 年中国大数据交易产业白皮书》，载未央网，https://www.weiyangx.com/188575.html。

〔25〕参见罗曼、田牧：《理想很丰满现实很骨感 贵阳大数据交易所这六年》，载证券时报网 2021 年 7 月 12 日，https://stock.stcn.com/djjd/202107/t20210712_3426536.html。

低。在这一交易过程中，价格信号难以有效传递，也无法反映真实的供求关系。市场化调节难以为继，市场供求机制失灵。由于信息不完备，政府同样处于信息弱势地位，不但难以把握瞬息万变的数据交易市场全貌，也难以在充分论证和分析的基础上对数据交易市场进行精准调控或对数据交易行为进行有效监管。

2. 数据交易中的负外部性

经济学术语外部性一般是指两个独立经济主体在缺乏任何相关交易的前提下，其中一个主体对另一主体的福利所造成正面或负面的影响。外部经济现象最早由阿尔弗雷德·马歇尔发现并进行分析。在马歇尔对外部经济现象研究的基础上，庇古在《福利经济学》一书中提出了外部不经济的概念。他认为，负外部性的产生是由于社会边际成本与私人边际成本背离，二者之间的差异不由私人承担。由于私人最优产量大于社会最优产量，这就导致资源浪费。解决方案是政府通过对私人收税实现外部成本内部化，从而减少边际社会损害。[26] 此后，庇古税长期地成为解决外部性问题的传统做法。在庇古的外部性理论的基础上，詹姆斯·米德、威廉·斯塔布尔宾、弗朗西斯·巴托等经济学家对外部性问题进行了深入研究，并拓宽了外部性概念的表述。在巴托眼中，外部性几乎等同于市场失灵，他认为对外部经济这一概念进行拓展是自然且有益的，最好让外部性指示这样一种情形，即在用价格划分成本与收入时，出现非帕累托的成本与收益关系。外部性属于这样一个集合，它与完全竞争的交集为空集，但与市场失灵的交集为非空集。换言之，外部性属于市场失灵范畴，但与完全竞争市场的假设格格不入。[27] 相较于巴托的市场失灵概念，肯尼斯·阿罗提出了相对市场失灵理论对外部性和市场缺失的关系进行了阐述。他认为交易

---

〔26〕 参见［英］A. C. 阿瑟·庇古：《福利经济学》（上卷），朱泱等译，商务印书馆 2006 年版，第 194－201 页。

〔27〕 参见贾丽虹：《对“外部性”概念的考察》，载《华南师范大学学报（社会科学版）》2002 年第 6 期。

成本是市场机制内生的，并非所有市场缺失都属于市场失灵，外部性只是市场缺失的因素之一，因此外部性与市场缺失之间不能直接画等号，外部性也只是市场失灵的一个子集。[28] 罗纳德·科斯在《社会成本问题》一文中从产权和交易成本的角度研究了外部性问题，他发现交易成本会对产权安排产生影响。他提出假如定价系统的运行毫无成本，那么最终结果（使生产价值最大化）将与法律状况无关。无论养牛者是否对农作物造成的损害负责，牛群的规模都是一样的。[29] 科斯认为，在产权清晰的前提下，交易费用为零。在市场机制充分有效的情况下，市场主体通过市场交易就可以解决彼此之间的纠纷，并主张基于成本最小化原则在两种外部性解决方式中自由选择。

从新古典经济学角度来看，在多数情形下市场机制的自生自发调节就能实现社会资源的帕累托最优配置。只有在出现负外部性、垄断和公共产品供给不足等市场失灵的情况下，政府才需要基于国家干预或政府规制理论对市场进行适度干预。对于纠正市场失灵，萨缪尔森提出了公共产品理论，[30] 而斯蒂格利茨则对逆向选择、道德风险和不完全信息等问题进行了系统性研究，拓展了市场失灵理论研究的视野。[31] 斯蒂格利茨提出，在信息不完善或市场不完全的条件下，市场机制难以在约束条件下实现帕累托效率，因此市场失灵具有普遍性。在矫正市场失灵时，代表全体社会成员并拥有强制力的政府具有征税权、禁止权、处罚权以及交易成本等优势。由于政府本身的有限性，不完善信息和不完全市场同样会导致公共失灵或政府失灵，与政府强制力高度关联的再分配权也可能会滋生权力寻租等不

---

〔28〕参见贾丽虹：《外部性发生机制与市场缺失的关系新探》，载《学术研究》2003 年第 4 期。

〔29〕See Ronald H. Coase, *the problem of social cost*, Journal of Law and Economics, Vol. 3, p. 7 - 8 (1960).

〔30〕See Paul A. Samuelson, *the pure theory of public expenditure*, The Review of Economics and Statistics, Vol. 36: 4, p. 387 - 389 (1954).

〔31〕See Joseph E. Stiglitz, *Markets, Market Failures, and Development*, The American Economic Review, Vol. 79: 2, p. 197 - 203 (1989).

公平现象。[32]

数据交易也存在负外部性问题。这种负外部性是指数据要素在使用或交易过程中可能会给其他数据主体带来的消极影响和价值贬损。例如，数据要素在使用或交易过程中可能会泄露个人的隐私信息或企业的商业秘密，从而导致侵犯个人、企业或公共利益。负外部性的产生源于外部性实施者未承担相应的外部成本，从而使其私人成本小于社会成本。数据要素负外部性的存在也同样使得私人成本小于社会成本，即数据泄露和滥用导致侵犯个人隐私或对公共和国家安全带来的威胁并未被数据供需双方纳入交易考量。因此，数据要素的价格并未真实反映社会资源最优配置下的边际成本，这就会导致社会资源配置效率低下，形成所谓的错位定价。此外，在数据要素的边际成本难以真实反映社会边际成本的情况下，数据要素难以通过市场机制这一“无形的手”进行自发调节，从而实现数据要素配置的帕累托最优，这将极大地制约数据要素市场的发展。一般而言，工厂违规排放废水、废气而导致的河流和空气污染具有可核查性和可追责性，但数据要素的负外部性所造成的危害结果可能并不明显，而且不特定的受害者群体的分布在时间和空间上的分散性导致维权艰难。在实践中，数据要素的负外部性带来的负面影响经常与其信息不对称性相伴而行，数据要素的这两种特征在数据集聚时会形成倍增的化学反应，从而对个人、社会和国家安全产生严重威胁。对于负外部性的规制一般采用社会性规制手段，其目标是尽量减少负外部性所导致的效率损失。效率损失的大小一般取决于负外部性的大小以及产生负外部性的行为水平的高低。因此，要实现规制目标，就必须降低产生负外部性的行为水平。

外部性与信息不对称之间也存在某种必然联系。例如，一个明知自己患有某种传染性疾病的感染者不愿意离群索居，反而在未痊愈的情况下频繁与外界健康人群接触，最终导致多人在不知不觉中被感染。国外新冠疫

---

〔32〕 参见［美］斯蒂格利茨：《政府为什么干预经济——政府在市场经济中的角色》，郑秉文译，中国物资出版社 1998 年版，第 69－79 页。

情间歇性大暴发的原因之一就是某些感染者在明知自己携带病菌的情况下，继续与健康人群保持接触，这就是典型的负外部性行为，而这一负外部性的发生前提是行为人之间的信息不对称，信息不对称最终导致行为人决策的分离。因此，信息不对称可以诱发外部性，而外部性又在一定程度上强化了信息不对称。[33]

3. 数据要素的准公共产品性

公共产品这一概念由新古典经济学家提出。大卫·休谟在《人性论》中曾提及公共草地积水的例子，意在说明公共消费品无法单纯依靠个人实现公共利益最大化。[34] 亚当·斯密在《国富论》中也将产品分为公共产品和私有产品，并对公共产品进行了初步分类。保罗·萨缪尔森对公共产品进行了系统性的经济学表述，他认为经典公共产品具有消费上的非竞争性和受益上的非排他性。消费上的非竞争性是指公共产品的消费者之间不存在竞争，在产品数量一定的情况下，将其再分配给一个消费者的边际成本为零。受益上的非排他性是指无论产品提供者的意愿如何都难以排除（或排除代价高昂）其他消费者对该产品的消费。[35] 根据经济学理论可以将所有生产要素依其属性进行分类（见图 2－1）。劳动、资本和土地等生产要素属于私有产品，因其同时具有较强的竞争性和排他性。例如，土地要素的供给弹性极小，竞争性极强，同时在现实中完全可以实现排他性，它属于典型的私有产品。如果不能合理限制使用土地要素，则有可能出现公地悲剧现象。公地悲剧的出现往往是由于土地要素的产权界定不清晰，土地要素从私有产品变为共有资源，而共有资源的特征是既具有竞争性，也具有非排他性。知识、技术和数据等生产要素近似于共享品或者俱乐部

---

〔33〕 参见林成：《从市场失灵到政府失灵：外部性理论及其政策的演进》，辽宁大学 2007 年博士学位论文，第 40－43 页。

〔34〕 参见［英］大卫·休谟：《人性论》（下册），关文运译，商务印书馆 1983 年版，第 578－579 页。

〔35〕 See Paul A. Samuelson, *the pure theory of public expenditure*, The Review of Economics and Statistics, Vol. 36: 4, p. 387－389 (1954).

产品，具有非竞争性和一定的排他性。非竞争性是指这些生产要素具有边际成本近乎于零的特性。一定的排他性是指这些生产要素作为中间产品，在前期生产过程中会产生各种成本，其中有的成本甚至十分高昂，例如，企业投入的研发成本和人力成本，因此通过收取授权使用费的方式进行排他性使用是合乎情理的。问题的关键在于确定排他性使用的程度和方式，如果排他性使用的限制不足将会导致准公地悲剧，而过度限制又会导致反公地悲剧。[36]

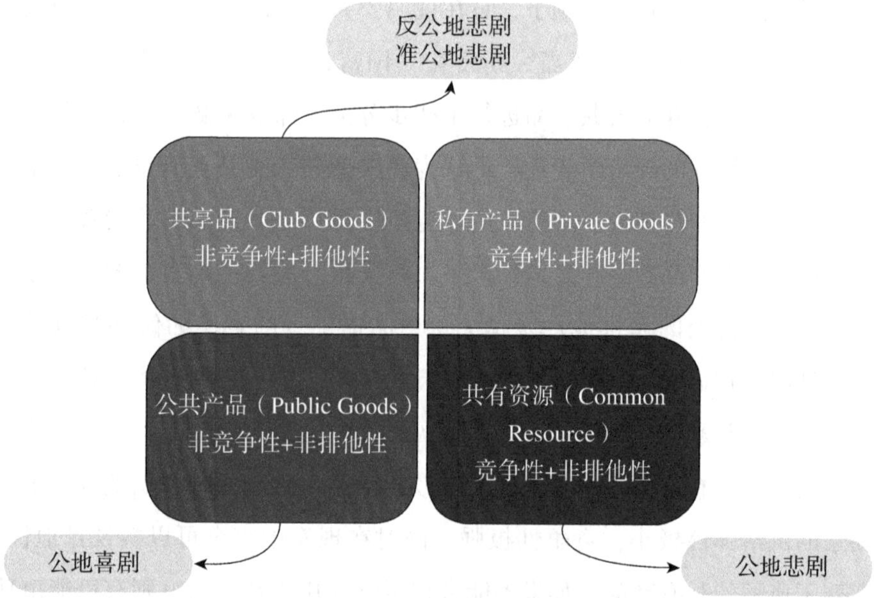

图 2-1　生产要素的属性分类

从经典公共产品的特征来看，数据交易市场中的数据资源产品具非竞争性特征。人们对数据资源产品的消费主要针对的是数据产品所蕴含的信息内容，而数据资源产品的内容又具有共享性的特征，这一特征在实践中表现为单一用户对数据资源的消费并不影响其他用户的消费。同时，数据

〔36〕 参见于立、王建林：《生产要素理论新论——兼论数据要素的共性和特性》，载《经济与管理研究》2020 年第 4 期。

资源产品也具有有限的排他性特征。数据作为一种特殊的商品具有较强的共享性特征。一般普通商品在数量一定的情况下，商品的数量会随着消费者的增加而减少，但数据商品的数量反而会随着消费者的增加而变多。虽然欧盟试图通过数据库权来保护数据产品的生产者，使生产者能够拥有一定的权益来实现数据产品的排他性，但是数据产品一般是大量脑力劳动的成果，前期投入成本较高，而边际成本几乎为零，数据天然又具有易复制的特征。这就使得真正实现数据产品的排他性较为困难。

数据公共产品理论在国内外都不乏支持者。美国学者劳伦斯·萨默斯就曾提出数据应被视为最基本的公共产品。〔37〕国内也有学者认为，在大数据背景下，"数据信息"的私权保护和规制遭遇困境，应将"数据信息"视为公共产品进行规制。〔38〕然而，数据公共产品理论的支持者忽视了实践中数据经过收集或聚合便由各类数据企业掌控这一事实，脱离技术条件和社会制度提出的理论往往会陷入误区。如果数据要成为纯公共产品，就必须满足数据一经产生便会进入一个"不受任何人掌控的网络空间"这一前提。由于用户欠缺技术能力或条件对个人数据进行实际掌控，一旦数据进入这一"网络空间"就可以被任何主体获取，从而呈现出纯公共产品特征。然而，在实际中，公共产品的非竞争性和非排他性特征必须依赖于技术条件和社会制度加以考察，如果特定技术条件和社会制度都无法排除产品的非竞争性和非排他性特征，那么该产品就符合纯公共产品特征。〔39〕因此，"信息/数据保护"的话语和行动本身是嵌套在行业发展和需求中的，不能孤立地看待。信息/数据从零散到聚合是新经济商业模式的直接后果，而信息/数据的使用离不开互联网服务的技术架构。〔40〕以个人数据为例，

〔37〕参见［美］劳伦斯·萨默斯：《数据是最基本的公共品》，偲言译，载搜狐网 2016 年 5 月 19 日，https：//www. sohu. com/a/76191890_ 157544。

〔38〕参见吴伟光：《大数据技术下个人数据信息私权保护论批判》，载《政治与法律》2016 年第 7 期。

〔39〕参见文禹衡：《数据产权的私法构造》，中国社会科学出版社 2020 年版，第 181 页。

〔40〕参见胡凌：《商业模式视角下的"信息/数据"产权》，载《上海大学学报（社会科学版）》2017 年第 6 期。

个人数据一旦脱离用户进入数据企业的掌控范围，其性质就开始发生微妙的变化，数据的非竞争性从用户到企业呈现出竞争性递增的趋势，而数据的非排他性也呈现出排他性递增的趋势（见图2-2）。

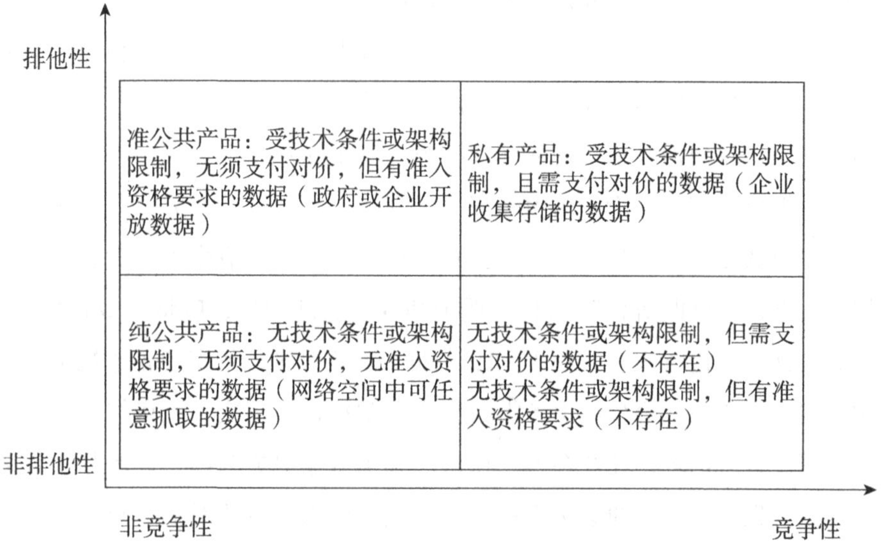

图2-2　数据的公共产品性质分析

在现实生活中，真正的纯公共产品是极少的，大多数产品可以视为介乎于公共产品和私有产品之间的准公共产品。就准公共产品性质而言，准公共产品或多或少具有公共产品的部分特征，因此任由市场来提供准公共产品也是缺乏效率的。例如，教育和医疗服务都具有一定的排他性和竞争性，但同时又具有收益上的外部性，因而政府需要介入该类产品的提供。[41] 政府和数据企业向公众开放的地理交通数据、气候数据、教育数据和就业数据等一般被视为准公共产品。然而，一旦这些被政府或数据企业公开的数据进入网络空间并可被任意抓取，那么这些数据就有可能转化为纯公共产品。最具挖掘价值的个人数据是日常人机交互的产物，但个人消费者并无技术能力和措施对其施加控制。在日常人机交互过程中，个人数

〔41〕 参见程浩、管磊：《对公共产品理论的认识》，载《河北经贸大学学报》2002年第6期。

据一经产生便被数据企业获取、收集进入由企业实际控制的存储空间。我们想象中的自由网络空间实际上是由无数个物理服务器作为底层基础构建的。由企业和各级政府控制的物理服务器之间既存在物理隔阂，也存在由防火墙等技术措施形成的技术屏障，就如同看似透明一体的大气层之中也存在不同的分隔层。无论是个人数据，还是公共开放数据，一旦其进入企业存储空间就会被各种技术措施隔离和保护，进而成为私有产品，在这一情境下这些数据都难以成为真正的公共产品。依附于无数物理服务器之上的公共数据池不得不受制于这些物理服务器的实际控制者。这些实际控制者，往往是各类数据企业，它们通过技术、协议和法律等方式将存储的数据与外界隔离，从而实现排他性的效果。尽管网络空间中的公共数据池自由开放给所有主体免费使用，但为了防止数据被反复爬取复制，数据企业（实际控制者）仍然通过技术措施设置了不同等级的接入权限。[42] 将数据视为纯公共产品这一观点是值得商榷的，如果将数据视为纯公共产品，那就类似于将传统公共资源引入私人控制的数据池，最终扩大的并非公共资源而是私有资源。[43]

数据具有的非竞争性和有限排他性呈现的是一种共享品或准公共产品的特征。准公共产品特征意味着数据要素的权属并不完全具有私有产品特征，因此部分数据控制者和使用者可以毫无限制地使用数据，从而导致数据滥用行为横行。除此之外，一旦数据保护措施失灵或被突破而导致数据泄露，有心人士便会以极低的成本对该数据进行复制，这会进一步削弱数据作为准公共产品的排他性，并剥夺数据提供方获取正当经济利益或经济补偿的能力。数据提供方的权益随着数据泄露和非法流通不断被稀释，而其对数据的安全保障义务却随着数据供给而不断增加，最终数据提供方的权利和义务由于数据泄露和非法流通变得更加模糊。在这此消彼长的过程

---

〔42〕 参见文禹衡：《数据产权的私法构造》，中国社会科学出版社2020年版，第182页。

〔43〕 参见胡凌：《商业模式视角下的“信息/数据”产权》，载《上海大学学报（社会科学版）》2017年第6期。

中，数据提供方生产和提供数据的意愿不断降低，数据交易市场也更趋于混乱，数据要素的流通和交换规模也不断降低，数据交易市场供给侧的塌方直接导致数据交易市场失灵。此外，公共数据的开放性和流动性也是提升数据价值的关键。扩大数据交易流通范围不但可以使碎片化的数据集中聚合，扩大数据规模，还可以使数据通过激励补偿机制流转到需要数据的各类主体手中。从数量上来看，作为公共产品的公共数据占整个数据市场总量的80%，足以成为数据供给的主体。截至2023年8月，我国已有226个省级和城市的地方政府上线了数据开放平台。[44] 公共数据开放平台的陆续上线促进了我国公共数据源的开放和供给，但我国对公共数据源潜在价值的挖掘仍不及美国与欧盟等发达。在评估各国政府数据开放程度的开放数据晴雨表（Open Data Barometer）指标排名中，2015年我国在92个国家和地区中列第55位，2016年我国在115个国家和地区中列第71位。[45] 公共数据的低效率开放和供给使下游企业缺乏数据原料进行深入分析和挖掘，严重制约了数据交易市场供给侧的发展。

4. 数据交易市场机制不完善

根据国家工业信息安全发展研究中心测算数据，2020年我国数据要素市场规模达到545亿元，在“十三五”期间市场规模复合增速超过30%；在“十四五”期间，数据要素市场规模将突破1749亿元，数据要素市场将进入高速发展阶段。[46] 一个完善的市场机制需要供求机制、价格机制和竞争机制都运行良好，并能够发挥应有的市场调节作用。我国的数据要素市场的供求机制、价格机制和竞争机制都存在各种问题，在实践中就表现为数据交易市场发展不均衡和不完善。供求机制是指通过商品、劳务或其

〔44〕《复旦DMG：2023中国地方公共数据开放利用报告》，载互联网数据资讯网2023年11月6日，http://www.199it.com/archives/1657151.html。

〔45〕参见张晓娟、孙成、向锦鹏：《基于开放数据晴雨表的我国政府数据开放提升路径分析》，载《图书情报知识》2017年第6期。

〔46〕参见国家工业信息安全发展研究中心：《中国数据要素市场发展报告（2020～2021）》，载搜狐网2021年5月26日，https://www.sohu.com/a/468674458_485245。

他社会资源的供给与需求之间的相互作用和矛盾运动，来影响并调节生产要素组合的一种机制。当市场供给与需求之间处于不均衡状态时，供求机制会通过市场中供给量、需求量和价格等市场信号来调节社会生产和需求，从而实现市场供给与需求之间的均衡。在数据要素供求机制方面，在我国数据交易市场中数据要素的供给侧与需求侧都不旺盛，这一现象暴露了我国数据交易市场在供求机制方面仍有欠缺。价格机制是指市场上特定商品市场价格的变动与其供求关系变动之间的有机联系的运动。价格机制通过价格信息来反映市场供求关系，并通过价格信号来调节生产和流通，从而优化市场资源配置。传统生产要素的价格形成是买卖双方就特定商品的价格进行协商的博弈过程。这一过程可以概括为“自主报价—协商定价”的价格形成机制。这一价格机制的形成依赖于透明的供求关系，众多卖方分散决策，自主报价，众多买方对相似商品的质量和价格进行比较，最终市场通过供求关系和竞争机制形成合理的市场价格体系。在数据要素价格机制方面，数据交易市场存在交易信息透明度低，交易标的权属界定困难，交易标的标准化程度低，交易场景依附性强等特殊性。当前数据交易市场供需关系不透明，数据提供方尚未形成稳定有效的价格披露机制，数据需求方对交易标的的真正价值也缺乏了解，难以进行横向比价竞争，传统生产要素市场的“自主报价—协商定价”的价格形成机制也无法充分发挥作用。因此，在数据供求双方之外，还需要引入独立和客观的第三方中介机构在价格形成过程中承担更大的作用。竞争机制是指参与市场竞争的主体为了各自利益而展开的相互竞争，以及由此形成的经济内部的必然的联系和影响。竞争机制根据优胜劣汰法则，以价格或非价格竞争的形式来调节市场运行。在数据要素竞争机制方面，我国数据要素市场尚未成熟，市场竞争不充分和不均衡情况普遍存在，供需不平衡引起了价格与价值的背离，进而导致了各种市场失灵现象。此外，大型数据平台依托其掌握的海量数据资源优势，以提供服务的形式进行各种数据交易，并掌握交易数据的定价权从而在市场竞争过程中获得垄断性利润。大型数据平台还利用自身在市场的支配性地位实施“二选一”、自我优待、数据集中、生态封闭和跨市场力量传导等阻碍竞争和垄断市场的不正当竞争行为。

（三）数据交易市场失灵的矫正

人类经济发展史就是一部如何提升生产效率和资源配置效率的历史。提升效率需要解决的重要命题之一就是，如何在信息不对称的条件下，促成交易的达成，以实现交易双方的价值交换。市场交易主体在参与市场交易时会将其异质性、情境性、自利性、可塑性和有限理性映射在交易行为之中。除了决策能力、情绪控制、智力和认知等因素之外，市场交易主体难以理性决策的重要原因还有信息不对称。〔47〕在现实社会中，信息不对称主要表现为欺诈、“敲竹杠”、逆向选择和道德风险。在数据交易市场中，交易主体之间的信息不对称导致的欺诈和“敲竹杠”行为屡有发生。矫正和克服数据交易中的信息不对称可以采用如下方法：一是重复多次交易。信任起源于重逢，当存在重复多次交易的可能时，就可以减少信息不对称导致的信任问题。从博弈论角度来看，如果交易双方确定将来还会重复多次交易，为了避免见面时被戳穿或抓住，就会减少欺骗，以期长久获利。二是第三方背书。数据交易双方可通过可信任第三方担保来克服交易双方的信息不对称障碍。可信任第三方需要对交易双方没有偏袒，并且在特定领域和范围内有一定的权威或知名度。三是提高附加成本。克服信息不对称还可以通过提高附加成本向交易双方发送信号。例如，人们通常会根据一件商品所配置的附加值的高低来判断该商品质量的高低。〔48〕数据价值高度依赖场景，难以事先披露，但它也可以参照其他信用品的交易，借助合作机制、声誉机制等方式促进交易。数据交易所的实践困境说明高频的证券、期货交易所模式并不符合数据交易特性，数据交易应采取基于数据服务的合作模式，而非完全市场化的合同模式。数据交易所也应重构其运营

---

〔47〕参见俞军等：《俞军产品方法论》，中信出版集团2020年版，第161页。

〔48〕参见薛兆丰：《薛兆丰经济学讲义》，中信出版社2018年版，第420－422页。

模式，采取可信任第三方中介或撮合模式，以推动数据交易市场发展。[49]正如大数据交易所的特点所呈现的，它并非简单的产品流通型交易，而更接近婚姻介绍所模式，即作为一个撮合交易、提供安全认证的机构，而非模仿商场或证券交易所的运营模式。

数据交易的负外部性主要体现在：（1）在数据交易过程中可能会泄露个人隐私或商业秘密，从而侵犯个人权利或集体利益；（2）使用和交易数据的群体相对减少了其他群体的选择权；（3）大规模使用大数据技术的潜在风险尚不清晰。即使风险事件发生，受害者也会陷入难以举证的境地，而政府也很难强制过错方来弥补这种损失和伤害。对数据交易进行监管的目的之一就是防范和管控数据交易中的负外部性，而实现这一目的的方式是通过相关的约束将外部问题内部化。克服数据交易市场负外部性主要通过：（1）通过立法划定交易双方行为边界，由政府对非法违规行为进行惩治，但又不干预正常的经济生活；（2）通过税收、产权分配等经济手段，将数据交易行为造成的社会成本直接纳入相关主体的行为成本范畴，实现个体成本与社会成本的匹配；（3）在法律界定的红线之内，通过一定程度上的集中监管交易行为的方式，对可能的违法违规行为进行集中监测和管控。[50]

（四）数据交易政府失灵的克服

政府失灵也称政府失效，是指政府的活动或干预措施缺乏效率，不但未能克服市场失灵，还阻碍了市场发挥其正常调节功能，扭曲了市场经济关系。萨缪尔森认为，当政府决策或集体行动所采取的措施不能提高经济效率或政府将收入再分配给不应获得该收入的人时，政府失灵便产生

[49] 参见丁晓东：《数据交易如何破局——数据要素市场中的阿罗信息悖论与法律应对》，载《东方法学》2022年第2期。

[50] 参见徐葳、杨祖艳：《数据使用的负外部性及数据要素监管》，载《金融时报》2021年3月29日，第11版。

了。[51] 市场失灵的客观存在是政府干预经济的理由，然而政府或政治制度决定的决策方式和过程使得政府在干预经济时也存在局限性。[52] 政府对市场经济活动进行干预的隐藏前提是政府能够代表选民或公众的利益，并根据选民或公众的利益去矫正市场失灵的不利后果，同时政府出台的矫正措施又不会带来更大的恶果。在政府失灵情境下，个人对公共物品的需求无法得到满足，政府部门在提供公共物品时趋向于浪费和滥用，最终导致政府效率降低或公共支出规模过大。政府失灵的现实呈现是政府难以根据社会福利最大化原则行事，即政府难以遵循庇古的外部性政策或凯恩斯的国家干预主义思想，利用国家或政府力量对市场失灵进行矫正，并将实现社会资源配置的帕累托最优作为自身的行动目标。

政府失灵的原因可以归纳为如下 4 点：一是政府各个部门之间缺乏竞争。政府干预经济的行为与一般市场主体的经济行为存在较大差异。企业在市场中竞争必须时刻关注其生产成本和运营利润，这是企业运营的行为法则和约束机制；而政府部门作为相对独立的主体，不存在竞争对象，也无须考虑其实施行为所带来的利润，考察企业经理人的约束机制对于政府活动不起作用。当政府缺乏降低干预活动成本的压力时，社会实际支付的成本往往会超出社会应付成本。此外，在缺乏利润约束机制的前提下，政府公职人员往往会寻求自身利益最大化，从而导致政府失灵。二是政府干预缺乏完备的信息。政府干预活动的有效性必须建立在信息准确和完备的前提下。然而政府难以把握瞬息万变的市场全貌，也无法在充分论证和分析的基础上作出调控或规制决策。政府干预经济的愿景与理性都存在一定的盲目性，尤其在约束机制失衡的情况下，经济信息失真使得政府有效干预成为泡影。三是政府干预活动具有滞后性。政府对经济活动的干预取决于宏观经济形势和市场动态，当宏观经济形势和市场情况发生重大变化

---

〔51〕 参见方福前：《公共选择理论——政治的经济学》，中国人民大学出版社 2000 年版，第 197 页。

〔52〕 参见周清杰、张志芳：《微观规制中的政府失灵：理论演进与现实思考》，载《晋阳学刊》2017 年第 5 期。

时，政府的干预活动以及政府的组织和权力结构都要进行相应的更新和调整，以便政府转变职能。政府的有限理性以及对经济活动变化的敏感性差都会导致政府干预活动滞后于市场和宏观经济的变化。非线性、多变量的经济社会变化以及各种突发的“黑天鹅”事件都会阻碍政府贯彻其政策实施，使政府无法实现干预经济的预期目标。政府干预的时滞效应也会导致政府失灵。四是政府行为缺乏合理的约束和监督。道格拉斯·诺思提出的国家悖论认为，国家的存在是经济增长的关键，然而国家又是人为经济衰退的根源。[53] 诺斯悖论可以从两个方面进行理解：一方面，通过国家权力界定和保护产权可以有效保护个人权利并产生规模效益，进而提升社会整体福利，促进国家经济繁荣；另一方面，国家在界定和保护产权时又是非中立的，为了最大化垄断租金，统治者往往会损害个人福利。诺斯认为，政府总是面临着交易成本和竞争的双重约束。交易成本的高低影响着产权结构及其变迁，而竞争约束是指与当前政府竞争的国家或本国内部的潜在竞争对手，这就会使当前政府为避免触怒有实力的选民群体，从而同意一些有利于这些选民群体的产权结构而无视该产权结构对效率产生的不利影响。双重约束的最终结果往往是无效率的产权。此外，政府的行为目标是多元的，而理性却是有限的。政府作为社会的代理人，是经济人，而非道德人，其目标函数的首要目标是租金最大化，其次是非财富效用最大化，最后才会考虑社会福利最大化。[54] 在现实的约束和监督过程中，监管部门所获得的信息往往由被规制对象提供或发布。在公共产品生产缺乏竞争的前提下，政府也没有客观的标准来检验监管部门所获信息的可靠性。在缺乏强有力的约束和监督的前提下，政府的政策和行为都将以直接或间接的方式最大化自身利益，而不是体现广泛的社会和公共利益，这往往会导致

〔53〕 参见［美］道格拉斯·C. 诺思：《经济史上的结构和变革》，厉以平译，商务印书馆 1992 年版，第 21 页。

〔54〕 参见何立胜、杨志强：《政府行为外部性与“诺思悖论”的相关研究》，载《江汉论坛》2006 年第 1 期。

政府失灵。

在数据交易中也存在政府失灵的问题。一是数据交易市场中的供需双方之间存在信息不对称。这种信息不对称往往使数据需求方处于信息弱势的地位，因此数据需求方会对交易标的（数据）的实际价值和用途产生猜疑和犹豫，进而交易意愿大幅降低。在这一交易过程中，价格信号难以有效传递，也无法反映真实的供求关系。市场化调节难以为继，市场供求机制失灵。由于信息不完备，政府同样处于信息弱势地位，不但难以把握瞬息万变的数据交易市场全貌，也难以在充分论证和分析的基础上对数据交易市场进行精准调控或对数据交易行为进行有效规制。二是公共数据的供给低效率。数据的流动性和开放性是提升数据价值的关键。扩大数据交易流通范围不但可以使碎片化的数据集中聚合，扩大数据规模，还可以使数据通过激励补偿机制流转到需要数据的各类主体手中。从数量上来看，作为公共产品的公共数据占整个数据市场总量的 80%，足以成为数据供给的主体。公共数据的低效率开放和供给使得下游企业缺乏数据原料进行深入分析和挖掘，严重制约了数据交易市场供给侧的发展。三是政府监管部门之间的利益博弈导致监管缺位。数据交易的监管主要涉及发改委、工信部、网信办、中国证券监督管理委员会和国家市场监督管理总局等政府部门。当前，我国数据交易市场的监管不管是在管理架构还是在制度建设方面都存在不足。在监管权责不明晰的情况下，众多政府部门都有权进行监管，也意味着各个政府部门可以互相推诿，从而导致监管缺位。数据交易市场不同于传统商品批发市场，也不同于证券和期货等高频交易市场。它更接近于二手房交易市场，需要中介机构的参与以减少数据供需双方的信息不对称。因此，对数据交易进行监管时需要统筹发挥政府各部门的监管职能，并充分考虑数据交易市场的特殊性。四是中央与地方的利益博弈会导致规制俘获。虽然中央政府与地方政府对于促进数据交易流通的总体目标是一致的，但在实施过程中却存在不同考量。中央政府的目标函数主要考虑市场稳定和风险防范，而各地方政府在财政分权和 GDP 增长作为政绩主要考核指标的背景下，主要考虑通过数据交易市场的发展拉动就业，增加财政收入和GDP总量。中央和地方的利益冲突和地方政府扮演的双重角色会导致对数据交易市场的规制被利益相关方俘获。规制俘获理论将规制者与被规制对象视为动态博弈中的猫鼠，规制者经常被被规制行业或企业俘获，最终产生对被规制对象有利的结果，从而导致规制者放弃规制。

要克服数据交易政府失灵，需要减少交易中的信息不对称，完善公共数据开放机制，成立专门的数据交易监管机构，协调中央与地方政府之间的政策目标使之趋同。

二、数据交易监管的必要性

（一）利于数字经济的创新发展

熊彼特认为经济发展的基本现象就是创新。他的创新理论认为创新就是要建立一种新的生产函数，即对生产要素进行重新排列组合，而通过这种创造性的破坏实现发展的企业家就是创新者。[55] 罗伯特·索洛提出的外生经济增长模型将技术进步纳入新古典经济学理论框架，他认为，从长期来看，资本投入和劳动力的增加都不是经济增长的稳定路径，只有技术进步才是经济增长的最根本因素。[56] 詹姆斯·米德在《经济增长的新古典理论》一书中对索洛模型进行了修订，将技术进步添加到了经济增长模型中，该模型的内生变量是投资，而外生变量是储蓄率、人口增长率和技术进步率等。这一模型充分肯定了技术创新在经济增长中的作用，又被称为技术决定论。[57] 保罗·罗默在《内生技术进步》中提出了第二种经济增长模型，他将技术研发投入和不完全竞争纳入经济增长框架形成了技术进

---

〔55〕 参见［美］约瑟夫·熊彼特：《经济发展理论》，商务印书馆2019年版，第63页。

〔56〕 参见［美］罗伯特·M. 索洛：《经济增长理论：一种解说》（第2版），朱保华译，格致出版社2015年版，第4页。

〔57〕 参见漆光瑛等：《国家干预的艺术——凯恩斯主义经济学的沿革》，当代中国出版社2002年版，第134－135页。

步模型，该模型被认为是新熊彼特模型。[58] 该模型的前提假设是：由于市场激励而产生的主观投资行为是技术进步的源泉，而创新能使知识成为商品。这种内生的技术进步是经济增长的核心。罗默还指出了技术具有公共物品属性，而且成本高昂，复制廉价，这就为国家干预技术创新以实现转移、扩散和增值提供了必要性前提。[59] 国家干预技术创新的主要目的，是促进技术的转移、扩散和增值。这意味着国家需要采取措施，确保技术广泛应用，推动经济和社会发展。

兰斯·E. 戴维斯和道格拉斯·C. 诺思在《制度变迁与美国经济增长》一书中提出了制度创新理论。这里的制度创新主要是指能使创新者获得额外利益的制度和组织变革。该理论认为，制度创新才是经济增长的关键，好的制度促进创新，坏的制度阻碍创新。克里斯托夫·弗里曼在《技术政策与经济业绩：日本国家创新系统的经验》一书中提出了国家创新系统理论，他认为人类历史上不同国家实现技术赶超不单是依靠技术创新，而是通过技术经济范式的转变和赶超，依靠国家创新系统对技术创新资源的集成能力、集聚效率和适应性效率。[60] 迈克尔·波特在《国家竞争优势》一书中将产业集群的观念引入国家创新系统理论，提出了国家竞争优势理论。该理论认为国家创新系统的根本目的在于提高国家竞争力，国家或地区之间竞争力的高低取决于生产效率的高低。[61]

数字经济本身就是创新驱动经济。激发数据交易市场活力不但需要技术创新，还需要制度创新。数字平台企业拥有突出的基础设施、信息储备和技术实力，在整合创新资源，打通创新堵点方面具有明显优势。数字平

---

〔58〕 Romer, P. M., Endogenous technological change, Journal of Political Economy, 985 (5, Part 2), p. 71 – 102 (1990).

〔59〕 参见张金艳：《经济法视域下我国技术创新的国家干预研究》，华东政法大学 2019 年博士学位论文，第 41 页。

〔60〕 参见［英］克里斯托夫·弗里曼：《技术政策与经济绩效：日本国家创新系统的经验》，张宇轩译，东南大学出版社 2008 年版，第 1 页。

〔61〕 参见［美］迈克尔·波特：《国家竞争优势（上）》，李明轩、邱如美译，中信出版社 2012 年版，第 31 – 67 页。

台企业持续的技术创新可以为数据交易规范化和便利化提供数据流通交易基础设施和技术保障。同时，政府可以通过制度供给和制度创新为数据交易市场注入新的动能，激发数据交易市场参与主体的活力，鼓励多方市场主体在数据交易模式、数据交易流通标准规范、相关服务机制、技术应用等方面审慎创新。国家创新引领的模式可以提高区域范围内对技术创新资源的集成能力、集聚效率和适应性效率，进而为数字经济高质量发展服务。

（二）利于社会的整体分配正义

亚里士多德在《尼各马可伦理学》中将正义划分为普遍正义和个别正义，而个别正义又可细分为分配正义和矫正正义。在亚里士多德看来，公正问题在实践中颇为重要，然而公正的含义却让人捉摸不透。正如博登海默所描述的，公正有着一张普洛透斯似的脸（a Protean face），变幻无常，随时可呈不同形状并具有极不相同的面貌。当我们仔细查看这张脸并试图解开其表面后隐藏的秘密时，我们往往会深感迷惑。[62] 亚里士多德的分配正义主张在合法公民之间按照比例分配社会资源，并主张根据人的价值差别对待。他认为，分配的公正在于成比例，不公正在于违反比例。正义对人身有关系；正义的分配是以应该付出恰当价值的事物授予相应收受的人。[63] 分配正义推崇差别待遇，因此会导致某些群体利用自身优势地位在市场中占据主导，在某些行业进行垄断，攫取社会中的大部分财富，从而导致结果上的不平等。矫正正义是对分配正义的一种补充。当分配结果出现明显不当时，可以借助矫正正义进行调整，以弥补个案中的不公平或不足，矫正的公正是得与失之间的适度。[64] 分配正义就是将社会资源依照个

---

〔62〕 参见［美］E. 博登海默：《法理学：法律哲学与法律方法》，邓正来译，中国政法大学出版社2004年版，第261页。

〔63〕 参见［古希腊］亚里士多德：《政治学》，吴寿彭译，商务印书馆1997年版，第139页。

〔64〕 参见［古希腊］亚里士多德：《尼各马可伦理学》，廖申白译，商务印书馆2003年版，第138页。

体的价值进行分配，给予每个社会主体它应得的东西。分配正义有利于调动人们的积极性和创造性，有利于社会财富的积累。罗尔斯的正义理论提出的分配正义原则以社会契约为基础，强调平等，并反对功利主义注重整体利益而忽略利益分配的观点。沃尔泽推崇多元主义的分配正义理论，他将社会中各领域的物品进行了分类，并从物品类型的多样性出发，探究社会分配的多元性。[65]

在数据交易的全过程中也存在种种不公平与不均衡。拥有海量数据的数据平台往往利用自身掌握数据的优势地位形成事实上的数据垄断，进而实施大数据杀熟和平台二选一等不正当竞争行为，从而出现赢者通吃现象。大数据杀熟是一种借助算法技术对消费者实施的个性化价格策略，其本质是经营者基于数据信息技术分析而实现的一级价格歧视。[66] 企业和用户对于数据的需求是多元化的，而我们习惯于仅从数据供给侧的投入角度考虑权益分配规则和数据责任；由于数据需求经常是定制的，我们也应该从数据需求侧的使用和受益角度考虑权益分配规则和数据责任。天之道，损有余而补不足，将分配正义理论应用于数据交易立法有助于弥补弱势交易方或群体的利益损失，通过规制手段矫正数据交易强势方的不正当利益，使得社会重新达到总体平衡。

（三）利于克服交易中的不确定性

不确定性是一个多维概念，它包含了事物多方面的特征和属性，涉及环境、战略、治理结构、组织结构、决策和激励等方方面面。[67] 不确定性是人类社会发展中普遍存在的客观现象，它本质上是中性的，既可能带来损失，也可能带来收益。[68] 人类作出的任何决策都是面向未来的，但人类

---

〔65〕 参见李敏：《亚里士多德的分配正义和矫正正义理论对政府简政放权的的意义》，载《法制博览》2015 年第 31 期。

〔66〕 参见喻玲：《算法消费者价格歧视反垄断法属性的误读及辨明》，载《法学》2020 年第 9 期。

〔67〕 参见喻卫斌、晓勇：《现代不确定性理论的比较研究》，载《经济问题》2008 年第 3 期。

〔68〕 参见汪浩瀚：《不确定性理论与现代宏观经济学的演进》，载《经济评论》2003 年第 1 期。

的认知是有限的，而变化却是无限的，因此人类无法预知未来。在上述前提下，我们将那些无法预料或难以测度的变化都称为不确定性。不确定性主要源于3个方面：一是随机自然状态及偏好变化的不可预测；二是信息不对称；三是道德风险与不负责任。[69]

20世纪初，奈特和凯恩斯分别出版了《风险、不确定性和利润》和《论概率》，为建立不确定性经济学提供了支撑。奈特从事件结果是否可预见的角度区分了风险和不可确定性。奈特认为风险是可以用概率来计算的，它是一种可计量的不确定性；而不确定性则无法用概率来加以计量，它需要在不可计量的因素基础上进行决策。奈特构筑了以不确定性和风险为核心的利润理论，并借此揭示了企业存在的本质。凯恩斯将不确定性作为其宏观经济理论的逻辑起点，预期的不确定性构成了其消费、投资及货币需求的三大心理规律的支撑，不确定性理论也成了其构建宏观经济理论的基石。[70] 在凯恩斯看来，不确定性使得人们无法客观地预测未来，因此经济活动时常被人类贪婪和恐惧交杂的动物精神所驱动，需要通过政府干预来恢复信心。哈耶克的经济理论的出发点也是不确定性，他认为只有通过市场机制来生产信息才能降低时常出现的各种不确定性。

减少数据交易中的不确定性存在两种途径：其一，从结构的角度。结构通过给交易当事人设定一系列限制条件来减少不确定性。沃尔兹认为，两级结构优于多级结构，内部平衡比外部平衡更精确可靠。两级结构能在相当程度上减少来自信息不对称和道德风险的不确定性，从而更有利于平衡与稳定。[71] 其二，从制度的角度。法律的功能是为交易当事人提供一种稳定的预期，使交易双方能够知晓对方的行为后果，从而降低不确定性。

---

〔69〕参见齐颖、陈刚华：《政策决定：不确定性与两难困境决策的理论综述》，载《学习与实践》2010年第5期。

〔70〕参见汪浩瀚、徐文明：《现代不确定性经济理论的比较研究：凯恩斯与奈特》，载《经济评论》2005年第1期。

〔71〕参见齐颖、陈刚华：《政策决定：不确定性与两难困境决策的理论综述》，载《学习与实践》2010年第5期。

正如阿克洛夫笔下信息不对称的柠檬车市场，由于卖方知悉买方比自己拥有更少的信息，故卖方可能借此而操纵双方关系乃至成功实施诈骗，然而只有当欺诈行为成为可能时，这一信息不对称引发的不确定性问题才会出现。信息只有在不确定性条件下，才具有价值，才会授予人们以权力。不确定性会创造出行使权力的可能性，信息能够提供行使权力的能力。[72] 从数据交易涉及风险来看，数据交易存在内在风险和安全风险。数据交易的内在风险主要表现为数据交易主体资格、数据交易标的和数据交易平台质量标准等导致的风险。数据交易的安全风险是指由数据交易内在风险衍生导致的行为无效、可撤销以及财产受损的风险。[73] 数据交易风险带来的不确定性会阻碍数据交易产业发展，而通过数据交易监管可以减少数据交易中的不确定性。在数据交易中还存在两种信息不对称：一是数据交易供需双方之间的信息不对称。数据需求方往往处于信息弱势的地位，而数据供应方往往不愿意披露过多数据信息，以避免数据需求方无偿获得相应的数据。二是数据交易监管机构与数据交易主体间的信息不对称。在互联网诞生之前，国家对于交易活动的监管严重依赖国家通过各种渠道获取的交易信息，例如税收、市场准入、行政许可、行政处罚等。交易信息越完备意味着监管效能越高。因此监管机构总是试图获取更多更详尽的交易信息，以实现对经济的有效监管。然而，海量的数据信息散落于各个政府机关和互联网数据平台，这些机构组织不断强化对数据的实际控制，并拒绝与外界进行共享，从而形成了数据割据和信息孤岛的现象。为了逃避政府的监管审查，互联网数据平台经常选择性地向监管机构披露有利于自身的数据信息，而不公布其隐秘或核心数据信息。建立健全数据交易的监管机制有利于减少数据交易中的不确定性，打破阻碍数据交易市场发展的壁垒，营造健康有序的数据交易市场环境。

---

〔72〕 参见［英］丹尼斯·C. 缪勒：《公共选择理论》（第3版），韩旭、杨春学等译，中国社会科学出版社2017年版，第305页。

〔73〕 参见张敏：《交易安全视域下我国大数据交易的法律监管》，载《情报杂志》2017年第2期。

（四）利于应对数据要素的特殊性需求

数据要素具有不同于普通商品的特殊性质。作为新型生产要素，它不但具有产生新知的认知价值，还具有提高其他要素的全要素生产率的巨大经济价值。此外，数据兼具人格要素和财产属性，其背后蕴含着个人隐私和复合财产利益。数据涵盖医疗、交通、教育和金融等社会公共领域，而且全球80%与个人相关的数据集中在政府和互联网平台手中，这些数据涉及不特定多数人的利益。在数字经济时代，个人信息隐私权从个人信息私域溢出使得个人信息的私密性减弱，而个人信息社会性与公共性却增强。[74] 因此，不能仅视数据为受私法保护的普通商品，还应考虑数据的社会公共产品属性。数据的社会公共产品属性使数据极易被竞争性地过度使用或侵占，从而导致哈丁所说的“公地悲剧”。在实践中，数据交易涉及多方主体，高度复杂。数据的来源多元化，自然人、政府和企业都可能是潜在的数据提供方；作为数据中介的数据交易所需要承担数据托管、交易监管和技术服务等多种功能；数据处理方需要先对采集的原始数据进行清洗、挖掘、整理和分析，才能上架进行交易；数据买方虽可以获得使用数据的相应权利，却无法完全隔绝他人的控制和使用，多种数据权利可以共存；在数据交易过程中，政府也需要对数据交易进行事中和事后监管，以避免数据不正当竞争行为和数据垄断行为的出现。在数据交易过程中，多方主体承担角色、参与程度和利益诉求各不相同。因此，对于数据交易行为不能仅将其简单定性为横向交易主体之间的商事交易关系，而应考虑其复杂性，将其社会公共属性纳入考量。数据交易行为牵涉个人隐私安全、企业经济利益、社会公共利益和国家安全利益等，需要对危害公共利益和国家安全的数据交易行为加以监管或限制。因此，为防止数据被某个交易主体垄断或专享，应从国家层面对数据进行纵向的监督和管理。对数据要

---

〔74〕参见王学辉、赵昕：《隐私权之公私法整合保护探索——以“大数据时代”个人信息隐私为分析视点》，载《河北法学》2015年第5期。

素这类特殊商品的保护和利用不应仅限于数据交易主体之间基于私权保护的权利义务关系方面，应将数据要素视为公共物品进行监管。监管的目的是保障公共利益和维护国家安全进而促进数据信息的自由共享。这种监管不应影响和损害已经存在的私权利和其他财产权。[75]

（五）利于打破私法救济机制的局限性

数据黑市交易导致个人敏感数据被非法获取，侵犯公民隐私和电信欺诈行为横行。数据平台无序竞争导致数据割据、二选一和滥用市场地位等数据不正当竞争和垄断行为滋生。弱势的数据交易主体正面临难以利用私法救济机制保护自身合法权益的境地，作为私法救济机制有效补充的政府监管机制恰巧能弥补这一缺口。政府往往运用自己的智慧和能力，去构建一种自然秩序与设计秩序良性互动的法律机制，以实现社会实质正义。只有当存在具体、现实的利益无法经由自身完全实现而产生一种外力介入的需要时，国家的干预方为正当。[76]

数据天然具有非竞争、非损耗和易复制的自然属性，数据供应方往往会一物多卖，导致数据购买方无法独享数据权利。从私法角度来看，由于物之所有权只能赋予特定对象，因此以数据为标的的一物多卖可以考虑参照适用物权法上的善意取得和公示制度予以解决。然而数据交易合同一旦被宣告无效，数据交易主体很难适用私法上在合同宣告无效后恢复原状的救济措施。此外，数据交易的隐秘性和技术性使得认定数据交易侵权行为的事实、主体、方式和因果关系极为困难，这使得传统私法救济措施难以产生明显效果。[77] 此外，在数据采集和利用过程中，数据企业一般依据私法上的意思自治原则构建知情同意框架。然而该基于数据主体自我支配和

---

〔75〕 参见吴伟光：《大数据技术下个人数据信息私权保护论批判》，载《政治与法律》2016 年第 7 期。

〔76〕 参见李昌麒、陈治：《经济法的社会利益考辩》，载《现代法学》2005 年第 5 期。

〔77〕 参见贾东明：《经济法视角下数据交易的监管理念与制度安排》，载《法大研究生》2019 年第 1 期。

自我决断理念的框架在现实中却遭遇困境。个人信息流转的多元复杂性给机构在知情同意框架中清晰阐述带来了挑战，信息创新利用的目的也难以在收集时提前预见。这一框架不仅无法为公民隐私提供实质性保障，还成为了数据价值开发的掣肘。[78] 在互联网数据平台的强势地位面前，用户既无选择权也无控制权，在平台复杂的知情同意框架下，勾选同意选项似乎成了用户的唯一选择。数据交易行为的复杂性使数据交易难以完全通过私法上的"意思自治""契约自由"等横向法律关系进行调整，必须引入纵向的市场监管法律关系进行补充性调整。在数据交易保护和监管机制缺失的前提下，国家有必要在维护数据交易主体"意思自治"私权的前提下，利用经济法的监管机制和手段对私权保护机制予以补强。国家将数据监管行为纳入经济法的市场监管视野符合经济法追求的社会公共利益目标。对数据交易进行监管有利于提高数据交易效率，防范数据交易风险，维护数据交易安全。在监管机制缺失的情况下，如任由数据交易主体基于"意思自治"恣意交易，会导致数据交易市场处于无序竞争的混乱状态，损害交易安全和效率。

三、本章小结

当前数据交易市场的种种乱象都与数据交易市场失灵高度相关，传统的市场监管理念和手段对于数据交易这种新业态已不敷应用。政府监管机关对数据交易这种新业态的市场失灵以及规制手段存在认知不清的问题。数据权属争议导致数据财产权益难以有效界定，提高了数据交易成本，使得数据交易主体始终面临数据交易市场中的不可测风险和不确定性，导致数据交易市场供需两端失衡。基于金融行业放松管制的惯性思维，监管机关将监管重心后移，聚焦于事后监管。然而预设的监管目标过低，从而导致涉及非法交易的数据企业违规成本较低，进而导致数据黑市交易猖獗，

---

〔78〕 参见范为：《大数据时代个人信息保护的路径重构》，载《环球法律评论》2016 年第 5 期。

扰乱了数据交易市场的正常交易。数据交易监管制度供给不足不利于维护数据交易安全和防范重大风险。“九龙治水”式的分业监管也难以形成监管合力。数据交易监管机制亟待完善。上述问题的产生或多或少都与数据交易市场失灵相关，而数据交易市场失灵的原因是：数据交易中的信息不对称、数据交易中的负外部性、数据要素的准公共产品性以及数据交易市场机制不完善。矫正数据交易市场的失灵需要从解决数据交易中的信息不对称和负外部性入手，找到符合我国数据交易实践的因应之道。要克服数据交易政府失灵，需要减少交易中的信息不对称，完善公共数据开放机制，成立专门的数据交易监管机构，协调中央与地方政府之间的政策目标使之趋同。对数据交易进行监管有利于数字经济的创新发展、社会整体的分配正义，克服交易中的不确定性，应对数据要素的特殊性需求，打破私法救济机制的局限性。

第三章
我国数据交易监管的现状与问题

一、我国数据交易监管立法

数据交易产业是随着我国数字经济发展而崛起的新兴产业，但我国数据交易模式仍处于摸索阶段，现行法尚未对数据交易进行明确界定，也没有针对数据交易监管的专门立法，与数据交易相关的规范散见于各层级的法律法规、部门规章以及政策文件之中。数据交易行为涉及多元主体与复合利益，数据权属争议以及交易规则缺失导致在数据交易过程中存在较大不确定性，对数据交易进行法律监管，对于避免交易过程中的风险，促进数据产业良性发展具有重大意义。[1] 规范数据交易的前提是数据资源可以作为法律保护的客体，即数据具有一定的财产属性。但就现行立法而言，数据资源的财产权属性和交易规则都未进行立法表达。[2]

从物权法角度来看，我国数据法定权利缺位，数据所附之利益也未权利化。梅夏英认为，数据权意欲解决数据控制和数据利用的行为秩序问题，并由此建立民法调整数据关系的权利基础，但抽象的表述无助于建立真正民法意义上的权利类型，数据权利在权利诸要素方面都缺乏稳固的基础。[3] 而且，在我国现有法律法规体系中，涉及数据资源确权和数据交易的法律规范也处于缺失状态。个人信息匿名化或去身份化后，数据控制者

---

〔1〕 参见张敏：《交易安全视域下我国大数据交易的法律监管》，载《情报杂志》2017 年第 2 期。

〔2〕 参见童彬：《数据财产权的理论分析和法律框架》，载《重庆邮电大学学报（社会科学版）》2019 年第 1 期。

〔3〕 参见梅夏英：《数据的法律属性及其民法定位》，载《中国社会科学》2016 年第 9 期。

或数据处理者能否获得相关数据资源财产性权利在学术界一直存在争议。例如，梅夏英在《数据的法律属性及其民法定位》中提出数据具有非客体性和非财产性，主张数据产权否定说；纪海龙在《数据的私法定位与保护》中提出可在数据文件而非数据信息上设权，主张数据产权肯定说。我国《民法典》第127条将数据和网络虚拟财产并列，承认数据受法律保护，将数据纳入民事权益的组成部分。不过，目前尚无专门立法明确设立数据权利。在数据资源商业交易实践中，现行法律对数据资源所有权、采集权、使用权、隐私权、处置权，以及数据资源安全体系和数据资源管理体系的法律规范和标准规范同样缺失。[4] 在数据资源的利用和交易过程中，时常会出现侵犯数据主体个人信息的情形。数据生命周期中的采集、存储、处理、传输、交换等行为也都与个人信息保护密切相关。虽然《民法典》《网络安全法》《数据安全法》《个人信息保护法》等法律法规都对个人信息保护进行了相应的规范，[5] 这些关于个人信息保护的规定构成了对数据交易流通的限制，但上述法律法规仅从个人信息保护层面进行规制，仍未明确规定数据相关权利。

从侵权法角度来看，由于我国立法尚未明确规定数据权利，因此数据权利人无法对数据资源享有类似于物权的绝对性权利。虽然数据控制者不具有法律层面的数据权利，但这并不表示数据控制者对数据所附权益无法获得法律层面的救济和保护。基于商业场景的数据交易实践证明了数据的

---

〔4〕 参见《民法典》第127条规定："法律对数据、网络虚拟财产的保护有规定的，依照其规定。"

〔5〕《民法典》第111条规定："自然人的个人信息受法律保护。任何组织和个人需要获取他人个人信息的，应当依法取得并确保信息安全，不得非法收集、使用、加工、传输他人个人信息，不得非法买卖、提供或者公开他人个人信息。"《网络安全法》第42条规定："网络运营者不得泄露、篡改、毁损其收集的个人信息；未经被收集者同意，不得向他人提供个人信息。但是，经过处理无法识别特定个人且不能复原的除外。"《数据安全法》第32条规定："任何组织、个人收集数据，应当采取合法、正当的方式，不得窃取或者以其他非法方式获取数据。法律、行政法规对收集、使用数据的目的、范围有规定的，应当在法律、行政法规规定的目的和范围内收集、使用数据。"《个人信息保护法》第10条规定："任何组织、个人不得非法收集、使用、加工、传输他人个人信息，不得非法买卖、提供或者公开他人个人信息；不得从事危害国家安全、公共利益的个人信息处理活动。"

财产属性已形成广泛的社会共识。数据所蕴含的经济价值以及数据控制者为生成数据所付出的投资和人力成本构筑了数据控制者应享有数据财产性利益的正当性基础。为避免该财产性利益遭受窃取或恶意泄露等不法侵害，侵权法通常会制定保护特定利益群体的法律法规或借助“纯粹经济损失”理论对侵权行为进行救济。传统侵权法仅对关于人身权、物权和知识产权等绝对权的侵害进行救济。然而，立法的滞后性无法穷尽应受保护的利益类型并将其上升为法定权利。如果受侵害的并非法定权利，而是根据社会一般观念认为是正当的利益，基于公平正义理念，法律也应提供相应的救济。因此，英美法创设了“纯粹经济损失”概念，而在德国这被称为“纯粹财产上损害”。我国《侵权责任法》（已失效）第 2 条第 1 款明确规定：“侵害民事权益，应当依照本法承担侵权责任。”民事权利的本质是利益，但法定权利之外还有其他利益。因此根据一种利益是否被权利化，可以将利益区分为权利（民事权利）和其他利益。此外，根据利益的不同类型，又可将利益分为人身利益和财产利益。《侵权责任法》（已失效）第 2 条对民事权益进行了列举，这些民事权益可以划分为 4 种类型：具有绝对权性质的人身权和财产权；其他人格利益；相对权；其他财产利益。〔6〕除了作为绝对权的物权、知识产权等财产权外，债权以及其他利益可以统称为纯粹经济利益。对于纯粹经济利益的侵害，或者非因绝对权受侵害而发生的财产上的损害（不利益），可以称为纯粹经济损失。〔7〕数据的财产性利益可以视为《侵权责任法》（已失效）第 2 条民事权益中的其他财产利益，对该类利益的侵害可以根据纯粹经济损失理论得到救济。

从合同法角度来看，数据交易商业实践是数字经济发展到一定阶段的产物，我国《民法典》合同编并未将数据交易行为纳入典型合同项下的有名合同之中，因此基于私法自治和契约自由理念，对于涉及数据利用和交易的合同应认定其效力并将其作为无名合同处理。梅夏英认为，从法理上

〔6〕 参见葛云松：《纯粹经济损失的赔偿与一般侵权行为条款》，载《中外法学》2009 年第 5 期。
〔7〕 参见葛云松：《〈侵权责任法〉保护的民事权益》，载《中国法学》第 2010 年第 3 期。

来看，大数据交易合同本质上不是民法上的买卖合同，而应定性为一种数据服务合同，很难在我国合同法上找到有名合同与之对应。因此，大数据交易合同应属于合同法上的无名合同，受合同法总则调整。[8] 纪海龙认为，数据（包括数据信息和数据文件）都可以作为交易的客体。一些典型的数据交易亦可以类推或直接适用现有有名合同的规定。在目前的交易实践中，数据交易的主要形式是一方委托另一方利用另一方掌握的信息提供相关咨询或服务，在合同法分则中与之类似的合同类型是技术咨询和技术服务合同，在当事人未对具体问题进行约定时可直接或类推适用之。承揽合同和有偿委托合同的相关规则也有适用的余地。[9] 大数据交易平台的野蛮生长以及统一数据交易规则的缺失使得数据交易规范构建具有鲜明的自发性和任意性特色。随着数据交易商业实践越发频繁，各个数据交易平台的交易规则、数据产业联盟的行业自律公约都在向商业化、标准化、规范化方向发展。随着企业对数据交易的需求增长，由各地政府组建或自发形成的大数据交易平台不断涌现，而各个交易所的交易规则却因地而异，存在较大差异，且在交易主体、交易客体、数据定价、数据治理和数据安全等方面都缺乏统一的标准。当前，我国学术界对于数据权属问题仍存在争议，我国立法也未明确数据权利，如何构建适合我国数字经济发展道路的交易规则，需要立法层面的引导和规范。而且在数据资源的采集、分析、交易和处置过程中，行政机构和高科技企业等法律主体往往起到主导作用，而数据主体生成的数据信息通常只是大数据的被分析对象。[10] 根据自发或自律规则构建的大数据交易平台也时常充当数据供应商的角色，中介商与供应商角色混为一体极易产生代理问题和道德风险，因此需要立法层面的法律规范进行指引。

从公法规制角度来看，现代社会中强化个人信息保护的重点在于如何有

---

〔8〕 参见梅夏英：《数据的法律属性及其民法定位》，载《中国社会科学》2016 年第 9 期。

〔9〕 参见纪海龙：《数据的私法定位与保护》，载《法学研究》2018 年第 6 期。

〔10〕 参见童彬：《数据财产权的理论分析和法律框架》，载《重庆邮电大学学报（社会科学版）》2019 年第 1 期。

效管控在个人信息流通中滋生的风险。丁晓东认为，在保护个人信息方面，传统的私法进路的困境根植于隐私权益与个人信息的特殊性质。保护隐私权益不能以阻断个人信息流通为代价，个人信息并非一种具有固定边界的权利，它天然具有社会公共属性。然而，复杂的信息收集方式和不规范的信息流通方式导致个人难以对相关风险进行评估和防范。因此，立法应当侧重消费者保护和公法保护的进路。一方面，将个人信息保护纳入消费者法框架，在特定场景下对个体进行倾斜性保护；另一方面，建构网络、信息等特定领域的公法框架，通过风险评估和风险机制，为个人信息的合理流通与使用创造条件。[11] 数据本身并不会使消费者权益受到侵害，但企业收集和使用数据的方式却有可能违反法律强制性规定，侵害消费者的正当权益。因此，仅从私法角度构筑数据交易过程中的保护措施可能无法实现立法目的，应当考虑从公法角度提供补充性的额外保护措施。从交易监管角度来看，我国尚未对数据交易监管进行专门立法，仍然是通过《个人信息保护法》《网络安全法》《数据安全法》《消费者权益保护法》《刑法》等与个人信息保护相关的规定进行间接规制。例如，《个人信息保护法》明确规定了处理个人信息必须符合的情形、敏感个人信息的处理规则，并要求收集个人信息应采取对个人权益影响最小的方式。[12]《网络安全法》明确规定了收集、使用个人信息应

---

〔11〕 参见丁晓东：《个人信息私法保护的困境与出路》，载《法学研究》2018 年第 6 期。

〔12〕《个人信息保护法》第 6 条规定："处理个人信息应当具有明确、合理的目的，并应当与处理目的直接相关，采取对个人权益影响最小的方式。收集个人信息，应当限于实现处理目的的最小范围，不得过度收集个人信息。"《个人信息保护法》第 13 条规定："符合下列情形之一的，个人信息处理者方可处理个人信息：（一）取得个人的同意；（二）为订立、履行个人作为一方当事人的合同所必需，或者按照依法制定的劳动规章制度和依法签订的集体合同实施人力资源管理所必需；（三）为履行法定职责或者法定义务所必需；（四）为应对突发公共卫生事件，或者紧急情况下为保护自然人的生命健康和财产安全所必需；（五）为公共利益实施新闻报道、舆论监督等行为，在合理的范围内处理个人信息；（六）依照本法规定在合理的范围内处理个人自行公开或者其他已经合法公开的个人信息；（七）法律、行政法规规定的其他情形。依照本法其他有关规定，处理个人信息应当取得个人同意，但是有前款第二项至第七项规定情形的，不需取得个人同意。"《个人信息保护法》第 28 条规定："敏感个人信息是一旦泄露或者非法使用，容易导致自然人的人格尊严受到侵害或者人身、财产安全受到危害的个人信息，包括生物识别、宗教信仰、特定身份、医疗健康、金融账户、行踪轨迹等信息，以及不满十四周岁未成年人的个人信息。只有在具有特定的目的和充分的必要性，并采取严格保护措施的情形下，个人信息处理者方可处理敏感个人信息。"

遵循合法、正当、必要的原则。[13]《数据安全法》明确规定了收集数据应采取合法、正当方式，不得窃取或以其他非法方式获取数据。[14]《消费者权益保护法》也明确规定了受尊重权及信息得到保护权，并对收集和使用消费者个人信息提出了具体遵循。[15] 在刑法领域，我国《刑法》第253条规定了侵犯公民个人信息罪，而最高人民法院、最高人民检察院《关于办理侵犯公民个人信息刑事案件适用法律若干问题的解释》则具体规定了"以其他方法获取公民个人信息"的具体方式。[16]

---

〔13〕《网络安全法》第41条规定："网络运营者收集、使用个人信息，应当遵循合法、正当、必要的原则，公开收集、使用规则，明示收集、使用信息的目的、方式和范围，并经被收集者同意。网络运营者不得收集与其提供的服务无关的个人信息，不得违反法律、行政法规的规定和双方的约定收集、使用个人信息，并应当依照法律、行政法规的规定和与用户的约定，处理其保存的个人信息。"

〔14〕《数据安全法》第32条规定："任何组织、个人收集数据，应当采取合法、正当的方式，不得窃取或者以其他非法方式获取数据。法律、行政法规对收集、使用数据的目的、范围有规定的，应当在法律、行政法规规定的目的和范围内收集、使用数据。"

〔15〕《消费者权益保护法》第14条规定："消费者在购买、使用商品和接受服务时，享有人格尊严、民族风俗习惯得到尊重的权利，享有个人信息依法得到保护的权利。"《消费者权益保护法》第29条规定："经营者收集、使用消费者个人信息，应当遵循合法、正当、必要的原则，明示收集、使用信息的目的、方式和范围，并经消费者同意。经营者收集、使用消费者个人信息，应当公开其收集、使用规则，不得违反法律、法规的规定和双方的约定收集、使用信息。经营者及其工作人员对收集的消费者个人信息必须严格保密，不得泄露、出售或者非法向他人提供。经营者应当采取技术措施和其他必要措施，确保信息安全，防止消费者个人信息泄露、丢失。在发生或者可能发生信息泄露、丢失的情况时，应当立即采取补救措施。经营者未经消费者同意或者请求，或者消费者明确表示拒绝的，不得向其发送商业性信息。"

〔16〕《刑法》第253条之一规定："违反国家有关规定，向他人出售或者提供公民个人信息，情节严重的，处三年以下有期徒刑或者拘役，并处或者单处罚金；情节特别严重的，处三年以上七年以下有期徒刑，并处罚金。违反国家有关规定，将在履行职责或者提供服务过程中获得的公民个人信息，出售或者提供给他人的，依照前款的规定从重处罚。窃取或者以其他方法非法获取公民个人信息的，依照第一款的规定处罚。单位犯前三款罪的，对单位判处罚金，并对其直接负责的主管人员和其他直接责任人员，依照各该款的规定处罚。"最高人民法院、最高人民检察院《关于办理侵犯公民个人信息刑事案件适用法律若干问题的解释》第4条规定："违反国家有关规定，通过购买、收受、交换等方式获取公民个人信息，或者在履行职责、提供服务过程中收集公民个人信息的，属于刑法第二百五十三条之一第三款规定的'以其他方法非法获取公民个人信息'。"

二、我国数据交易监管执法与司法

（一）我国数据交易监管执法

市场监管是政府管理的主要职能之一，它具体是指政府通过制定规则，运用公共权力，维护公平竞争的市场秩序。由于数据要素对国民经济增长的作用越来越明显，政府将数据交易行为纳入行政监管轨道也是题中应有之义。从政府监管模式上来看，我国政府倾向于采用分业监管模式进行行政监管。分业监管是指由不同行政部门负责其主管行业或领域的监管工作，而其他相关行政部门给予支援和协助。例如，互联网金融行业的监管就汇集了国家金融监督管理总局和中国人民银行等多个政府机构。数据交易的监管也同样出现了“九龙治水”、政出多门的情况。

在中央政府层面，涉及数据交易监管的部门包括发改委、工信部、网信办和国家市场监督管理总局等。这些政府部门的联合监管和多头监管给监管对象带来了更多的疑惑和忧虑，它们还以部门规章或规范性文件的形式强化了自身对数据交易的监管职能。例如2013年工信部制定的《电信和互联网用户个人信息保护规定》从保护个人数据隐私的角度，对数据交易中的信息使用进行了规范。2014年原国家工商行政管理总局制定的《网络交易管理办法》（已失效）第39条明确规定了工商行政管理部门对网络商品（数据）交易的监管。2021年国家市场监督管理总局制定的《网络交易监督管理办法》第5条明确规定了国家市场监督管理总局对网络商品（数据）交易的监管。[17] 网信办关注数据交易行为涉及的信息和技术监管，公安机关和司法部门则关注数据交易中的违法犯罪活动。在地方政府层面，全国各地都相继成立了大数据管理局以监督涉及数据商用的相关行为。截至2022年6月，在全国省级层面已有广东省、浙江省和江西省等

---

〔17〕《网络交易监督管理办法》第5条规定：“国家市场监督管理总局负责组织指导全国网络交易监督管理工作。县级以上地方市场监督管理部门负责本行政区域内的网络交易监督管理工作。”

20个地区设立了省级的大数据管理机构，在省级以下各个市、区大数据管理局也已达到21个，例如广州市大数据管理局、杭州市数据资源管理局、徐州市大数据管理局等，负责监管统筹辖区内相关数据的管理工作。[18]

数据交易的监管主体缺位问题已基本解决，在实践中政府已形成多部门共同或联合监管的格局，但这种九龙治水的监管模式仍存在问题。在未设立或清楚界定明确的监管机构的前提下，相关政府监管部门会出现互相推诿不作为，或者相互争权的乱作为的情况。在缺少具体数据交易监管行为规范的情况下，各个政府监管部门难以互相协调配合，以实现最大的监管效能。从具体职能分配来看，发改委主要承担数据交易产业规划和宏观调控的职能；网信办主要负责数据交易中的信息和技术监管；国家市场监督管理总局主要负责对数据交易主体和第三方交易平台的日常监管，由于尚未对数据交易主体设置具体权利义务标准，对于实施了违规数据交易行为的主体只能采取训诫、责令改正和罚款等行政处罚措施；各地大数据管理局主要根据国家数据标准体系和考核体系，组织实施数据采集、管理、开放、交易和应用等相关工作，为数据相关的监管系统建设提供政府保障。

（二）我国数据交易监管司法

数据作为新的生产要素在提高社会生产和运行效率方面发挥着日益重要的作用，并促使现有社会经济体制发生颠覆性变革。对数据的收集、存储、使用、加工、分析、交易流通、共享和价值实现、利益分配等一系列行为都会导致新的法律内容和法律关系的出现。随着数字产业化和产业数字化的蓬勃发展，我国司法实践中涉及数据交易和数据市场不正当竞争的案件数量也呈加速增长趋势。构建数据产权、数据交易的司法保护机制有

---

〔18〕参见箕笃：《【大数据】中国省级大数据管理局》，载CSDN 2022年8月9日，https://blog.csdn.net/qq_42809645/article/details/126251595。

利于推动我国数字经济规范健康发展。

在我国数据交易司法实践中，基于“意思自治”的数据交易导致数据黑市交易蔓延，非法数据交易和数据泄露侵犯个人数据隐私，并滋生大量欺诈和侵权行为。例如：2018 年，简历大数据公司“巧达科技”非法交易个人信息达数亿条，被有关部门查封；2020 年，中国电信内部员工非法获取公民个人信息，将 2 亿条客户信息置于网络进行贩卖，累计获利金额超 2000 余万元；2022 年，温州瓯海数据资源法庭认定吴某非法获取知名电商平台用户信息并私设账号贩卖牟利行为构成非法获取计算机信息系统数据罪。涉及数据市场的不正当竞争案件也屡屡出现。企业数据权益作为一种新类型的资产形式，已成为数字经济背景下产业的核心资产，但是在法律上尚未发展出确定的法定权利类型对该类资产进行保护，从而只能遵循权益的保护模式。在司法实践中，法院通常会适用《反不正当竞争法》第 2 条的原则条款，对数据权益的利用行为展开分析，判断行为是否违反诚实信用原则和公认的商业道德。[19] 通过对近年来数据权益保护典型案例进行分析和梳理，笔者发现这些争议案件适用的法律规则主要集中在个人数据信息安全规则、互联网垄断及不正当竞争规则和打击互联网刑事犯罪规则 3 类（见表 3－1）。因此，从公法规制角度加强数据权益保护和数据交易监管具有现实性和紧迫性。

表 3－1　国内部分数据权益保护典型案例

序号	案件诉由	规则类别	具体规则	裁判法院及案号
1	谷米科技诉元光科技等不正当竞争纠纷	互联网垄断及不正当竞争规则	经营者收集、分析、编辑、整合具有商业价值的大数据资源的行为，受反不正当竞争法保护，他人未经许可利用网络爬虫技术盗用大数据资源，并用于经营同类应用程序，构成不正当竞争	深圳市中级法院（2017）粤 03 民初 822 号

〔19〕 参见孟雁北等：《大数据竞争：产业、法律与经济学视角》，法律出版社 2020 年版，第 211 页。

续表

序号	案件诉由	规则类别	具体规则	裁判法院及案号
2	OPPO 公司等诉登先公司等不正当竞争纠纷	互联网垄断及不正当竞争规则	非法刷机行为是具有指向性破坏、实质性替换原合法的互联网流量入口的行为，违反了诚实信用原则和公认商业道德，该服务可能导致非正规应用软件提供主体获取个人数据进行二次开发或利用，可能损害用户利益，应认定不具有正当性	杭州铁路运输法院（2018）浙 8601 民初 1079 号
3	腾讯公司诉搜到公司等不正当竞争纠纷	互联网垄断及不正当竞争规则	网络平台方对于数据资源整体与单一原始数据个体享有不同的数据权益。通过被控侵权软件擅自收集微信用户数据，并将数据存储于自己所控制的服务器内的行为，不仅危及微信用户的数据安全，且对腾讯公司基于数据资源整体获得的竞争权益构成了实质性损害	杭州铁路运输法院（2019）浙 8601 民初 1987 号
4	爱奇艺诉飞益公司等不正当竞争纠纷	互联网垄断及不正当竞争规则	访问数据能直接影响视频网站经济收入，经过系统分析后也能作为运营决策的重要考量因素，蕴含巨大的商业价值，能给视频网站经营者带来竞争优势。视频刷量行为所给出的错误的视频播放数据可能造成相关市场交易者的误判，从而对相关市场交易者的经营造成损害。因此，通过技术手段虚假增加视频播放数据的行为构成不正当竞争	上海徐汇区人民法院（2017）沪 0104 民初 18960 号
5	徐某诉芝麻信用隐私权纠纷	个人数据信息安全规则	对个人征信数据的商业使用行为侵犯隐私权，但经用户同意，收集政府、法院等国家机关依法在互联网公开的信息并反馈用户的除外	杭州互联网法院（2018）浙 0192 民初 302 号
6	庞某鹏诉东方航空、趣拿公司侵犯个人隐私权纠纷	个人数据信息安全规则	航空公司和网络售票平台应当对因在线购票泄露用户个人信息的行为承担过错责任	北京市第一中级人民法院（2017）京 01 民终 509 号

续表

序号	案件诉由	规则类别	具体规则	裁判法院及案号
7	朱某诉百度公司隐私权纠纷	个人数据信息安全规则	虽然网络浏览记录具有隐私属性，但网络精准广告中使用储存在用户本地终端上的数据（cookie）技术收集、利用的匿名网络偏好信息，不能与网络用户个人身份对应识别，不符合个人隐私和个人信息的“可识别性”要求，因而不构成侵犯隐私权	江苏省南京市中级人民法院（2014）宁民终字第5028号
8	李某波、裴某好、李某乐侵犯公民个人信息罪	个人数据信息安全规则	利用虚假贷款网站非法获取、出售可能影响财产安全的公民个人信息，情节严重，构成侵犯公民个人信息罪；明知并帮助他人设立虚假贷款网站，提供广告推广的，属共同犯罪，依法予以刑事制裁	湖北省当阳市人民法院（2019）鄂0582刑初107号
9	晟品公司等非法获取计算机信息系统数据案	打击互联网刑事犯罪规则	“tt_ spider”爬虫文件包含通过分类视频列表、相关视频及评论等接口对被害单位服务器进行数据抓取，并将结果存入数据库的逻辑。被告在数据抓取的过程中使用伪造设备标识符（device_ id）绕过服务器的身份校验，使用伪造用户代理（UA）及互联网协议（IP）绕过服务器的访问频率限制。被告违反国家规定，采用技术手段获取计算机信息系统中存储的数据，其行为已构成非法获取计算机信息系统数据罪	北京市海淀区人民法院（2017）京0108刑初2384号
10	王某文、黄某兴破坏计算机信息系统案	打击互联网刑事犯罪规则	将网络爬虫程序植入目标网站，对目标网站的计算机信息系统功能进行删除、修改、增加、干扰，进而导致计算机信息系统不能正常运行，或者对目标网站所存储、处理或者传输的数据和应用程序进行删除、修改、增加，后果严重的，构成破坏计算机信息系统罪	天津市南开区人民法院（2017）津0104刑初740号

续表

序号	案件诉由	规则类别	具体规则	裁判法院及案号
11	谢某安等侵犯公民个人信息案	打击互联网刑事犯罪规则	通过技术手段非法侵入京东商城“WIS 旗舰店”等商户的账户维护后台，非法窃取公民交易类个人信息共计 240,372 条，予以售卖并获利，构成侵犯公民个人信息罪	北京市大兴区人民法院（2019）京0115 刑初570号

资料来源：参见中华人民共和国最高人民法院：《中国法院的互联网司法》，人民法院出版社2019 年版，第 33 – 34 页。

三、数据交易监管中存在的主要问题

在西方经济学中，国家干预时常被称为政府管制或政府规制。丹尼尔·史普博认为管制是政府直接干预市场机制或间接影响企业或消费者供需决策的规制或行为。他将市场失灵分为准入壁垒、外部性和内部性 3 种类型。通过对价格、准入和服务质量的管制，政府可以解决与准入有关的不充分竞争问题，与第三方交易成本有关的外部性问题，以及交易成本不反映在交易条件中的内部性问题。[20] 植草益则认为，所谓公的规制，是指政府依照法律规则对构成特定社会的市民主体以及构成特定经济的经济主体的活动实施限制的行为。广义的公的规制包括应对自然垄断的经济性规制，应对外部性和非价值物的社会性规制以及不公平竞争规制。[21] 无论是政府干预还是政府规制，实质上都体现了国家公权力对市民生活和经济活动的渗透和介入。在古典和新古典自由主义看来，市场机制的自生自发秩序在多数情况下可以自动实现资源配置帕累托最优。只有在存在市场失灵情形时，政府才需要介入市场经济活动。

在国家经济治理过程中，国家主要运用市场监管法和宏观调控法等经

---

〔20〕 参见［美］丹尼尔·F. 史普博：《管制与市场》，余晖等译，上海三联书店、上海人民出版社 2008 年版，第 11 – 26 页。

〔21〕 参见［日］植草益：《微观规制经济学》，朱绍文等译，中国发展出版社 1992 年版，第 1 – 24 页。

济法手段进行治理。[22] 政府市场监管职能的正当性源于市场在运行过程中存在诸如负外部效应、公共性欠缺等失灵表现，即市场失灵是国家干预的重要条件。[23] 涉及市场监管的法律规范源于近代自由资本主义向垄断资本主义的进化，该规范以维护社会整体利益为法益目标。商品经济的兴起使得人本主义的私法保护过于强调个体利益，而忽略了社会公共利益。为了维护社会整体利益，市场监管法赋予了政府强大的管理和监督职权，为防止政府恣意滥权，还对政府权力行使进行了约束和规范，以免政府侵犯市场主体的正当权利。[24] 数据交易监管是以政府监管部门、行业自律组织和企业平台等为主要监管主体，利用法律和技术手段，对数据交易全过程监督和管理，从而降低交易成本，减少交易不确定性风险的机制。当前我国数据交易监管面临的主要问题：（1）数据交易相关的溢出风险危害极大；（2）数据交易监管具有迟滞性，监管规则尚待完善；（3）对于数据权属争议尚未形成共识，数据交易主体法律责任待定；（4）数据交易所的法律地位模糊；（5）数据交易规范体系尚未形成。

（一）数据交易中的溢出风险

1986 年德国学者乌尔里希·贝克在《风险社会：新的现代化之路》一书提出了风险社会理论，他认为风险社会是大灾变的社会，而风险是一种应对现代化本身引致之危害和不安全的系统方式。在现代化过程中，财富的社会生产系统往往与风险的社会生产相伴相生，这两者之间形成了一个不可分割的共生关系。[25] 在现代工业文明利用各种科技手段创造财富的同时，无数潜在的副作用也在各处悄然滋生。人类面临的风险的结构也从自然风险占主导逐渐变成人为的不确定性占主导。负面的危害也呈现出时间

〔22〕 参见刘春山、江之源：《论经济法与国家经济治理》，载《社会科学战线》2019 年第 6 期。

〔23〕 参见宋林霖、张玉坤：《市场监管内涵界定：多学科视角综述》，载《中国市场监管研究》2020 年第 10 期。

〔24〕 参见蒋悟真：《市场监管法治的法哲学省察》，载《法学》2013 年第 10 期。

〔25〕 See Ulrick Beck, *Risk Society: Towards a New Modernity*, Sage Publications, 1992, p. 19 - 24.

滞后性、发生突然性和超越常规性等特点。科学技术的进步伴随着社会的逐渐转型，在社会转型过程社会风险也不断集聚。风险呈现出前所未有的多样性，而其带来的负面危害结果也越来越严重。

随着数字经济融入人类的生产生活，人们在享受数字经济红利之余，也同样需要面对数字经济的溢出风险。在知识和技术编织的数字化网络里，每一个个体都被这张由数据构筑的无形网络接驳，并形成一个整体。数字技术的快速迭代使每个人的生活起居、衣食住行都暴露在数字网络之中。数据存在上的分离性导致数据主体多元，数据形式上的统一性导致数据行为隐秘，数据利用上的共享性导致数据权利交叉，数据侵害上的关联性导致数据责任连带。数据本身的复杂性与数据交易产业的野蛮生长进一步加剧了数字经济的溢出风险。基于民事主体之间“意思自治”的数据交易使得个人的身份、位置、行为等数据信息都时时处于风险之中，在侵犯公民个人隐私之虞，还会滋生数据滥用和欺诈侵权等违法违规行为。各大数据平台的不正当竞争和滥用市场地位行为也会加剧数据交易市场的混乱，并使之衍生出更多的市场乱象。如果这些市场乱象得不到有效遏制和矫正，它将会孕育更大的交易风险，甚至有可能对公共利益和国家安全造成严重损害。

好的监管能够使市场顺畅运作并通过纠正内在市场失灵，特别是外部性和信息不对称，来减少市场波动风险。[26] 从数据交易全流程来看，数据交易的主要风险可以从 3 个层面进行解构：一是数据的质量风险。数据质量的高低将直接影响数据需求方的采购意向和商业使用、数据提供方的声誉和信用以及数据中介方的市场口碑，这些都会对数据交易产业的发展带来影响。虽然对数据的提炼和分析是影响数据质量的因素，但影响其质量的关键因素是数据来源的合法性、真实性和准确性。二是数据的安全风险。在商业实践中，数据交易就是将高质量数据置于交易市场进行共享流

---

〔26〕 参见［荷］乔安妮·凯勒曼、［荷］雅克布·德汉、［荷］费姆克·德弗里斯编著：《21 世纪金融监管》，张晓朴译，中信出版社 2016 年版，第 3 页。

通，然而受限于脱敏技术和保护机制的不完善，敏感数据的匿名化程度仍然难以达到有效保护的安全标准，在数据交易中个人敏感数据、隐私信息以及企业的商业秘密时时刻刻都存在泄露的安全风险。这些安全风险对数据生产者和控制者造成了寒蝉效应，由于担心数据泄露的安全风险，他们往往选择避免进行数据交易。数字科技向前沿深入发展也为数据隐私安全和数据交易监管带来了挑战。三是数据的管理风险。数据交易存在的管理风险主要体现在数据交易规则缺失上。降低数据交易中的溢出风险需要致力于减少数据交易中的负外部性。从防止数据侵权行为发生和构筑数据安全屏障的角度将数据交易中的外部性内部化，数据交易主体规范可以部分解决数据交易中的溢出风险。

（二）数据交易监管的滞后性

传统国家干预（公共利益规制）理论隐含着政府是以公共利益为目标的全能型“道德人”的前提假设，然而这一假设并不符合实际。公共选择理论分析了政府行为和公共选择过程中的弊端，并揭示了政府是维护自身利益最大化的“经济人”，因此政府失灵也难以避免。政府对于数据交易的监管也同样存在弊端，甚至会造成政府失灵。就数据交易监管而言，它可以分为事前监管、事中监管和事后监管。事前监管的关注焦点在于防微杜渐，侧重在数据交易发生前形成监管的规范依据。事中监管注重对数据交易过程中具体细节和流程的监督和管理。事后监管则着眼于对偏离正常轨道的数据交易行为进行纠偏和惩治。我国行政监管主要是政府通过制定法律规范，明确监管内容，采用事中执法和事后司法相结合的方式进行监督和管理，保证数据交易市场安全有序运行。任何监管政策的诞生都有其历史逻辑，我国政府习惯于套用以往的治理经验来搭建监管政策框架。对于数据交易这种新业态，政府也采取了类似金融创新的放松管制理念，因此数据交易监管政策的出台也具有一定的迟滞性。

基于数据交易行政监管的特性和弊端，数据交易监管存在一定的迟滞性。迟滞性可以通过合作规制和监管科技来解决。合作规制范式是市场主体与政府在不同程度上进行合作时所表现出的规制形态，它介乎于自我规制与政府规制谱系之间。合作规制源于西方的协商民主。协商民主是一种民主的决策机制或理性的决策形式，在协商民主下，每个公民都能平等地参与公共政策的制定过程，为道德问题提供协商空间，在理性的讨论和协商中作出大家能接受的决策。对于数据交易这种新业态的监管可以借鉴解决金融监管滞后问题的监管沙盒。监管沙盒这一理念由英国金融监管部门在 2016 年 5 月提出，并迅速得到新加坡、澳大利亚等国家的认可。监管沙盒即从事金融创新的机构在确保消费者权益的前提下，在适用范围内进行金融产品或服务创新测试，并对其监控、评估，判定是否给予正式的监管授权，在沙盒之外予以推广。[27] 监管沙盒主张给予高科技、互联网等新兴企业一定的监管冗余度，允许这些企业在监管部门圈定的范围内进行创新和试错，监管机关将在一定程度上给予这些企业法律豁免。监管沙盒可以解决监管对创新的制约问题，为企业创新发展提供一个公平竞争的环境。

（三）对于数据权属争议尚未形成共识

数据权属争议是理论界和实务界长期难以形成共识的问题。该问题部分源于数据属性的特殊，数据承载多元主体的关联利益。作为新型生产要素的数据还是推动国民经济发展不可或缺的特殊商品。因此，数据交易实质上是一种特殊类型的商品交易，它既存在一般商品交易的共性，也存在基于数据特殊性质而在交易过程中彰显的特性。对于一般市场交易，科斯曾提出：当交易成本为零时，无论立法者或法院对权利如何界定，交易双方都可以通过市场交易实现资源配置的帕累托最优；当交易成本过高时，

---

〔27〕 参见赵杰、牟宗杰、桑亮光：《国际“监管沙盒”模式研究及对我国的启示》，载《金融发展研究》2016 年第 12 期。

高交易成本会阻碍市场交易并降低经济运行效率。[28] 制度经济学理论认为产生外部性的原因是社会成本大于私人成本，这就会导致社会福利的损失或低效，而产权的优势在于它可以向潜在的交易对象传递清晰的信息，使交易对象无须顾虑高额的交易成本和错综复杂的社会现实。在产权清晰界定的前提下，交易成本几乎为零，市场机制因而能充分有效地发挥作用，市场参与者之间的纠纷可通过市场交易有效解决，外部性问题也会随之消减。

在数据交易成本较低时，数据利益相关方可以通过协商确定数据的流转和使用，此时采取财产权保护模式更为有效。反之，在数据交易成本较高时，适用侵权法保护模式更为有效。[29] 因此，在一定程度上赋予企业数据财产权有利于普罗大众形成共识，稳定预期，并激发数据企业创新创造，持续投入，也有利于明确数据交易主体的法律责任。潜在可行的方案可以通过为企业设立具有财产性质的企业数据池，并通过边际调整的方式动态调整数据池涵盖数据的范围。

（四）数据交易所法律地位模糊

降低交易费用是促进数据交易和流通的关键，而数据交易中介在其中扮演重要的角色。根据经济合作与发展组织（OECD）的定义，数据中介是指各类有助于访问和分享数据的中介机构。数据交易中介与传统商品市场的中介相似，但又有其特殊性。它致力于解决市场中的信息不对称问题，减少搜寻成本，提供信誉担保，并通过规模效应降低平均成本。[30] 数据经纪商是美国数据交易服务的主要提供者。美国联邦贸易委员会要求数据经纪商设立专门网站说明数据信息的收集来源和使用方法，并为用户提

---

〔28〕 See Ronald H. Coase, *The Problem of Social Cost*, Journal of Law and Economics, Vol. 3: 1, p. 19 (1960).

〔29〕 参见包晓丽：《数据产权保护的法律路径》，载《中国政法大学学报》2021 年第 3 期。

〔30〕 参见李振华、王同益：《数据中介的多元模式探析》，载《大数据》2022 年第 4 期。

供选择退出机制。美国佛蒙特州和加州都通过了数据经纪商监管法案，法案要求强化信息安全责任，禁止以非法目的获取数据，明确用户选择退出机制，增加消费者信用报告的知情权和控制权。

我国《数据安全法》第 33 条对数据交易中介服务机构提出了具体的要求。在实践中，各地都将数据交易所视为提供数据交易中介服务的机构。我国数据交易所的设立是为了有效匹配数据供需双方，减少信息不对称问题，助力我国数字经济高质量发展。然而，在我国数据交易实践中，各地对数据交易所的认识和定位出现不一致。数据交易所在数据交易中经常同时扮演组织者、参与者和监管者多种角色，导致其自身定位混乱，削弱了它原本的自律监管地位。监管主体和监管对象的混同导致数据交易所处于“既是运动员，又是裁判员”的尴尬境地。数据交易所既是数据交易市场运营主体，又是数据交易市场监管机构；既是受政府监管的对象，又是数据交易的一线监管主体。[31] 重塑数据交易所的定位有助于促进数据交易产业发展，令数据交易所中介机构回归初始定位。数据交易所通过撮合数据供需双方交易，减少交易中的信息不对称和搜寻成本；通过信誉担保，展示可信数据交易主体；并通过集合竞价和多元化的定价模式，实现数据交易中介服务的升级和再造。

（五）数据交易监管体系尚未形成

从国家立法层面来看，我国尚未对数据交易进行专门立法。对于数据交易的监管主要通过纲领性和原则性的各级政府政策文件。作为第三方中介的各大数据交易所都依据自身业务范围制定了相应的数据交易准则，但其效力却仅限于平台内部。全国各大数据交易所各自为营，缺乏协同，数据交易缺乏一致的规则和标准。缺乏统一的交易规则和标准导致了信息共享不充分和可交易数据边界模糊等问题。在缺乏流动性和碎片化的数据环

---

〔31〕 参见史宇航：《数据交易法律问题研究》，上海交通大学 2017 年博士学位论文，第 144 - 155 页。

境中，数据企业很难提取出具有商业价值的数据，这不仅增加了交易成本，还降低了社会运行效率。[32] 此外，在实践中数据客体的可交易性、交易主体资格和市场规范等问题都容易引发管理风险。维护数据交易安全，化解数据交易风险，需要建立与数据交易匹配的监管机制。鉴于数据作为新型生产要素的特殊性质，以及数据交易客体和方式的独特性，传统监管机制面临着诸多挑战。

因此，我们需要构建一个既能够体现数据特殊性，又能有效应对其面临风险的全新监管体系。这一体系应涵盖数据交易主体规范，数据交易行为规范，数据交易中介服务规范以及合作规制架构，以确保数据交易顺利进行并维护市场健康发展。

四、本章小结

从数据交易相关立法角度来看，虽然我国《民法典》《网络安全法》《数据安全法》《个人信息保护法》等法律法规都对个人信息保护进行了相应的规范，但仅从私法角度构筑数据交易过程中的保护措施可能难以实现保护和监管目的，还应当考虑从公法角度提供补充性的额外保护措施。从政府监管角度来看，我国政府采用了分业监管的思路对数据交易进行监管，并形成了多部门共同或联合监管的格局。在中央层面，涉及数据交易监管的部门包括发改委、工信部、网信办和国家市场监督管理总局等；在地方层面，各地大数据管理局负责监管涉及数据商用的相关行为。

从数据权益保护司法实践来看，数据权益保护一般适用个人数据信息安全规则、互联网垄断及不正当竞争规则和打击互联网刑事犯罪规则 3 类规则。因此，从公法规制角度加强数据权益保护和数据交易监管具有现实性和紧迫性。当前，数据交易存在的主要问题包括：一是在数据交易中存在极大的溢出风险；二是数据交易监管具有滞后性；三是对于数据权属争

---

〔32〕 参见茶洪旺、袁航：《中国大数据交易发展的问题及对策研究》，载《区域经济评论》2018 年第 4 期。

议仍未形成共识；四是数据交易所法律地位模糊；五是数据交易监管体系尚未形成。

为了解决上述问题，我们需要进一步完善相关法律法规，加强跨部门协作，明确数据权属，重构数据交易所功能和定位，并构建一个全面而有效的数据交易监管体系。只有这样，我们才能确保数据交易的合法性、安全性和公平性，促进我国数字经济的健康发展。

第四章 国外数据交易监管及其借鉴

一、美国的数据交易与监管立法

（一）美国数据交易实践考察

美国数据交易主要以企业间数据交易为主，并形成了 3 种典型模式：一是数据平台消费者到企业（C2B）分销模式，即用户将个人数据共享给数据平台，数据平台则回馈用户一定金额的商品、服务或者打折、优惠、积分等对价利益。例如，2013 年一家美国公司发布的消费者数据库产品可以让用户通过这款产品向其他公司分享自己的部分隐私数据来换取相应的折扣或其他优惠。个人网（Personal. com）交易平台则允许用户拥有、控制、获取其个人数据并从其个人数据中获益。它向用户提供了一个在线数据仓库（Data Vault），并将仓库分隔成为宝石（Gems）小隔间，用户可以将其个人数据存储在宝石小隔间中并与他人实现共享。用户可以将宝石小隔间的接入权出售给商业机构，从而实现个人数据的货币化，个人网则可以从交易额中抽取 10% 作为自己的收益。[1] 二是数据平台企业对企业（B2B）集中销售模式，即数据平台作为代理人为数据提供方和数据需求方提供数据交易撮合服务。买卖双方均需经数据平台审核认证，并根据平台的交易方式和规则自愿开展数据买卖业务。微软云服务（Azure）、数据

[1] 参见马志刚：《启示录丨数据交易发展模式之美国篇》，载搜狐网 2016 年 11 月 1 日，https://www. sohu. com/a/117889199_ 353595。

集市（Datamarket）、Factual 数据、信息猴（Infochimps）等数据中间平台代理数据提供方、数据购买方进行的数据买卖活动，大多属于此类模式。三是数据平台商对商对客（B2B2C）分销集销混合模式，即数据平台以数据经纪商身份收集用户个人数据，并将数据进行转让或与他人共享。这一模式的代表是艾克索姆（Acxiom）、核心逻辑（Corelogic）、数据逻辑（Datalogix）、电商局（eBureau）、身份分析（ID Analytics）、英特尔力斯（Intelius）、窥视你（PeekYou）、瑞普利夫（Rapleaf）、记录未来（Recorded Future）等数据经纪商[2]（见表 4 - 1）。

表 4 - 1　美国部分数据经纪商及业务一览

序号	经纪商名称	经纪业务类型
1	Factual	位置相关数据集
2	Infochimps	在线数据集市，数据主要集中在地理位置、社交以及网络方面
3	Microsoft Azure	开放而灵活的企业级云计算平台，旨在为开发者提供一个平台，帮助开发可运行在云服务器、数据中心、Web 和 PC 上的应用程序
4	DataBroker DAO	针对物联网传感器数据
5	Acxiom	为营销活动和欺诈检测提供消费者数据和分析
6	Corelogic	数据财产信息以及消费者和财务信息向企业和政府提供数据和分析服务
7	Datalogix	为企业提供美国家庭和超过 1 万亿美元的消费者交易的营销数据
8	eBureau	为市场营销人员、金融服务公司、线上零售商等提供预测性评分和分析服务
9	ID Analytics	用于验证人员身份或确定交易是否可能存在欺诈行为
10	Intelius	为企业和消费者提供背景调查和公共记录信息

〔2〕参见郭明军、安小米、洪学海：《关于规范大数据交易充分释放大数据价值的研究》，载《电子政务》2018 年第 1 期。

续表

序号	经纪商名称	经纪业务类型
11	PeekYou	拥有专利技术，可分析来自 60 多个社交媒体网站、新闻来源、主页和博客平台的内容，为顾客提供详细的消费者资料
12	Rapleaf	数据整合商
13	Recorded Future	收集互联网上的消费者和公司的历史数据，并使用这些信息预测这些消费者和公司的未来行为

根据维基百科定义，数据经纪商从公共记录或私人来源收集个人数据，并将汇总收集到的数据出售给公共或私人部门实体，数据被用于营销、执法和国土安全等。[3] 根据 2014 年美国联邦贸易委员会（FTC）发布的《数据经纪商：呼吁透明度和问责制》报告，数据经纪商被定义为，从各种来源收集消费者个人信息，随后将这些信息整理、分析，并以出售、租赁和共享的形式提供给第三方公司或机构的实体，该信息一般用于验证个人身份、产品营销以及预防商业欺诈等。该报告将美国现有的数据经纪商根据业务类型分为 3 种：（1）提供市场营销服务的数据经纪商；（2）提供风险缓解服务的数据经纪商；（3）提供人员搜索服务的数据经纪商。[4] 佛蒙特州《数据经纪商法案》将数据经纪商定义为，有意向第三方收集、销售或授权使用与该公司没有直接关联的消费者个人信息的公司。数据经纪商的活动认定应包括从各种来源收集（流入）消费者个人信息的环节，以及将这些信息出售或授权给第三方（流出）的环节。[5] 早在 19 世纪 60 年代，纽约布鲁克林区就出现了第一家信用局，成为了美国数据经纪市场萌芽的标志。20 世纪 70 年代，Claritas 公司推出一种生活方

〔3〕 See Data Broker Definition https：//itlaw. fandom. com/wiki/Data_ broker#cite_ note－1.

〔4〕 See *Data Brokers：A Call for Transparency and Accountability*, Federal Trade Commission, https：//www. ftc. gov/system/files/documents/reports/data－brokers－call－transparency－accountability－report－federal－trade－commission－may－2014/140527databrokerreport. pdf.

〔5〕 参见黄道丽：《学术连载丨全球数据交易实践、行业规范现状与政策法律问题研究（二）》，载微信公众号“华中明法”2021 年 11 月 9 日，https：//mp. weixin. qq. com/s/Dz5UpKA1VtMgW4Wf43ICfg。

式细分系统，通过分析消费者数据，为营销人员提供客户偏好信息。如今，数据经纪产业在美国数据产业中已形成相当的市场规模。数据经纪商在促成数据交易的同时，也向客户提供市场营销、风险控制和人员搜索等数据分析产品服务。仅2012年全年，美国9家主要数据经纪商提供的数据分析产品服务总收入就已达到4.26亿美元。[6] 数据经纪商一般不直接采集用户的数据，其数据来自3个途径：一是政府数据，从联邦或各个州政府的公开数据渠道直接获取需要的数据，获取数据需满足各个州的立法要求，即需获得数据本人的授权和同意。例如，自2009年以来美国奥巴马政府公开了数以万计的数据集，其中许多数据托管在美国政府数据的中央交换所——Data. gov上。这种将政府的数据视为一种资产，并使其易于获取、可发现和可利用的做法就是信息的公开化。Data. gov数据平台是数据经纪商获取数据的重要来源之一。二是商业数据，数据经纪商通过其商业渠道来获取用户个人数据，或通过商业伙伴获得聚合化、脱敏化、匿名化的相关数据，或与其他数据经纪商进行共享或交换获得数据。三是公开数据，通过电话簿、新闻报道或社交媒体获取公开信息，一般通过网络爬虫抓取社交媒体软件或未设置拒绝隐私访问的用户数据信息。[7]

（二）美国数据监管模式及其司法实践

美国数据监管模式以自由理念为核心。公民自由指社会所能合法施用于个人的权利的性质和限度，即统治者施用于群体的权力应受到一定的限制，这种限制就是自由。[8] 在美国的数据立法中，数据保护主要涉及数据隐私领域和数据安全领域。美国主要通过隐私权保护路径来处理数据资产所形成的财产关系。然而，保护公民个人隐私权并不等于阻断个人信息的

---

〔6〕 参见穆勇等：《我国数据资源资产化管理现状、问题及对策研究》，载《电子政务》2017年第2期。

〔7〕 参见刘新宇：《数据权利构建及其交易规则研究》，上海交通大学2019年博士学位论文，第63-64页。

〔8〕 参见［英］约翰·密尔：《论自由》，许宝骙译，商务印书馆2018年版，第1-2页。

自由流转，个人信息天然具有社会公共属性。美国个人信息保护立法带有明显的消费者保护法和公法规制特征，并未对个人信息赋予一种可对抗不特定第三人的权利，对于一般企业的隐私权益保护，美国法采取的是企业自我规制和消费者保护法规制的进路。随着美国商家的大规模个人信息收集和处理行为的增加，新的数据交易商业实践不断出现，美国联邦开始采取“自由市场＋行业强监管”的规制模式，在医疗、教育、儿童、金融、政府和就业者数据等领域制定了专门数据立法，以平衡数据资源流动与隐私权保护之间的矛盾。数据从业者收集和使用个人信息的行为必须遵循“合理信息实践”原则，即收集和储存个人信息的系统不得秘密运行；个人须事先被告知哪种类型的信息将被记录或使用；个人须有权阻止其个人信息被用于其不同意之目的；个人须有权纠正或修改能够识别其个人身份的信息。[9] 与美国联邦主张的分散型专门数据立法不同，美国各州也开始制定法典化的消费者隐私法案，自 2018 年加州通过《加州消费者隐私法》后，内华达州、缅因州和弗吉尼亚州也都通过了较为全面的数据隐私保护法案。《加州消费者隐私法》首次在个人隐私保护法中明确了数据交易者的角色，并明确了数据交易者的义务。

2018 年，美国佛蒙特州通过了《数据经纪商法案》，成为了美国第一个对数据经纪人进行专项立法的州。该法旨在向消费者提供更多关于数据经纪人、数据经纪人的数据收集行为和消费者权利的信息，同时规范数据经纪商的数据安全义务。在适用范围上，该法将数据经纪人限定为“收集并向第三方出售或许可经纪与企业没有直接关系的消费者信息的实体”。依据该定义，数据经纪人可以理解为二手收集数据并转售数据的中介，而其可经纪的个人信息则可作广义理解。在消费者保护方面，该法采用 3 种方法来保护消费者：一是禁止数据经纪人以跟踪、骚扰、欺诈、非法歧视等不法目的获取和使用数据；二是要求数据经纪人每年向该州州务卿登记

〔9〕 参见丁晓东：《个人信息私法保护的困境与出路》，载《法学研究》2018 年第 6 期。

并进行特定披露，以提高信息透明度；三是免除消费者设置信用信息，解除信用安全冻结的费用。在数据经纪人安全义务方面，该法明确规定数据经纪人必须制定一个全面的信息安全计划，该计划应涵盖行政、技术和实物保障措施。[10]

随着美国数字产业的迅速崛起，数字市场竞争出现了交叉网络外部性、规模效应、动态竞争等新特征，导致数字市场在市场结构、进入壁垒、市场力量维持力上都与传统市场存在较大差别。数字经济体现的高度集中特征和马太效应在一定程度上促进了数据平台寡头的形成。2020 年，美国国会发布了《数字市场竞争调查报告》，指出四大科技巨头存在数据垄断行为，呼吁对四大科技巨头实施“结构性分离”以及更加严格的监管措施，以恢复市场竞争。该报告还提出应把持续收集和滥用消费者数据作为认定企业在互联网相关市场具有市场力量的重要指标。[11] 2021 年 6 月，美国国会通过了《终止平台垄断法》《美国选择与创新在线法案》《平台竞争和机会法案》《通过启用服务切换（ACCESS）法案》《收购兼并申请费现代化方案》《州反垄断执法场所法案》6 项反垄断立法草案，以强化科技寡头的反垄断监管，促进市场公平竞争。[12]

对于数据权属争议，美国学者倾向于在隐私保护或自由市场这两个极端立场之间寻找解决方案。可行的解决方案包括：利用市场力量的交易环境监管模式和受整体监管的有限财产权模式。对于市场监管模式，保罗·施瓦茨认为，由于未考虑到保护隐私的社会价值以及不切实际地假设数据主体的参与积极性，基于市场的模型存在其局限性，而现有证据表明消费者只表现出“有限理性”。该模型也未考虑到参与方在议价能力和专业知识上的巨大差异。此外，个人数据的价值在披露时也无法完全确定，

[10] 参见彭星、万雨娇：《美国佛蒙特州数据经纪商法案浅析及启示》，载《武汉金融》2019 年第 2 期。

[11] 参见陈永伟：《美国众议院〈数字市场竞争状况调查报告〉介评》，载《竞争政策研究》2020 年第 5 期。

[12] 参见武长海主编：《国际数据法学》，法律出版社 2021 年版，第 9 页。

因为它取决于数据尚未确定的未来潜在用途。[13] 杰西卡·利特曼则认为，期望通过使用市场工具来控制数据市场的缺陷是不现实的，因为市场或财产模型的初始目标就是使数据交易变得更容易。[14] 对于数据财产权模式，理查德·莫菲认为，数据财产权在美国已有一定应用，但主要集中在商业秘密领域，并且主要通过刑法进行规制。这一观点基于美国多个州已经承认数据财产权，尤其是在涉及商业秘密的案件中，然而对于一般数据的处理则相对较少，且规制方式以刑法为主，而非民法。传统上，盗用商业秘密都由各州法院适用州法管辖，尽管除纽约和马萨诸塞州以外的大多数州采用了《统一商业秘密法》（UTSA）的形式，但随着各州法院形成各自的判例，各州之间的司法实践差异开始显现。这导致在美国范围内对公司商业秘密的保护存在巨大差异。[15] 例如，在美国诉阿列尼科夫一案中，高盛公司程序员谢尔盖·阿列尼科夫被联邦检察官指控违反《经济间谍法》窃取商业秘密和违反《国家被盗财产法》（NSPA）在州际贸易中运输被盗财产。该案是联邦检察官首次基于《经济间谍法》对高频交易源代码进行监管。争议中的商业秘密是高盛公司在其高频交易平台中使用的计算机源代码片段。联邦第二巡回法院认为，根据联邦盗窃法，涉案源代码片段不具备实物资格，阿列尼科夫在获取源代码时没有对任何东西“施加物理控制”，也未因其盗窃行为剥夺高盛公司对源代码的使用权。因此，被窃取源代码仅为公司内部使用，该行为不违反联邦法律。[16]

在数据权属争议之外，专有数据访问权也是研究重点。对数据赋予完全所有权会产生对数据使用的排他性垄断权。由于数据的独特性，这可能会导致数据市场的扭曲。数据所有者可以决定不出售自己的数据，从而阻

---

〔13〕 See Paul Schwarz, *Property, privacy and personal data*, 117 Harvard Law Review 7 (2004).

〔14〕 See Jessica Litman, *Information Privacy/Information Property*, 52 Stanford Law Review 5 (2000).

〔15〕 See Richard Murphy, *Property Rights in Personal Information: an economic defence of privacy*, 83 Georgetown Law Journal 2381 (1996).

〔16〕 See United States v. Aleynikov, 676 F. 3d 71 (2d Cir. 2012).

止潜在的下游用户访问数据，或者向下游用户收取高额使用租金，这可能会侵蚀下游用户的收益。这种“敲竹杠”问题会引发数据市场竞争和数据访问的问题。学者对于数据是否会扭曲企业之间的竞争，是否需要竞争监管机构干预存在分歧。有学者认为，数据市场是活跃的，并提供了许多具有可替代性的数据来源。数据并不构成企业竞争优势来源，因为它们无所不在，具有非竞争性，可能具有排他性但具有高度可替代性，并且经济寿命短暂。数据可以以接近零的边际成本生产和分发。这一蓬勃发展的数据市场既存在拥有大量各类数据的大玩家，也存在无数专注于利基市场的小玩家。其中许多数据交易活跃且可以访问，并且通常有几种替代品。这些学者认为，数据既不是独一无二的，也不是稀有和不可替代的。数字经济的短暂历史表明替代品是存在的。竞争优势不是通过积累大量数据获得的，而是通过发展组织能力以更好地利用数据获得的。[17] 值得注意的是，尽管一些专有数据并未进行交易，但仍不能阻止竞争对手为获取数据进入下游服务市场。例如，Skype 和 Facebook 坐拥大量社交网络数据，但 Whatsapp、Snapchat 和 Instagram 仍然在没有这些数据的情况下设法构筑了强大的市场地位。数以千计的出租车公司拥有宝贵但完全分散的数据资源，Lyft 和 Uber 等共享经济平台设计了能聚合数据的全新出租车服务，并为平台取得了信任和声誉信息。有学者提出，许多数据并未进行交易，消费者个人数据可能有其他来源，但工业（非个人）数据的来源则较少。数据驱动型并购正在迅速增加，这不仅是由成本效率驱动的，也是由范围经济和规模经济驱动的。企业通过并购可以有效阻止竞争对手进入相应市场。削弱数据的可携带性和互操作性会提高市场进入壁垒并限制竞争。处在多边平台市场的企业可以利用数据增强其在市场中的竞争力。例如，Booking. com 和 Expedia 聚合了许多城市的酒店预订数据。这为酒店市场带来了更高的透明度和更多的竞争，并降低了平台用户的交易成本。这还

---

〔17〕 See Bertin Martens, *An Economic Policy Perspective on Online Platforms*, Institute for Prospective Technological Studies Digital Economy Working Paper 2016/05, JRC101501.

可以使平台在酒店定价方面发挥杠杆作用，获得更高的利润率，并提高自身收入。然而，许多酒店预订网站都收集类似的数据以便提高自身在市场中的竞争力。一个预订网站的成功并不仅取决于数据，商业策略和服务质量也同样重要。迫使企业分享其竞争优势来源可能会降低投资人投资这些基础设施的意愿。[18]

根据美国司法判例，如果数据控制者对数据采取了技术保护手段，则该数据不属于公开数据。例如，在 Facebook 诉 Power Ventures 一案中，法院认定被告规避了旨在阻止未经授权访问 Facebook 数据的技术保护手段，并且被告承认其未经授权从 Facebook 网站获取信息。该判决认为以账号密码方式保护的用户数据不属于公共数据。[19] 对于用户主动选择公开，但未经数据控制者授权的数据爬取行为，美国司法实践经历了从严格向宽松的态度转变。在 2000 年 eBay 诉 Bidder's Edge 一案[20]中，Bidder's Edge 使用数据爬虫每天扫描 eBay 网站约 10 万次，以获取 eBay 正在进行的商品拍卖的信息，并将这些爬取的信息发布在自己的网站上。eBay 向加州北区法院提起诉讼，理由包括：非法入侵动产（tresspass to chattles），计算机欺诈和滥用（CFAA Violations），爬虫行为违反 robots 协议以及不公平竞争等违法行为。法院认为 ebay 的服务器属于其私人财产，eBay 授予公众访问权限，但不允许公众通过爬虫机器人进行访问。被告未经授权干扰 eBay 在计算机系统中的占有权益，直接导致 eBay 受到损害。在这一案件中，法院未直接回应数据权属问题，但以服务器私有这一理由认定了 Bidder's Edge 的行为属于非法入侵动产，这等于承认抓取用户公开数据需要平台的授权。然而，在 2017 年 HiQ Labs 诉 LinkedIn 一案[21]中，法院的立场发

---

〔18〕 See Nestor Duch - Brown, Bertin Martens and Frank Mueller - Langer, *The economics of ownership, access and trade in digital data*, Digital Economy Working Paper 2016 - 10, JRC Technical Reports.

〔19〕 See Facebook, Inc. v. Power Ventures., Inc., 844 F. Supp. 2d 1025 (N. D. Cal. 2012).

〔20〕 See eBay, Inc. v. Bidder's Edge, Inc., 100 F. Supp. 2d 1058 (N. D. Cal. 2000).

〔21〕 See HiQ Labs, Inc. v. LinkedIn Corp., 938 F. 3d 985 (9th Cir. 2019).

生了偏移。在该案中，被告 LinkedIn 是微软公司旗下拥有 5 亿用户的全球最大职业社交平台。Linkedin 允许用户在其平台上创建个人档案，并与其他用户或企业建立联系。当 Linkedin 用户创建个人档案时，用户可以自行选择隐私保护级别。当用户选择公开其个人档案时，无论用户是否登录到 Linkedin 平台，任何人都可以查询到其个人档案。HiQ Labs（以下简称 HiQ）是一家数据分析公司。HiQ 的商业模式依赖于其网络爬虫所抓取的 Linkedin 用户的公开档案信息，该公司对收集到的数据进行处理分析，再将数据产品出售给不同雇主。HiQ 针对雇主的数据产品主要有两种：（1）监控者服务，即为雇主分析哪些雇员存在被竞争对手招聘的风险；（2）技能地图，即提供雇员所拥有的技能树信息。在对 HiQ 的数据抓取行为忍耐 5 年之后，Linkedin 向 HiQ 发送了禁止通知函，并援引《计算机欺诈与滥用法》（CFAA）要求该公司停止未经授权的访问和数据抓取行为。Linkedin 的一系列行为导致 HiQ 无法开展经营活动。Linkedin 认为，HiQ 对用户数据的大规模自动抓取，违反了 Linkedin 用户协议中的访问和使用限制，威胁到了用户隐私；而 HiQ 辩称，公共数据必须保持公开，大企业不应以垄断方式囤积公开数据，影响互联网的开放和创新。协商无果后，HiQ 向加州北区法院起诉，并向法院申请颁发临时禁止令，以禁止 Linkedin 要求 HiQ 停止数据抓取行为。加州北区法院裁定对 Linkedin 颁发禁令。Linkedin 上诉至美国第九巡回上诉法院，该法院维持了原裁决。两审法院支持 HiQ 的理由如下：（1）HiQ 已证明在没有禁令支持的情况下会遭受不可挽回的损害。（2）从公立利益角度分析，Linkedin 可能意图将其在职业社交平台上的市场力量传递到数据分析市场。如果赋予 Linkedin 以任意理由阻止他人访问其网站上公开信息的权利，将对互联网信息自由流动和公共信息的价值创造构成威胁。（3）CFAA 规范范围不包括可在互联网上公开访问的数据。[22]

---

〔22〕 参见武长海主编：《国际数据法学》，法律出版社 2021 年版，第 42 页。

在数据交易违规案例方面，美国有 JetBlue 和 Acxiom 违规披露案和 ChoicePoint 违规交易案。2003 年，美国电子隐私信息中心（EPIC）向联邦贸易委员会（FTC）投诉 JetBlue 航空公司在与 Acxiom 进行数据交易和披露过程中未尽到消费者通知义务，并且违反自身隐私政策，存在欺诈行为。在投诉函中，EPIC 表示，2002 年美国陆军承包商 Torch Concepts 在美国交易安全管理局（TSA）的协助下从 JetBlue 航空公司获得了超过 150 万名乘客的个人行程信息，包括姓名、住址和电话等。同年 10 月，Torch Concepts 又从 Acxiom 购买了上述 150 万名乘客中 40% 的人口统计数据，包括性别、经济收入、子女情况、社会安全号码等。2003 年 2 月，Torch Concept 在国土安全航空乘客风险评估会议上进行公开演讲时，披露了一名 JetBlue 乘客的异常人口统计数据，涉及该乘客的住址、社会安全号码、生日等信息。EPIC 认为，在 JetBlue 和 Acxiom 的隐私政策中都存在不向任何第三方共享用户个人信息的表述，也没有证据表明 JetBlue 和 Acxiom 已就此次数据交易通知受影响的用户或获得用户同意。因此，EPIC 认为 JetBlue 构成欺骗性贸易，Acxiom 构成不公平和欺骗性贸易，并要求 FTC 调查两家公司的信息收集和传播实践。ChoicePoint 曾是美国最大的数据经纪公司之一，其主营业务是向超过 5 万家企业出售消费者个人信息。2004 年 9 月，ChoicePoint 发现一些位于洛杉矶市的小企业客户从事可疑活动，并将这一情况通报警方，但未通知受数据泄露影响的个人用户。2005 年 2 月，ChoicePoint 依法向 3.5 万名加州消费者通报了数据泄露情况，在舆情压力下又向 12.8 万名数据遭泄露的美国居民进行了通报。2006 年，FTC 在调查后表示 ChoicePoint 将大量消费者信息出售给了盗取身份信息的犯罪分子。ChoicePoint 没有通过合理程序对潜在客户进行筛选，并且将消费者的敏感个人信息交给了带有“危险信号”的客户。FTC 认为 ChoicePoint 向没有合理数据获取目的的客户提供消费者报告和信用历史违反了《公平信用报告法》。FTC 最终要求 ChoicePoint 支付 1000 万美元的民事罚款，并向消费者补偿500万美元。[23]

综上所述，美国现行数据立法模式可以概括为，以数据自由与行业自律为基础的分散立法模式，并通过联邦立法、州立法和具体司法判例来解决数据隐私和数据安全问题。该模式的特点表现为：其一，在个人观念方面，不同于欧盟从人格尊严角度理解隐私，美国更倾向于从自由角度理解隐私，这就造成了美国强调数据主体的自由选择以及数据自由流通的价值取向。[24] 其二，从产业利益出发，根据私利理论，美国凭借其科技实力在全球数字经济中处于领先地位，过度规制会使美国互联网企业丧失竞争力、创新力和活力，因此美国现行数据保护立法较为宽松，坚持以市场主导、行业自律为主要手段。

二、欧盟的数据交易与监管立法

（一）欧盟数据交易实践考察

2020年，欧盟发布《塑造欧洲的数字未来》《欧洲数据战略》《人工智能白皮书》，上述政策旨在通过完善数据可用性、数据共享、网络基础设施、数据研究和创新投资等，助力欧盟完成数字单一市场构建战略，并实现政府向企业公开数据（G2B）、私营部门间私有数据共享（B2B）和企业向政府开放数据（B2G）。[25] 德国和英国政府在公共数据共享和运营方面也进行了有益的尝试，即针对公众使用国家标准的有关数据制定了分级收费机制。德国标准化协会（DIN）上线了标准购买平台“Beuth Verlag”出售德国国家标准的文本信息及相关数据，英国标准协会（BSI）建设了标准购买网站“BSI Shop”打包出售英国国家标准的文本信息及相关

---

〔23〕 参见公安部第三研究所网络安全法律研究中心：《〈全球数据交易实践、行业规范现状与政策法律问题研究报告〉发布》，载安全内参2021年8月12日，https://www.secrss.com/articles/33412。

〔24〕 参见张新宝：《从隐私到个人信息：利益再衡量的理论与制度安排》，载《中国法学》2015年第3期。

〔25〕 参见武长海主编：《数据法学》，法律出版社2022年版，第355－357页。

数据。[26]

2018 年，欧盟数据经济的价值接近 3010 亿欧元，占欧盟 GDP 的 2.4%。欧洲数据市场研究预测，如果围绕数据经济的政策和立法框架及时到位，2025 年数据经济的价值将增加到 8290 亿欧元，占欧盟 GDP 的 5.8%。此外，数据的有效利用在多个经济部门中均发挥了重要作用，如通过优化库存管理、改善生产流程、提升客户服务质量等方式，显著提高了这些部门中公司的生产率和运营效率，从而有助于应对社会挑战。[27] 数据的关键经济特征是非竞争性，即多方可将同一数据集用于各种目的，而不会给原始数据收集者带来功能性损失。非竞争性是数据交易或共享中经济福利收益的基本驱动力。如果一家公司收集了可用于多种目的的数据，其他公司能访问和使用这些数据，社会就会受益。非竞争性的经济学解释围绕范围经济展开，当同一产品被重复用于其他目的时，范围经济效应就会显现。在数据使用中经济效率提高的第二个来源是数据聚合中的范围经济。当两个数据集相互补充时，与将它们单独作为数据孤岛相比，将它们合并可以获得更多的洞见和经济价值。数据交易与共享本身并不是一个目标，而是实现更高社会福利的一种手段。数据的排他使用会导致数据利用不足。完全共享的公共数据池容易被过度使用。当所有人都可以免费获得数据时，投资数据的动机就不复存在了。半公共数据治理解决方案可能是最优解。然而，无论是私人还是公共治理机制的管理成本都可能很高，对于它们是否值得付出成本取决于数据交易或治理协议产生的附加值。在欧盟未形成数据所有权共识的情况下，双边数据协议难以针对第三方执行。数据可能会泄露到公共领域或最终落入可能对原始数据持有者造成损害的

---

〔26〕 参见宋卿清、曲婉、冯海红：《国内外政府数据开发利用的进展及对我国的政策建议》，载《中国科学院院刊》2020 年第 6 期。

〔27〕 Alberto Alemanno, *Towards a European Strategy on Business – To – Government Data Sharing for the Public Interest*, Final report prepared by the High – Level Expert Group on Business – to – Government Data Sharing European Commission, 2020, HEC Paris Research Paper No. LAW – 2020 – 1394, p. 16.

各方手中。这种外部性导致数据收集者和数据再利用者之间的激励不一致。在数据交易共享规制方面，欧盟《通用数据保护条例》将特定权利分配给个人数据主体，而非个人数据则没有法律规定的权利。欧盟《数据库保护指令》《电子隐私保护指令》《商业平台（P2B）条例》《数据自由流动条例》都能在企业间B2B数据共享中发挥作用。消费者保护法规，尤其是欧盟《数字内容保护指令》，在向消费者分配数据权利方面也发挥着越来越重要的作用。除了横向监管工具之外，欧盟还有一些适用于特定行业的规制工具，如欧盟《第二次支付服务指令（PSD2）》《机动车辆条例》《电力指令》等，影响着这些行业的数据共享。[28]

在2020年《欧盟数据战略》报告中，欧盟委员会提出了阻碍欧盟在数据经济中实现其潜力的问题，其中之一就是数据的可获取性。欧盟委员会认为，数据的价值在于对它的利用与再利用，然而目前没有足够的数据用于人工智能开发或创新性的再利用。其中公共数据的可获取性涉及数个数据交易与共享的问题：(1) 企业对公共部门信息的使用［政府与企业间的G2B（Government to Business）数据共享］。推动并开放政府掌握的公共数据，以增进社会的利用和再利用是欧盟在数据经济领域的一项长期政策。这些数据的产生源于公共资金，因此应该有益于社会。(2) 公司共享和使用私有数据（企业间B2B数据共享）。由于缺乏经济激励，谈判能力的不平衡，担心第三方盗用等，企业间的数据共享尚未达到足够的规模。(3) 政府机构使用私有数据（企业与政府间的B2G数据共享）。(4) 政府机构间的数据共享。这类数据共享可以提升政策制定和公共服务水平，也可以减轻在欧盟共同市场中运营公司的行政负担。[29]

2018年，欧盟发布的《欧盟企业间数据共享研究》报告对欧盟企业间

---

[28] See Bertin Martens et al., *Business to business data sharing: an economic and legal analysis*, Digital Economy Working Paper 2020 - 05, European Commission, Seville, 2020, JRC121366, p. 4 - 8.

[29] See European Commission, *A European strategy for data*, COM (2020) 66 final, February 2020, p. 6 - 7.

数据共享的现状、形式、障碍以及政策立法等进行了系统的实证研究。在该报告中，企业间数据共享被定义为企业间的数据交换。这一概念涉及数据交换的供应方和需求方，既包括提供数据的企业，也包括被授权访问数据的企业。在该报告中，数据共享（Data Sharing）仅限定于数据供应方，即生成或存储数据的企业，在数据共享中，数据可供其他企业使用，无论是免费还是支付某种报酬或补偿。相反，数据再利用（Data Re－use）则仅指数据需求方，即企业以非竞争方式（在非竞争市场中的企业之间）访问其他企业数据。2016年欧盟28个（现有27个）国家的数据市场（数据作为产品和服务被交换）规模为595亿欧元，年增长率为9.5%。该报告预计到2020年，欧盟数据市场规模可能达到1068亿欧元。该报告梳理了欧盟企业间数据共享的几种形式：（1）数据货币化。它是指企业从数据的共享和提供中直接获得收益。例如，Geo将从家用设备收集到的能源使用数据匿名化后提供给能源或公用事业公司；Van den Borne Aardappelen将其土壤信息和农作物数据卖给农业化学和种子公司（见表4－2）。（2）数据交易市场。类似于国内的大数据交易所，由受信任的中介机构设立或管理，数据供需双方的企业可以通过这一平台进行数据交易。例如，2016年开始商业运营的Dawex数据交易平台，其交易方来自汽车、能源、农业、医疗以及零售等行业。（3）工业数据平台。一些企业通过达成战略合作协议，自愿加入一个封闭、安全和专属的平台，以便在数据交换中形成互利。例如，AIRBUS和MAN分别创建了Skywise和RIO平台，通过共享加入平台的每个公司的数据，确保其成员能够共同提高效率和产量。（4）技术推动者。一些企业也为数据共享搭建平台，但它们更侧重于提供技术解决方案，而不是从交易中获得佣金，它们致力于开发和实施针对数据共享的技术解决方案。例如，API－AGRO、DKE－Data在农业领域开发了数据共享技术平台；Nallian和Sensative则分别在物流和智能家居领域提供了数据分享的技术解决方案。（5）开放数据策略。由于负有开放数据的法定义务，一些企业通常免费共享数据，以促进新产品和新服务的开发。例如：Elering 是一家电力和天然气系统运营商，它开发了一个数据交换平台 Estfeed，允许终端消费者和第三方访问能源数据；Enedis 起初基于其法定义务向第三方共享能源分配和消费数据，现在则是根据其自己制定的数字转换战略（开发数据）。[30]

表 4－2　欧盟企业间数据共享模式

企业间数据共享模式	涉及公司及其简介
数据货币化	Geo（英国公司，能源监测设备供应商） Here（德国/荷兰公司，为个人和公司提供数字地图和定位服务的国际公司） Michelin（法国公司，米其林轮胎） Orange（法国公司，电信运营商） Telefonica（西班牙公司，电信运营商） TOMTOM（荷兰公司，导航服务商） Van den Borne Aardappelen（荷兰公司，智慧农业产业）
数据交易市场	DAWEX（法国公司，数据交易的信任中介）
工业数据平台	AIRBUS（法国公司，空中客车） MAN Truck & Bus（德国公司，大众集团旗下的卡车、大巴生产商，主导了 RIO 平台）
技术推动者	API－AGRO（法国公司，智慧农业数据技术服务商） DKE－Data（德国公司，由 10 家国际农业机械制造商共同成立的农业技术数据管理服务商） Nallian（比利时公司，物流数据技术服务商） Sensative AB（瑞典公司，智能家居数据技术服务商）
开放数据策略	Elering（爱沙尼亚公司，天然气、电力输送运营商） Enedis（法国公司，电网运营商）

资料来源：冯坚坚、刘晓春：《对“数据共享合法化”的分析与思考系列之二——欧盟 B2B 数据共享的案例研究》，载竞天公诚律师事务所 2018 年 5 月 21 日，https：//www. jingtian. com/Content/2018/09－12/1852351951. html。

〔30〕 See Marta Pont，Catarina Arnaut，Sophia Leconte，*Study on data sharing between companies in Europe*，European Union，https：//data. europa. eu/doi/10. 2759/354943.

（二）欧盟数据监管模式及其司法实践

欧盟模式主要是以基本权利为基础的治理模式，统一立法是欧盟的主导数据立法模式。欧盟历来有人权保护传统，因此在数字立法方面也重视人权保护，强调公民的数据基本权利。自2018年以来，欧盟通过了一系列数据立法，包括《通用数据保护条例》《非个人数据自由流动条例》《欧盟网络安全法》《欧盟数据战略》《欧盟数据治理法》《欧盟数字服务法》《欧盟数字市场法》《欧盟电子隐私条例》《人工智能法》《欧盟标准合同条款》等。欧盟数据立法的特点是，赋予数据主体充分的权利和自由，明确数据控制者和处理者的义务，同时规定监管部门的职责以及严格的处罚措施。

欧盟对数据交易的规制侧重个人数据，其观念认为个人数据权益是公民宪法性基本权利的延伸，而非个人数据则属于私法自治的范畴。在个人数据保护方面，2018年5月被誉为"哥白尼革命"式数据立法的欧盟《通用数据保护条例》（GDPR）正式生效，该条例试图在数据权利保护与数据自由流通之间寻找平衡。GDPR不但赋予了数据主体同意权、访问权、更正权、被遗忘权、限制处理权、拒绝权以及自动化自决权等广泛的数据权利，而且强调个人数据的自由流通不得因为在个人数据处理过程中保护自然人权利而被限制或禁止。具体而言，GDPR第12~15条构成数据主体的知情权体系，第16~20条规定了数据主体的更正权和删除权体系，第21~22条规定了数据主体的反对权和自动化决策相关内容，第23条则规定了数据主体权利的限制。[31] 此外，欧盟《数据库保护指令》和《商业秘密保护指令》以及合同法的一般条款也对数据部分或有限所有权进行了定义。欧盟创建数据专有所有权的尝试始于《数据库保护指令》。这被认为是激励欧盟企业对数据库建设进行更多投资的一种方式。该指令对数据所有权采取了两分法，它为原创数据库提供了充分的著作权保护，这些数据

〔31〕 参见何渊主编：《数据法学》，北京大学出版社2020年版，第56-58页。

库是人类的创造性成果；并为非原创性数据库提供了期限为 15 年的特别权保护。然而，该指令并未定义满足原创性数据库的最低人类智力或努力标准。[32] 在任何情况下，完整的著作权保护都不适用于数据库的内容，而仅适用于其结构。数据库特别权保护数据本身，但根据该指令第 7 条仅适用于“在质量和数量方面，对获取、验证和呈现内容进行了大量投资”。这种二分法揭示了使用著作权保护数据所有权的重大缺陷。在数字时代，大多数数据集是由硬件、软件和机器生成的，而并非人类的创造性劳动或努力的产物。数据是观察和测量事实的表达，而不是人类思维的创造。人类的创造性工作的对象是测量方法、硬件、软件和算法的设计，而不是它们的日常操作。

在司法实践中，欧盟法院在其判例中认定网站经营者可以通过服务条款来禁止第三方擅自抓取不受著作权或数据库特别权保护的数据。在 Ryanair Ltd. 诉 PR Aviation BV 一案[33]中，原告 Ryanair（瑞安）是拥有 830 条廉价航线的欧洲廉价航空公司，被告 PR Aviation 是一家提供机票比价服务的荷兰在线旅行社。被告使用一种自动系统从瑞安的网站和公开数据库中抓取航班信息数据，然后由收费用户支付佣金从瑞安网站进行机票预订。瑞安网站的访问者都必须通过勾选选项来接受瑞安网站一般条款和条件。这些条款包括：使用自动化系统或软件从瑞安网站抓取数据应出于商业目的；屏幕截取行为是禁止的，除非瑞安直接与第三方签订书面许可协议，允许第三方访问瑞安的价格、航班和时刻表信息，以进行价格比较。瑞安声称 PR Aviation 的行为侵犯了其在欧盟《数据库保护（96/9）指令》下的数据库特别权，并违反了使用其网站的一般条款。PR Aviation 则主张依照欧盟《数据库保护指令》，它可自由运用他人公开数据库中属于单纯

---

[32] See Bernt Hugenholtz, *Europe's sui generis database right*, in S. Frankel and D. Gervais, eds., The Internet and the emerging importance of new forms of intellectual property, Kluwer Law, 2016.

[33] See Case C－30/14（2015）. Ryanair Ltd. v. PR Aviation BV. http：//curia. europa. eu/juris/document/document. jsf? docid = 161388&doclang = EN.

事实部分的数据。初审时，乌德勒支地方法院判决 PR Aviation 不得侵犯瑞安对其数据享有的著作权，并赔偿因未经授权使用数据而给瑞安造成的损害。阿姆斯特丹上诉法院撤销了该裁决，认为 PR Aviation 并未侵犯任何权利，根据荷兰著作权法，对瑞安航班数据的使用属于合法使用范畴。而瑞安网站的一般条款试图排除第三方使用，该条款因与荷兰著作权法抵触而无效。该法院还认为，瑞安在创建数据库时并无“实质性”投入，所以无法获得数据库特别权保护。随后，该案上诉至荷兰最高法院，欧盟法院在答复荷兰最高法院时认为，瑞安网站提供的航班数据，不能受到著作权法或数据库特别权保护。瑞安数据库仅是瑞安经营活动产生的副产品，瑞安并未对数据的收集进行额外的投资，因此相关数据只能构成“单一数据源数据库”，不能成为欧盟《数据库保护指令》的保护对象。欧盟法院还认为，当网站经营者就其本身数据内容，无法通过著作权排除他人未经授权使用时，仍得以服务条款限制其他企业以撷取方式自动抓取网站资料的行为。本案判决表明了欧盟数据库特别权的保护对象并不包括 Facebook、Twitter、Linkedin 由企业主营业务而派生的“单一数据源数据库”，在无法依赖《数据库保护指令》开创数据财产权路径的情况下，数据交易规制只能回到合同法和竞争法的行为规制路径。[34]

数据流通交易对于数字经济发展至关重要，如果规制不当，会给个人隐私乃至欧盟区域安全带来严重威胁。在 Schremes I 案中，奥地利公民马克西米利安·施雷姆斯从 2008 年开始使用 Facebook 网络服务。当他听到欧盟用户在 Facebook 的数据都会从爱尔兰子公司传输到 Facebook 在美国的服务器上进行分析处理时，他向爱尔兰数据保护委员会进行了投诉。他主张美国法律环境和数据实践不足以提供适当的保护措施，因为美国会通过 CIA 监控美国数据活动。这一投诉被驳回，爱尔兰官方的理由是美国通过一些协议确保为个人数据传输提供足够保护。在 Schrems II 案中，Face-

〔34〕 参见许可：《判决千差万别的背后，数据库权的能与不能网络法律评论》，载搜狐网 2017 年 12 月 28 日，https：//www. sohu. com/a/213321295_ 455313。

book 将一直援用的安全港协议转为了标准合同条款 SCCs，并将 SCCs 作为法律依据将欧盟用户个人数据传输至美国。在 2015 年，施雷姆斯再次向爱尔兰数据保护委员会投诉，认为 SCCs 也未能对个人数据提供充足保护，要求 Facebook 停用 SCCs。2016 年，欧盟与美国签订隐私盾协议，而隐私盾协议继承了安全港协议的大部分条款并进行了完善。施雷姆斯的投诉于 2008 年 4 月移交欧盟法院，欧盟法院经调查分析后，于 2020 年 7 月判决隐私盾协议无效。欧盟法院认为，针对美国的监控，欧盟数据主体缺乏可行的司法赔偿手段，因此美国不存在有效的《欧盟基本权利宪章》第 47 条要求的有效救济，也不符合第 52 条的规定。[35]

欧盟作为一个国际法主体，其在立法上具有两个特点：一是法律规制的国际性；二是法律形式的特殊性。法律规制的特殊性在于立法主体为超国家主体；而法律形式的特殊性表现在其法律渊源上，欧盟数据领域的立法渊源主要为次级渊源。欧盟数据立法既要传承欧盟人权保护的立法传统，也要积极促进数据的流动与开放。

1. 德国数据立法及其司法实践

自德国各州开始数据立法工作至今（截至 2024 年），德国数据立法历经了超过 50 年的发展历程，形成了较为成熟的数据保护立法模式和法律体系。由于德国是联邦制国家，联邦和各州都存在数据立法。在联邦层面有《联邦数据保护法》（BDSG），在各州层面都有各自独立的数据保护法。《联邦数据保护法》对公共机构和私人机构采用了统一规制模式。这一模式既保证了涉及个人信息保护问题的全面性，又尊重了公、私领域信息行为的个性。[36] 在《联邦数据保护法》这部综合性数据立法之外，德国也针对通信、媒体、艺术等领域进行了专门性立法，德国出台了《德国电信法》《德国通信法》《德国远程媒体法》等专门性数据立法。

---

〔35〕 参见武长海主编：《国际数据法学》，法律出版社 2021 年版，第 228 – 229 页。

〔36〕 参见蒋舸：《个人信息保护法立法模式的选择——以德国经验为视角》，载《法律科学（西北政法大学学报）》2011 年第 29 期。

德国对于数据权属问题的讨论实际上是关于是否应该对数据赋予绝对权利。该绝对权利可以是人格权、物权或知识产权。具体而言,《德国版权与相关权利法》整合了欧盟《数据库保护指令》《计算机程序保护指令》,规定了数据库和软件程序的保护和使用。《德国反不正当竞争法》第17节规定,如果涉及数据满足如下条件:(1)信息与相应业务相关,(2)事实不为公众知悉,(3)相应业务对保密信息存在商业利益,(4)企业意图对该信息保密,则涉及数据可以构成商业秘密。此外,不同地点之间的数据传输可能会受到电信秘密保护。《德国电信法》第88节明确禁止侵犯电信秘密,情节严重的可能构成刑事犯罪。从德国现有判例来看,德国法院承认数据本身的价值,并认为应将数据与存储数据的载体区分处理,但法院不承认数据具有普遍性权利。如果数据载体上的数据被销毁,则只有数据载体的所有者才能提出法定(不仅是合同)损害赔偿请求权。[37] 对于数据权利,德国学者存在3种立场:(1)数据上的普遍性权利已存在;(2)数据上的普遍性权利不存在,但应该建立;(3)数据上的普遍性权利不存在,目前也不需要额外的法律。持第一种立场的学者认为,数据是创造它们相应事物的成果。此类的事物的成果通常自动属于该事物的所有者。换言之,使用成果的权利取决于成果来源物的所有权。例如健身追踪器创建了数据,则此类数据将属于拥有健身追踪器的人员。有学者认为,数据主体对于其个人数据的广泛权利隐含地确立了数据主体商业利用其数据的一般性权利。托马斯·霍伦认为,应考虑将数据所有权的概念从德国刑法移植到德国民法,类似于规定所有权的《德国民法》第903节。他认为,由于数据受到刑法保护,因此可以得出结论,德国法律已承认对数据的普遍性权利,这也应在德国民法中得到承认,这种对数据的权利将是"另一种权利"。在他看来,数据载体的所有权不是分配相应数据权利的适合标准。相反,数据权利应来自此类数据的作者,在数据载体上

〔37〕 See European Commission, *Legal Study on Ownership and Access to Data*, European Union, https://data.europa.eu/doi/10.2759/299944.

写入数据的人应该是数据权利的所有者。[38] 持第二种立场的学者认为，应该引入数据权利，并提出了4个观点佐证：（1）数据权利能激励企业创建和记录数据；（2）数据权利能激励企业共享数据；（3）数据权利的创建可以激发数据市场的建立；（4）数据权利的构建应明确界定谁从大数据分析中受益，这使立法机构能明确分配数据价值，并避免产生法律的不确定性。赫伯特·泽克认为，引入数据创建者权是有充分理由的，并应制定可转让的数据专有权。他讨论了数据创建者权利的范围，并提出数据创建者权利应分配给负责在数据载体上写入数据的个人或实体。[39] 路易莎·施佩希特分析了有关数据权利分配的不同方法，并阐述了应将数据专有权分配给谁。她支持引入数据权利，但并未具体说明哪种权利。[40] 持第三种立场的学者认为，当前没有必要针对数据引入新的权利。有学者认为，德国对数据的保护在很大程度上取决于具体案例。德国有各种法规可以保护数据权利，因此无须对数据进行全面保护。企业也需要采取技术措施保护其数据，以确保企业的数据确实享有一定的法律保护。他认为，当前不应引入数据权，因为其影响是不确定的。[41] 有学者基于文献和判例讨论了确定数据所有权概念的不同方法，并认为类似专有所有权的数据权利不能源自德国民法规定。他认为当前法律框架对个人数据的保护是足够的，从经济角度来看也无须扩大对数据的保护。[42] 也有学者通过研究数据许可使用的必要内容，认为合同法解决方案就能有效对数据进行保护。[43] 学术界普遍认为个人数据商业利用应始终受到适用的数据隐私法的限制。对于数据访

〔38〕 See Thomas Hoeren, Dateneigentum – Versuch der Anwendung von § 303a StGB im Zivilrecht, MMR（2013）, S. 486.

〔39〕 See Herbert Zech, Daten als Wirtschaftsgut – Überlegungen zu einem Recht des Datenerzeugers, CR（2015）, S. 137, 144.

〔40〕 See Louisa Specht, Ausschließlichkeitsrechte an Daten – Notwendigkeit, Schutzumfang, Alternativen, CR（2016）, S. 288.

〔41〕 See Malte Grützmacher, Dateneigentum – ein Flickenteppich, CR（2016）, S. 485.

〔42〕 See Michael Dorner, Big Data und Dateneigentum, CR（2014）, S. 617, 619.

〔43〕 See Jens Schefzig, Die Datenlizenz, DSRI（2015）, S. 551.

问，德国联邦政府对行政机构持有的数据访问进行了明确的规制，这主要体现在《德国信息自由法》中，而德国各州也根据此法制定了相应的法案。德国各级政府的信息自由法案都基于相同的原则，即每个人都有权申请访问公共机构持有的任何数据。在某些例外情形之下，相关机构应按照要求的方式和范围授予对信息或数据的访问权。如果所要求的提供信息的方式会产生过多的行政费用，政府机构可以选择其他方式提供信息。如果存在公共或私人利益冲突，政府机构必须保留信息。如果公共安全、军事关切或类似的重要公共利益可能受到负面影响，则不得提供相应信息。对于私人利益而言，只有在数据主体同意或申请人利益优先的情况下，才能访问知识产权、商业秘密和个人数据。[44]

在数据合规方面，德国行车记录仪案[45]涉及一起交通事故侵权责任诉讼。原告、被告双方车辆在两条相邻的左转车道左转时发生横向碰撞。双方对于事故责任发生争执，原告要求被告及其责任保险赔偿交通事故的剩余损失。原告提交了由行车记录仪记录的事发时影像。地区法院认为原告违反了《联邦数据保护法》第6b条的规定，驳回了原告起诉。德国联邦法院最终判决认为，持续不加区分的数据记录违反了《联邦数据保护法》的数据保护规定，但是，基于利益衡量理论，事故当事人仍可以使用行车记录仪记录的事故影像作为事故责任程序中的证据。[46]

2. 法国数据立法及其司法实践

作为欧盟成员国，法国的数据立法采取了参照转化和国内自主立法两种路径。在个人数据保护方面，法国一般直接参照和转化欧盟数据法；在欧盟数据鲜有涉及的数据开放、数字税等领域，法国进行了自主立法。法国个人数据保护法包括：《法国信息技术、文件和自由法》《法国数字共和

---

〔44〕 See European Commission, *Legal Study on Ownership and Access to Data*, European Union, https://data.europa.eu/doi/10.2759/299944.

〔45〕 See BGH, Urteil vom 15. Mai 2018 – VI ZR 233/17.

〔46〕 参见吴逸越：《德国民事诉讼中非法证据的使用及启示——以“行车记录仪案”为切入点》，载《德国研究》2019年第2期。

国法》《法国关于个人健康数据托管的第 2018 - 137 号法令》。法国数字经济促进法包括：《法国数字经济信任法》《法国信息社会版权和邻接权法》《法国公众与政府关系法》《法国数字服务税法》。法国国家信息自由委员会（CNIL）还针对发生频率较高、权益侵害风险较大的个人数据处理行为发布了指引规范。

尽管法国没有专门的涉及数据所有权的法律，《法国民法典》包含的民法和刑法机制也可为数据控制人提供防止或限制数据滥用的救济。特别是，法国刑事法院认为，在不窃取数据介质或媒介的情况下下载数据可能构成盗窃。这导致法国学者认为，财产权可能存在于数据中，但这一观点仍未形成共识，多数的学术讨论仍集中在个人数据和隐私问题上。有学者认为，根据法国法律，数据本身是不可转让的。原始数据是免版权税的，只有经过充分修改的数据才能受到版权保护。也有学者认为，鉴于法国最高法院规定了计算机数据盗窃罪以及承认了数据库特别权（该权利并不为公司提供全面保护，因为法官可自由裁量数据库投资是否合理），如今数据所有权的存在是毫无疑问的。还有学者认为，应该思考是否具备可转让性和让渡性的所有权形式才是非物质投资增加价值的更好方式。这位学者强调，所有权并不是唯一的转让方式。通过协议（如专有技术许可或雇佣合同）方式，企业可以利用这些无形的投资价值，包括专有技术和劳动力。尽管如此，考虑到当今信息市场的重要性，她强调否认有价值数据的地位和重要性是自相矛盾的，并提出法律不应忽视这一非物质遗产的“现实”，其中包括一些显而易见的资产（如客户、商号、域名、商誉等）。有些学者认为，将经济数据视为真实资产的商业世界与否认这种性质的法律世界之间存在巨大差异，这显然是不可接受的。他们认为，思想可以自由使用，信息是“无主物”（*res nullius*）或“公社物”（*res communes*）的原则是过时的。在实践中应如何仅通过间接责任机制充分保护企业的这些关键价值？他们建议通过司法改革或扩大知识产权范围以便在特定条件下涵盖此类资产。然而，在数据所有权应赋予进行相关投资的企业还是提供原始数据的个人这一问题上仍存在争论和分歧。托马斯·圣奥宾认为，承认企业对数据的所有权可能会剥夺使用这些数据的个人对这些数据的使用权，反之亦然。因此，在这种情况下应避免使用任何转让概念。他建议使用“数字遗产”这一软性概念，并将其定义为收集一家企业对其拥有的所有数据（不区分预先存在的数据和新生成的数据）的权利和义务。具体而言，这一数字遗产权利人将承担诸如数据保护、确保数据安全和保守秘密等义务，作为回报该权利人将被赋予使用和调整该遗产的权利。[47] 对于数据访问，法国学术界对开放获取主要公共数据、知情权范围内的数据以及遗传基因数据形成了共识。

在数据合规方面，Nestor 是一家法国食品配送公司，它通过网页抓取工具自动收集公开于第三方平台的个人数据，建立潜在客户数据库，并通过数据库向目标人群发送电子邮件广告。法国 CNIL 认为 Nestor 违反 GDRP 和《欧盟电子隐私指令》关于处理潜在客户数据的规定。CNIL 认定 Nestor 在未事先征得数据主体同意的前提下就以电子方式接收定向广告事项；未适当告知数据主体有关信息；未适当处理数据主体的访问请求。2020 年，CNIL 对 Nestor 处以 2 万欧元的罚款。[48]

三、其他国家与地区的数据监管立法

（一）英国数据监管立法及其实践

英国一直有着注重隐私保护的传统。英国数据保护的立法从隐私立法起步，之后英国逐步制定了统一的《英国数据保护法》，形成了专门的数据立法模式，建立起了涵盖判例、法律、法规、指南等多元化的数据立法体系。英国的主要数据立法包括：《英国数据保护法》《英国信息自由法》《英国数字经济法》《英国通信数据法》《2020 年苏格兰农业（保留欧盟法

---

〔47〕 See European Commission, *Legal Study on Ownership and Access to Data*, European Union, https://data. europa. eu/doi/10. 2759/299944.

〔48〕 参见武长海主编：《国际数据法学》，法律出版社 2021 年版，第 119 页。

律和数据）法》。英国信息专员办公室（ICO）的操作规范在数据保护中扮演着关键角色，它颁布了《英国数据共享行为准则》《未成年人适龄设计准则：在线法务实业准则》《英国直接营销行为守则》《英国人工智能与数据保护指引》。

英国没有保护数据本身的法定依据。因此，在不存在财产权的前提下，数据不能被窃取、转让或继承。然而，衡平法为任何持有具有价值的秘密数据的人提供了有限的保护，包括拒绝第三方访问的权利。英国主要通过判例法来处理数据相关法律问题。尽管在一些判例中，英国法院承认（或拒绝排除）数据存在财产权的可能性，但迄今为止，在每一个需要认定数据财产性的案件中，英国法院都认为数据不是财产。根据 Oxford 诉 Moss 案〔49〕，数据不能作为财产被窃取；根据 Your Response 诉 Datateam Business Media 案〔50〕，数据也不能成为普通法留置权的主体。即使英国判例法未规定数据基本权利，这也丝毫不影响控制有价值数据的主体收取他人数据访问费用的能力：第三方无权访问存储数据的场所或媒体，因此数据控制者可以合法地收取数据访问费。〔51〕目前，对有价值数据的控制者提供的最强有力的保护来自违反保密义务的衡平诉讼权，即保护商业秘密的判例法。克里斯托弗·里斯认为，英国目前对数据作为财产的法律规定仍不明确，基于财产的简单定义应将数据归类为财产，但他也承认这种分析在用于公开或公开记录的个人数据时会面临困难。〔52〕

在数据合规方面，2018 年 6 月英国航空公司（British Airways）因遭到黑客攻击而发生数据泄露，该事件导致 50 万名客户的个人信息被泄露。在该事件中，用户流量被跳转到虚假网站，黑客通过这个虚假网站收集了客户详细信息，包括用户个人信息和银行卡信息，如姓名、地址、邮箱以

〔49〕 See Oxford v. Moss, [1979] 68 Cr App Rep 183.

〔50〕 See Your Response v. Datateam Business Media, [2014] EWCA Civ 281.

〔51〕 See Attheraces Ltd v. British Horseracing Board, [2005] EWHC 1553 (Ch).

〔52〕 See Christopher Rees, *Who owns our data?* Computer Law & Security Report 30 (1), p. 75 – 79 (2014).

及信用卡号码等。英国 ICO 判定英国航空违反了 GDRP 第 32 条数据处理安全规定，并对英国航空处以 1.83 亿英镑罚款。

（二）日本数据监管立法

日本数据立法肇始于 20 世纪 70 年代。2003 年日本国会历经 80 小时的审议通过了《日本个人信息保护法》等相关五法案。日本保护个人信息权利的法律体系采用统分结合的方式构筑而成，即在统一立法的同时鼓励行业自律。在积极吸纳国际规范和标准的基础上，日本形成了包括国家规范、个人信息权利保护法以及政府政策的多层次法律规范体系。[53] 日本学习借鉴了美国与欧盟立法模式，并形成了兼具两家之长的特点。欧盟尊重基本人权，因此将个人权益保护置于较高位置，采用强调不区分公私领域的统一立法模式；而美国则认为过于严苛地限制个人信息的商业流通会限制经济法发展，因此采用分散立法，并辅以行业自律规则。日本在采用欧盟人权保护理念的基础上，通过政府立法与行业自律的双重保护模式实现对个人信息的保护。《日本个人信息保护法》的立法理念是尊重和保护人权，权力制约，平衡以及服务和保障权利理念，其立法原则主要包括利用限制、收集限制、公开、个人参与、责任和目的明确化。在数据利用方面，日本政府和国会通过了《数字行政开放数据战略》《推进官名数据利用基本法》《关于促进电子授权书普及的法案》《开放数据基本指南》等政策法规。在数据征信方面，日本没有成立专门的监管机构，主要是通过行业协会进行自律管理，各信用中心的业务内容和范围，以及相关的运营规则都由各管理协会制定。

（三）新加坡数据监管立法

新加坡政府围绕“智慧国 2025”愿景，积极构建数字经济行动规则，

---

〔53〕 参见齐爱民：《论个人信息保护法的统一立法模式》，载《重庆工商大学学报（社会科学版）》2009 年第 4 期。

采用专门立法的模式，致力于形成完善的法律规范体系。在数据立法模式上，新加坡也采取了与英国类似的专门立法模式，制定了关于数据利用和保护的专门立法。《新加坡个人数据保护法》是一部关于规范个人数据收集、使用和披露的综合性立法。为了更好地执行该法案，新加坡针对特定领域（如电信、医疗和社会公益服务等）也制定了相应的数据保护指南。新加坡的法律体系以英国普通法为基础，因此新加坡的数据立法包括成文法、判例法和习惯法。新加坡成文法又分为议会制定法和附属立法。《新加坡个人数据保护法》《新加坡网络安全法》《新加坡计算机滥用法》都属于新加坡议会制定法，而《新加坡个人数据保护（数据泄露通知）条例》《2021 年新加坡个人数据保护条例》等都属于附属立法。

新加坡的数据法监管机构是通信与信息部，它下设网络安全局、信息通信媒体发展局、国家图书馆委员会、个人数据保护委员会共 4 个机构，从不同方面对数据进行保护。

（四）印度数据监管立法

21 世纪初期，印度主要依靠修订后的《2008 年印度信息技术法》第 43A 条和 72A 条、《2011 年印度信息技术（可靠安全惯例和程序以及敏感个人数据或信息）规则》实施数据保护。印度个人数据保护制度起步较晚，其原因之一就在于个人数据保护的权利基础，即个人隐私权，并未被印度政府认可为公民的基本权利。直至 2017 年，印度最高法院在 Puttaswamy 诉 Union of India 案（普塔斯瓦米诉印度工会案）中作出裁定，"隐私权如同生命与自由一样，是受《印度宪法》第 21 条保障的基本权利"[54]，这才为印度个人数据保护法的颁布奠定了法理基础。《2019 年印度个人数据保护法》是在《印度信息技术法》《印度数据保护框架白皮书》《2018 年印度个人数据保护法案》的基础上，吸收借鉴 GDPR 制定而

---

〔54〕 Justice K. S. Puttaswamy & Anr. V. Union of India and Ors [Writ Petition (civil) No. 494 of 2012].

成。该法案的适用范围包括个人信息以及敏感个人数据。它的规制主体包括数据受托人和数据处理者。该法案明确规定了数据受托人对数据主体应承担数据保护义务，以确保数据受托人必须以符合数据主体的最佳利益的方式行事。所有组织在收集个人数据时，需征得数据主体的明确同意。数据主体的具体权利包括知情权、访问权、更正权和被遗忘权。

根据《印度数据保护框架白皮书》，印度施行政府监管和行业自治协同的数据监管机制。由于印度尚未设立专门负责个人数据保护的监管机构，一般由 MEITY 负责实施《印度信息保护法》，并就电子和信息技术领域的事项进行监管。根据《2019 年印度个人数据保护法》，印度将设立一个具有指导、监督和执行方案的综合数据保护机构（DPA），该机构的具体职责包括保护数据主体权利，防止滥用个人数据行为，监督方案条款的适用和执行，监测影响数据保护实践的技术发展，接收和调查投诉，向政府提供数据保护咨询，向数据审计员颁发注册证书。

四、国外数据交易实践对我国的借鉴

长期以来，美国与欧洲的发达国家不仅致力于构建全面完善的数据交易流通规则还积极孵化数据交易市场（见表 4－3），以推动数据经济的健康发展。从政策和立法实践来看，美国及欧洲等国家在数据交易立法方面建树不多，通常采取避免与现行法律冲突的保守做法，在现有法律框架下探索对数据进行估值、计价和交易的可行路径。

表 4－3　美欧主要数据交易市场

数据交易市场	国家	主要业务类型	性质	开放程度	数据范围	平台架构	定价模式	成立年份
信息猴（InfoChimps）	美国	数据交易	中介	混合	跨域	集中	期限收费	2009

续表

数据交易市场	国家	主要业务类型	性质	开放程度	数据范围	平台架构	定价模式	成立年份
微软 Azure 数据市场（Azure Data Marketplace）	美国	数据交易	中介	混合	跨域	集中	期限收费	2010
x 数据（xDayta）	美国	数据交易	中介	开放	跨域	集中	期限收费	2013
达沃斯（Dawex）	美国	数据交易	中介	混合	跨域	集中	期限收费	2015
Qlik 市场（Qlik）	美国	数据交易、附加服务	供应商	混合	跨域	集中	数据集收费	2017
卡萨比（Kasabi）	德国	数据交易	中介	开放	跨域	集中	期限收费	2010
数据公平竞赛（Datafairplay）	德国	数据交易	中介	混合	专业	集中	累进价格	2014
国际数据空间（International Data Spaces）	德国	数据交易、附加服务	中介	混合	跨域	分散	混合	2016
卡鲁索数据空间（Caruso Data－Space）	德国	数据交易、附加服务	中介	混合	专业	集中	混合	2017
艾欧塔（IOTA）	德国	数据交易	中介	混合	专业	分散	累进价格	2017
数据智能中心（Data Intelligence Hub）	德国	数据交易、附加服务	中介	混合	跨域	集中	混合	2018
阿德维诺（Advaneo）	德国	数据交易、附加服务	中介	混合	跨域	集中	期限收费	2018
奥托诺莫（Otonomo）	以色列	数据交易、附加服务	中介	混合	专业	集中	期限收费	2015
数据经纪去中心化自治组织（Databroker DAO）	比利时	数据交易	中介	混合	专业	分散	累进价格	2017

续表

数据交易市场	国家	主要业务类型	性质	开放程度	数据范围	平台架构	定价模式	成立年份
流尔（Streamr）	瑞士	数据交易	中介	混合	跨域	分散	累进价格	2017
Here 开放位置平台（Here OLP）	荷兰	数据交易、附加服务	供应商	混合	专业	集中	混合	2018

资料来源：参见中国信通院、重庆大数据应用发展管理局：《数字规则蓝皮报告（2021 年）》，载中国信通院网 2021 年 12 月，http：//www. caict. ac. cn/kxyj/qwfb/ztbg/202112/P020211210403054888030. pdf。

在数据交易流通规则方面，美国及欧洲各国都进行了一定的探索。美国数据产权化的关注焦点在于个人数据的可转让性。产业界反对个人数据产权化，认为市场已经在其效用计算中充分考虑到消费者的隐私问题，各个行业已采取隐私政策来回应消费者对于隐私的忧虑。部分学者支持个人数据产权化，主张制定数据市场交易规则，并限制个人数据的可转让性。这是基于两个原因：其一，信息隐私兼具公共利益和社会价值，是私有化的公共产品；其二，数据交易市场可能出现市场失灵，需要通过监管予以矫正。在制度实践层面，美国并未出台专门法律规制数据交易市场，但 2014 年美国政府发布的《大数据：抓住机遇、守护价值》白皮书对数据交易定价问题有所涉及。该白皮书认为，在政府保障市场充分竞争和数据产品价格透明的前提下，数据企业利用大数据进行区别定价不会产生不良影响。欧盟《个人数据保护指令》并未对数据交易合同关系进行强制性约束，而是通过消费者权益保护和知识产权等方式对合同关系进行调整和干预。个人可以通过合同对个人数据进行合法收集、处理、利用和传播，欧盟《个人数据保护指令》允许各方在欧盟数据保护制度框架下对个人数据进行商业利用。[55]

---

〔55〕 参见赵鑫：《数据要素市场培育：法律难题、域外经验与中国方案》，载《科技进步与对策》2022 年第 17 期。

在引导企业间数据流通交易方面，美国大力支持数据经纪行业发展，联邦贸易委员会作为数据经纪行业的专门管理机构，负责颁布相关法案的执行规则，对数据经纪商提供的市场营销产品、风险消减服务、查询服务进行管理，为消费者建立数据经纪人名单和消费者权利信息网站，针对数据经纪商发展情况提供管理建议。[56] 在美国数据产业中，数据经纪商模式已成为数据交易主流。虽然用户能从数据经纪商收集、使用数据的过程中获益，但在这一过程中用户的个人隐私和数据同样处在泄露风险之中。表面上看，数据经纪商赋予了用户对于个人数据的知情同意选择权，但基于双方信息的不对称，用户的权利往往被限制。欧盟则一直致力于构建单一数据市场，以确保欧盟在未来的数字经济中占据领先地位。2020 年，欧盟委员会发布了《欧盟数据战略》，以发展数字经济为视角，概述了欧盟在数据方面的核心政策措施。欧盟委员会认为只有通过共享与再利用才能充分释放数据的价值，因此不断推动政府机构的数据共享、政府与企业间的双向数据共享以及企业间的数据共享。欧盟企业间的数据共享实现数据的商业化利用已成为主流。欧盟委员会还发布了《欧洲数据经济中的私营部门数据共享指南》，该指南围绕技术机制、基础商业模型和支持数据共享的合法媒介对企业与企业的数据共享原则进行了讨论，旨在促进欧盟内部非个人数据的畅通传输。

在数据市场监管方面，2018 年美国政府通过的《澄清域外数据合法使用数据法》赋予了美国政府与服务提供商调取全球跨境数据的权限。该法案在助推全球数字自由贸易之余，同时强化了美国的数据主权。对于美国国内互联网巨头滥用市场支配地位的问题，美国监管机构对谷歌、苹果和 Facebook 等企业展开了一系列反垄断调查。由于美国联邦缺乏数据治理整体框架，美国各州都启动了各自的数据保护立法。2018 年美国加州通过的

---

〔56〕 参见中国信通院、重庆大数据应用发展管理局：《数字规则蓝皮报告（2021 年）》，载中国信通院网 2021 年 12 月，http：//www. caict. ac. cn/kxyj/qwfb/ztbg/202112/P020211210403054888030. pdf。

《消费者隐私保护法案》全面保障了个人对数据的控制、使用和交易的权利，是美国消费者数据隐私保护立法的典范。欧盟则构建了以 GDPR 为基础的数据监管制度体系。GDPR 是世界范围内最具现实意义的一般数据治理规则。在 GDPR 之外，2021 年欧盟通过的《数字服务法案》和《数字市场方案》革新了互联网平台规制范式，并在数字经济领域引入了“守门人”的概念。

五、本章小结

美国与欧盟一直致力于构建完善的数据交易流通规则。从政策与立法实践来看，美欧都采取了相对保守的立法态度，以避免与现行法律相冲突。美欧在构建数据交易流通规则，促进企业间数据流通交易和数据市场监管方面都有一定建树，然而在数据交易规制方面，美欧国家更聚焦于个人数据的保护，而非经济利益的保护。美国数据立法以自由理念为核心，在立法模式上采取以数据自由和行业自律为主的分散立法模式，并通过联邦立法、州立法和具体司法判例来解决数据隐私和数据安全问题。欧盟数据立法以基本人权为核心，在立法模式上采取以基本权利和统一立法为主的立法模式。法国和德国的数据立法各具特色，但都集中在个人数据与隐私保护方面。数据权属和数据财产权问题是学术界研究的热点问题，然而在立法和判例中却不多见。在实践层面，英国政府聚焦于强化个人信息安全屏障，并在金融领域发起“开放银行”倡议，通过“开放银行”模式共享金融数据。日本政府则倡导“政府指导、民间主导”的发展模式，并通过一系列国际协议推动数据跨境流通。日本、新加坡和印度等亚洲国家都深受美国与欧盟数据相关立法影响，在数据监管机制上也多采用专门机构和行业自律相结合的方式进行监管。

第五章
我国数据交易监管的理念创新与路径选择

一、数据交易的监管困境与市场化挑战

（一）数据交易监管困境

数据交易监管所面临的困境可以从立法监督、司法裁判、行政执法以及行业自律等 4 个方面进行分析和阐释。在数据相关立法监督方面，全国人民代表大会常务委员会已陆续通过了《网络安全法》《个人信息保护法》《数据安全法》等法律，网络安全、个人信息和数据安全等问题都已在法律制度层面得到回应，然而数据交易流通与数据企业的法律地位等问题仍然悬而未决。如何激励数据企业推动以数据要素为核心的数字经济发展是亟待解决的重要问题。数据企业支持数据产业发展的意愿和努力，最终取决于企业数据能否得到充分、合理和有效的法律保护。[1] 民间日常的数据交易一直基于意思自治的契约方式广泛存在于个人与企业、企业与企业之间。交易层面的契约受合同法规制，数据交易契约明确定义了数据买卖双方的权利义务。数据立法需要进一步明确主要管理框架和原则，并体现公平交易和权利对等，具体包括交易契约的订立方式、权责清单、安全机制、存证机制、备案机制以及裁决机制等。

在数据相关司法裁判方面，以数据为对象或媒介实施的犯罪行为和企业间的数据不正当竞争纠纷案件数量逐年呈上升趋势。通过检索 2018 年至

---

〔1〕 参见龙卫球：《再论企业数据保护的财产权化路径》，载《东方法学》2018 年第 3 期。

2021 年上海市 231 篇涉及数据的刑事判决书，发现涉及的罪名包括破坏计算机信息系统罪、非法获取计算机信息系统数据罪、侵犯公民个人信息罪、非法控制计算机信息系统罪、非法经营罪以及侵犯商业机密罪。这些数据犯罪呈现的特点是犯罪对象涉及广泛，犯罪手法不断升级，侵权法益交叉重合。[2] 从民商法司法实践来看，企业之间的数据纠纷案件一般从企业商业秘密角度适用反不正当竞争法的一般条款保护。例如，大众点评诉爱帮网不正当竞争案、新浪微博诉脉脉企业数据竞争案都适用了《反不正当竞争法》第 2 条。有学者认为，反不正当竞争法的一般条款是一份立法机关向司法机关的授权书，为在司法实践中适用诚实信用和商业道德等原则判断数据不正当竞争铺平道路。[3] 然而传统的司法手段已难以应对新型的数据不正当竞争纠纷案件。裁判者需要对数据主体、数据控制者和数据处理者三者之间的权益分配进行平衡。当前司法裁判的困境可以归结为现行数据立法的滞后性，数据权属界定的模糊性，《反不正当竞争法》《侵权责任法》第 36 条的一般条款都无法全面解决数据不正当竞争纠纷、诚实信用和商业道德原则的适用具有较大的不确定性。[4]

在数据相关行政执法方面，《个人信息保护法》以及《网络安全法》第 41 条至第 44 条为监管执法部门开展个人信息保护提供了法律遵循。自 2017 年《网络安全法》正式实施以来至 2020 年底，以《网络安全法》第 41 条至第 44 条作为法律依据的行政处罚案件数量从 1 件增加至 156 件，并呈现出逐年增长的趋势。在上述行政处罚案件中，约 50% 的行政处罚案件的法律依据为《网络安全法》第 41 条网络经营者收集使用个人信息规则，而其中 50% 以上的案件与 App 应用非法收集使用个人信息相关。自

---

〔2〕 参见陈帅、温雅璐：《数据犯罪司法评价之困境与突破——以刑法保护与前置性立法衔接为视角》，载《〈上海法学研究〉集刊 2022 年第 5 卷——2022 世界人工智能大会法治论坛文集》，第 145 - 146 页。

〔3〕 参见许可：《数据保护的三重进路——评新浪微博诉脉脉不正当竞争案》，载《上海大学学报（社会科学版）》2017 年第 6 期。

〔4〕 参见余圣琪：《数据不正当竞争纠纷的司法裁判方法》，载《法律方法》2021 年第 1 期。

2019 年 12 月起，App 应用专项治理工作组已针对三批次 177 款 App 应用进行了通报，工业和信息化部则对七批次 444 款 App 应用进行了通报。在国家层面的专项执法治理活动之外，北京、上海、广东和贵州等地的通信管理监管机关也在当地针对 App 应用收集使用个人信息的情况开展了巡查和巡视执法活动。[5] 在数据相关行政执法活动中，个人信息保护问题始终是执法监管机关关注的核心问题，它在刑事案件、行政执法和民事诉讼中都占据较大比重。在《个人信息保护法》正式实施之后，因侵犯个人信息权益而提起的民事诉讼案件逐渐增多，企业在数据合规方面的挑战难度进一步提高。由于数据交易具有私密性和隐蔽性，地下数据交易黑市难以彻底根除。除了通过《网络安全法》《数据安全法》《个人信息保护法》来保护个人信息之外，政府还需要规范引导数据交易市场的形成，树立数据有价的观念，培养政府部门、研究机构和企业根据市场规律有偿使用数据的习惯；通过设立数据交易规则，让数据需求方或使用方根据公开市场的估值和定价付费，获得一定期限或特定用途的数据的使用权利；在不断完善数据交易的要件和流程的前提下，弥补我国数据交易规则的缺失和空白。

在数据商业实践中，数据业从业者一般通过技术保护措施[6]、数据平台协议和行业自律公约等方法来支配和监管数据的流向。数据主体可以通过《民法典》《个人信息保护法》等法律所规定的法定权利或与互联网平台企业订立的用户授权协议来支配和监管个人数据的流向。在新浪微博诉脉脉一案中，法院就曾对互联网企业数据控制模式进行过深入分析。在用户授权的前提下，互联网企业一般通过开放应用程序接口（Open API）

---

〔5〕 参见走出去智库：《回顾 2020 年中国数据保护执法，对 2021 年数据合规有哪些启示》，载搜狐网 2021 年 1 月 6 日，https：//www. sohu. com/na/442877608_ 610982。

〔6〕 参见文禹衡：《数据产权的私法构造》，中国科学出版社 2021 年版，第 123 页。控制数据的技术模型包括：数据存储访问控制模型、基于多层次的访问控制模型、基于身份层次的加密模式、基于属性集的加密模式、分布式访问控制架构、基于角色的加密模式、基于云服务的访问控制机制和面向数据存储的安全访问控制机制等。

途径让第三方应用获取相关信息。Open API 通过《开发者协议》来界定企业与用户的权利义务，也通过该协议来实现对用户数据信息的保护。从技术控制角度来看，Open API 通过权限控制来实现对用户的角色分配进而实现对数据监管控制的目的。[7] 数据平台企业还经常与合作第三方订立平台协议就数据归属、获取和使用等问题作出事先约定。例如，淘宝开放平台的《淘宝合作伙伴开发协议》就“数据知情权”“改正与删除数据权”“数据的处置权”“数据权利归属”“数据所有权”“数据知识产权”“限制与删除数据权”作出明确规定，形成了淘宝开放平台特有的对数据的协议控制。[8] 尽管《淘宝合作伙伴开发协议》某些条款（如数据所有权、数据知识产权、数据权利归属）的法律效力具有不确定性，但企业开放平台协议仍具有合同法效力，合作伙伴的相关行为仍受合同法的约束。抖音开放平台也从行为规制角度，对开发者就禁止数据私自流转，禁止使用数据，限制使用数据，删除数据，数据使用合规等作出明确规定，形成了抖音开放平台特有的对数据的协议控制。[9] 这些对开发者行为的约束在新浪诉脉脉等案件中已得到司法实践的认可。因此，阿里巴巴、腾讯、字节跳动和新浪等互联网平台企业都通过开放平台协议来明确其对平台数据的支配地位，并在开发者协议中规定了有关平台数据管理的条款，以在最大程度上寻求反不正当竞争法的司法保护。互联网行业的自律公约也同样可以实现对数据的监管。例如，2012 年 11 月中国互联网协会发布的《互联网搜索引擎服务自律公约》第 7 条就提出遵循国际通行的行业惯例和商业规

---

[7] 参见北京淘友天下技术有限公司等与北京微梦创科网络技术有限公司不正当竞争纠纷上诉案，北京知识产权法院民事判决书，（2016）京 73 民终 588 号。

[8] 参见《淘宝合作伙伴开发协议》，载淘宝开放平台 2024 年 2 月 20 日，https：//terms. alicdn. com/legal - agreement/terms/suit_ bu1_ other/suit_ bu1_ other201704191118_23239. html？ spm = a219a. 15212433. 0. 0. 70f2669aYjaPOw。

[9] 参见《抖音开放平台开发者服务协议》，载抖音开放平台 2022 年 7 月 28 日，https：//open. douyin. com/platform/agreement/developerServiceAgreement。

则，遵守机器人协议（Robots 协议）。[10] 所谓机器人协议是指互联网站所有者使用 robots. txt 文件，向网络机器人（Web robots）给出网站指令的协议。从它的全称“网络爬虫排除标准”（Robots Exclusion Protocol）可知，它面向计算机网络搜索引擎，通过机器人协议告知搜索引擎哪些页面或内容允许抓取而哪些页面或内容被禁止抓取。通过机器人协议可以使企业在开放的互联网环境中，以较低的商业成本实现对企业数据的控制。数据交易涉及的海量数据对以政府为主体的监管模式提出了挑战，政府独家或单边的监管规制模式已无法适应当前数字经济的发展需要。以平台企业和数据行业为核心的自我规制具备自由性、有效性、激励性和低成本等特点，可以有效克服市场失灵和政府失灵等问题。哈耶克认为，市场秩序本就是一种自发秩序，这种秩序是人的行动的结果，而非人为设计的结果。市场秩序的形成是许多人共同影响的结果，是一种理性不及的秩序结构。[11] 这种自发秩序可以被认为是最早的市场秩序，或者说早期的自我规制。在理想状态下，自我规制是最符合哈耶克市场秩序应是自发秩序这一认识的。自我规制可以实现政府权力到市场的回归，其软性特征也符合当前国家治理的理念，而且自我规制有利于提高社会整体的福利水平。如何突破命令控制和自上而下的传统规制范式，寻找一条介于行政规制和自我规制之间的第三条道路是值得探索思考的理论问题。[12]

（二）数据交易市场化挑战

在推动数据交易市场化、法制化的实践过程中，我国数据交易市场建设遭遇了一系列挑战。一是数据权属问题依然悬而未决。数据权属问题一

---

〔10〕参见《互联网搜索引擎服务自律公约》，载中国互联网协会，https：//www. isc. org. cn/article/10677720886931456. html。

〔11〕参见［英］弗里德里希·奥古斯特·哈耶克：《自由宪章》，杨玉生等译，中国社会科学出版社 2012 年版，第 28 页。

〔12〕参见［美］奥利·洛贝尔：《作为规制治理的新治理》，载冯中越主编：《社会性规制评论》第 2 辑，中国财政经济出版社 2014 年版，第 127 – 145 页。

直是理论界和实务界争议较大的理论问题。数据权属实际上解决的是“数据归属于谁”的问题，而坊间时常热议的数据保护问题归根结底也是数据权利归属问题。许多学者认为，数据权利的有效利用和开发都需要先解决数据权利归属问题。由于我国现行立法尚未对数据权属进行界定，数据交易规则和秩序的建立缺少前提条件。平衡数据保护和利用之间的紧张关系需要在一定程度上界定数据权利的归属。二是大数据交易所法律地位模糊。为了保护数据主体的合法权益和减少交易成本，我国各地井喷式地设立了20余家大数据交易所，然而数据交易所的市场交易量和活跃性并未达到政府预期。大数据交易所的法律定位模糊是产生这一现象的原因。大数据交易所本应作为第三方中介平台，然而其应具有的独立性却无明确法律规定。在数据交易实践中，大数据交易所经常承担数据交易方的角色，导致其独立性备受质疑。此外，大数据交易所法律地位的模糊还导致其自律监管职能的缺失和法律责任承担的模糊。〔13〕三是数据交易主体法律责任不明确。数据交易涉及多元主体的复合利益。在数据交易过程中，对于数据质量、数据来源的合法性以及个人数据隐私保护等问题，数据交易主体应承担的法律责任都缺乏明确规定。数据交易主体经常使用“传感器自动采集数据”“技术中立”“无法追溯数据源头”“缺乏侵权故意和因果关系”等借口推脱本应承担的法律责任。此外，数据交易主体应承担的法律责任类型也并不明确。四是数据资产价值评估和定价尚未形成标准和共识。中国信通院发布的研究报告提出了数据价值实现需要经历资源化、资产化和资本化的三化过程。数据资源化就是将杂乱无序的原始数据转化为标准有序的数据资源。数据资产化是指数据通过流通交易为所有者或使用者带来经济利益的过程，它是实现数据价值的核心，其本质是形成数据的交换价

---

〔13〕 参见贾东明：《经济法视角下数据交易的监管理念与制度安排》，载《法大研究生》2019年第1期。

值。数据资本化一般包括数据信贷融资和数据证券化。[14] 其中数据资产化是数据要素市场发展的关键与核心。数据资产化的实现包括数据资产价值评估和数据资产定价两个阶段。目前世界各国都对数据资产价值评估和数据资产定价问题进行了一定的探索，但相关理论和模型都尚不成熟，未形成可参照的标准和广泛的共识。有学者提出，由于数据资产估值定价体系尚未形成，数据交易市场的完整循环链条尚未走通，应将数据交易所划分为一级市场和二级市场。一级市场负责数据资产估值，服务于数据资产生产和分配；二级市场负责数据交易定价，服务于数据资产流通和使用。[15] 数据资产价值评估实际上是对数据的使用价值进行度量。在一段时期内，数据资产的价值一般是恒定的，因此数据资产价值评估是一个静态行为。数据资产价值评估在数据资产化阶段实现。数据资产的价格是动态变化的，因此数据资产定价是一个动态行为。数据资产定价在数据资产交易过程中实现。[16] 数据资产价值的评估和定价是阻碍数据交易流通循环链条形成的重要理论和实践问题。五是数据交易监管规则尚不完善。当前我国数据交易监管规则仅有限地涉及个人信息安全和个人隐私保护方面，缺乏对于数据交易主客体、交易数据范围和市场规范等监管规则的规定。此外，在实践中多数侵害信息安全和个人隐私的行为都难以达到刑事立案标准，刑法的威慑性流于形式；而民法虽然通过司法解释对人格权或公序良俗进行间接保护，但由于其约束力相对较弱，从而对部分侵权行为的遏制效果有限。

二、数据交易监管理念的创新

《韩非子》有云："法与时转则治，治与世宜则有功。"当运用传统法律思维框架和规制模式去应对数据交易市场出现的新问题时，不但难以面

[14] 参见中国信通院：《数据价值化与数据要素市场发展报告（2021 年）》，载中国信通院网 2021 年 5 月，http：//www. caict. ac. cn/kxyj/qwfb/ztbg/202105/P020210527392862309670. pdf。

[15] 参见陆岷峰、欧阳文杰：《数据要素市场化与数据资产估值与定价的体制机制研究》，载《新疆社会科学》2021 年第 1 期。

[16] 参见尹传儒等：《数据资产价值评估与定价：研究综述和展望》，载《大数据》2021 年第 4 期。

向实践提出具有说服力的解释框架，也会阻碍数据产业和数字经济的发展。数据交易监管的思路和理念也要与时俱进，向数据思维方式和理念创新方向进行转变。

（一）权益平衡的监管理念

数据交易具有高度的专业性和复杂性，加之数据负载着多元主体的复合利益，出于对多元利益平衡的考虑，数据交易监管需要秉承权益平衡理念。利益是构成权利的要素之一。一项权利之所以成立，是为了保护某种利益，是由于利在其中。在此意义上，权利是受到保护的利益，是为道德和法律所确证的利益。[17] 张利春认为，利益衡量的方法有两种：一是由赫克所创立的利益法学所倡导的作为方法的利益衡量；二是日本民法学界所创立的作为法学方法论的利益衡量论。[18] 梁上上根据利益衡量的需要，将利益分为当事人具体利益、群体利益、制度利益和社会公共利益 4 个层次，并主张区分不同利益类型以增加衡量结果的妥当性和科学性。[19] 当涉及数据的多元利益发生冲突时，裁判者需要对各方利益主张和冲突进行分析判断，在推敲、权衡和取舍之后确定需要保护的利益。正如博德海默所言，相互冲突的社会群体中的一方利益应当优先于另一方利益，而法律所倾向保护的利益应当被认为是优先的利益。[20]

数据交易监管机关作为数据交易利益冲突中的裁判者，应将自身置于不偏不倚的超然中立地位，而不应参与其中借机牟利。监管机关对任何市场交易主体的偏袒都会导致数据交易市场失序。权益平衡理念应成为数据交易监管机制设计的依据和原点，也应成为交易各方认同和实现数据交易

---

〔17〕 参见夏勇：《权利哲学的基本问题》，载《法学研究》2004 年第 3 期。

〔18〕 参见张利春：《关于利益衡量的两种知识——兼行比较德国、日本的民法解释学》，载《法制与社会发展》2006 年第 5 期。

〔19〕 参见梁上上：《利益的层次结构与利益衡量的展开——兼评加藤一郎的利益衡量论》，载《法学研究》2002 年第 1 期。

〔20〕 参见［美］博登海默：《法理学：法律哲学与法律方法》，邓正来译，中国政法大学出版社 2004 年版，第 151 页。

监管的前提。利益衡量作为法律方法具有如下特征：其一，它是在个案裁判中进行价值判断的方法；其二，它是以结果为取向的方法；其三，它具有明显的妥协性；其四，它追求的目标是判决合情、合理、合法。[21]

在权益平衡理念下，政府应采用专门监管模式取代分业监管模式，设立专门的监管机关取代“九龙治水”式的部门多头监管。虽然部门多头监管可以提高监管广度，但会导致监管职责不明，监管标准和手段不一致等弊病，容易造成监管真空和监管套利等问题。设立专门监管机关有利于实现预设监管目标。此外，在权益平衡理念下，政府还应优化监管机关与行业协会的权力配置。监管机关应尊重行业协会自律监管的自主性，鼓励市场交易主体参与行业自律管理。除非行业自律出现自利性倾向或监管套利，否则政府不应过度干预，以避免行业自律机制虚化。[22]

（二）包容审慎的监管理念

包容审慎监管是监管领域对政府与市场关系的最新理论表达，它要求政府以包容之心对待新生业态，给予新生业态必要的试错空间与发展时间，并根据公共风险的大小进行适时适度干预。包容要求政府不擅自干预市场运行，审慎呼唤政府适时适度监管，包容审慎监管是反思监管权之合理性的产物。[23]

数据交易是数字经济创新发展的产物，新生业态不会简单重复过去事物的发展逻辑，而人类的有限理性导致了人的认知边界，因此需要对新业态和新形势更加包容。对于数据交易的监管，如果不存在对别人的伤害，政府就应该尊重甚至是鼓励私人行为或合同安排所表达出来的关于善好生

---

〔21〕 参见陈金钊主编：《法律方法论》，北京大学出版社 2013 年版，第 181－182 页。
〔22〕 参见贾东明：《经济法视角下数据交易的监管理念与制度安排》，载《法大研究生》2019 年第 1 期。
〔23〕 参见刘权：《数字经济视域下包容审慎监管的法治逻辑》，载《法学研究》2022 年第 4 期。

活的各种不同观念。[24] 对数据交易主体的“法律父爱主义”关切会使数据交易主体沉迷于监管机关提供的安全泡沫之中难以自拔，并削弱其参与市场交易的能力，这将导致数据交易市场发育不健全。政府基于商业判断的选择权限必须居于辅助地位，当市场机制不能有效发挥选择作用时权力才可以行使。[25]

对于数据交易的适时适度监管要求监管主体自我约束，在监管过程中把握好有为和无为的尺度。市场机制的运行边界构成了政府干预的最大限度和范围，即政府干预不应以损害市场机制的正常运行基础为极限。[26] 监管主体适度监管的尺度包括监管的广度、深度和强度。监管的广度是指监管的范围必须限定在法律授权的监管权限内，不能擅自扩大监管范围，更不能突破法律授权上限去干预正常的数据交易市场活动。监管的深度是指监管主体应对数据交易市场的创新发展给予一定的冗余度，对于交易市场存在的问题应主要通过市场自我调节机制解决，监管主体不应越俎代庖。监管的强度是指监管应因地制宜、因时制宜，采取差异化的监管方式。[27] 在允许数据交易市场试错的同时，包容审慎的监管理念还要求数据交易主体探索激励相容的机制，以引导数据交易主体强化内部治理，调动被管理者的守法诱因。

（三）面向市场的监管理念

数字技术的创新发展为实现法律与技术相融的监管模式创造了可能性。一方面由法律提供理论支持；另一方面由新兴技术提供落地支撑。例如个人数据识别，上海数据交易中心通过扩展标识符（XID）技术来解决

〔24〕 参见［美］凯斯·R. 桑斯坦：《权利革命之后：重塑规制国》，钟瑞华译，中国人民大学出版社2009年版，第39页。

〔25〕 参见陈甦：《商法机制中政府与市场的功能定位》，载《中国法学》2014年第5期。

〔26〕 参见王建文：《论中国证监会的主体属性与职能定位——兼及我国证券监管体制的优化方向》，载刘俊海主编：《中国资本市场法治评论》第2卷，法律出版社2009年版，第100页。

〔27〕 参见贾东明：《经济法视角下数据交易的监管理念与制度安排》，载《法大研究生》2019年第1期。

直接识别身份问题，通过数据流通熔断技术来解决共同识别身份问题。此外，上海数据交易中心通过数控分离和匿名化可信中介技术来解决数据流通安全问题；通过将法律语言转化为代码嵌入系统可以解决数据确权和利益分配的问题。[28]

在数字技术创新发展和放松管制的市场化背景下，对于数据交易监管应跳出传统行政监管的窠臼，遵循市场化监管理念，构建贴近市场，更具弹性的市场化监管机制。在传统行政监管理念下，监管机关习惯于越俎代庖，运用公权力来替代市场私权的运行。然而这将会破坏私权自治的法则，制约市场主体的行为自由，挤压市场的发育空间，使得市场无法发挥自我发展、自我调控的机制。[29] 比例原则为公权力主体作用于私权利主体的场景划定了合理界限，当不同主体或权利之间发生冲突时，比例原则可以提供利益衡量的技术手段。[30] 比例原则包括 3 个子原则：适当性原则、必要性原则和狭义比例原则。适当性原则是指国家所要采取的手段必须符合法律的目的；必要性原则要求国家为达成目的所进行的干预是最小且必要的；狭义比例原则要求手段为促进目的所实现之利益和手段造成的损害之间需要符合比例。[31] 根据马克斯·韦伯的理论，政府作为具有目的理性的主体，在行使公权力时必须考虑该行为的手段、目的、价值和结果，缺少其中任何种要素都会导致政府滑向理性程度更低的价值理性、感情性、传统性结构。[32] 一个真正自由的竞争性市场总是处在缺乏管制与过分管制之间的某个适当位置。[33]

---

〔28〕 参见姚前：《数据隐私保护新思路：从依赖他方到自主可控》，载《中国信息安全》2019 年第 1 期。

〔29〕 参见高西庆：《论证券监管权——中国证券监管权的依法行使及其机制性制约》，载《中国法学》2002 年第 5 期。

〔30〕 参见谢蔚、李文静：《比例原则视角下数据可携权之适用路径》，载《湖南大学学报（社会科学版）》2022 年第 1 期。

〔31〕 参见陈景辉：《比例原则的普遍化与基本权利的性质》，载《中国法学》2017 年第 5 期。

〔32〕 参见鲍坤：《健康码数据常态化应用的比例原则限制》，载《电子政务》2021 年第 1 期。

〔33〕 参见［印］拉古拉迈·拉詹、［美］路易吉·津加莱斯：《从资本家手中拯救资本主义——捍卫金融市场自由，创造财富和机会》，余江译，中信出版社 2004 年版，第 259 页。

数据交易的市场化监管需要将市场的“无形之手”与监管的“有形之手”有机结合，并形成监管合力。在监管目标的设定上，监管主体应重视数据交易市场的过程监管、风险监测以及系统性风险的防范，并避免对数据交易主体的微观干预。在监管规则的制定上，监管主体应根据数据交易市场的发展阶段和数据行业的实际需求，针对数据交易主客体资格、交易范围、估值定价机制和数据质量标准等出台相应的监管规则。

三、数据交易监管路径选择

（一）数据权属理论争议

数据产权的界定取决于数据法律属性的确定，而传统民法理论体系却难以解决这一棘手的新问题。国内外学术界对于数据的法律属性问题争议极大，各种学说各执己见，始终难以形成学术共识。概括而言，对于数据产权的争议可以归纳为两类观点：一是承认数据的产权地位，但对数据权利的定性存在不同见解；二是不承认数据的产权地位或认为应弱化数据产权争议。这两种观点都有其理论基础和可取之处，二者之间的差异就是立法赋权与行为规制的路径选择之争。从数字经济商业实践来看，数据产权化路径不但可以降低数据交易成本，还可能提升数据利用效率和完善数据保护秩序。

对于数据的法律属性，数据赋权论者提出了人格权益说、财产权益说、知识产权说、新型财产权说和复合权利说等多种观点试图补充和更新传统民法的框架体系。人格权益说主张将涉及个人信息和隐私的数据界定为人格权益。例如，史卫民认为个人信息包罗万象，而隐私是个人信息的一部分。隐私数据关乎人格，隐私权是人格权的重要组成部分。对于不涉及隐私的个人信息，信息拥有者可以自行公开。[34] 王利明也提出在网络环

〔34〕 参见史卫民：《大数据时代个人信息保护的现实困境与路径选择》，载《情报杂志》2013年第12期。

境下个人的所有行为都可能被收集为个人信息，所有的个人信息碎片都可以被网络数字化处理形成个人信息的“人格拼图”。[35] 他还认为，从《民法典》总则编的规范设置来看，个人信息在性质上应当属于人格权益的范畴，其应当是人格权的客体。人格权益在性质上具有人身专属性，并不具有可让与性。[36] 财产权益说认为数据是一种财产性权益。例如，王融认为讨论数据所有权的前提是承认数据的财产属性，并主张将数据分为原始数据和匿名化获得的数据集以及赋予不同主体相应的所有权。原始或底层个人数据的所有权归用户本人所有；对于匿名化获得的数据集则由企业享有限制性所有权。用户数据商品化现象充分说明数据具有财产性质。[37] 王玉林和高富平则提出，国内外大数据交易实践揭示了大数据的财产属性。大数据具有财产性，是信息财产权客体，是大数据实施控制人的数据资产。[38] 申卫星则从数据所有权和用益权角度提出了二元权利结构模式理论，借助自物权—他物权和著作权—邻接权的权利分割思想，容纳作为新兴权利客体的数据。根据不同主体对数据形成的贡献的来源和程度的不同，设定数据所有权与数据用益权的二元权利结构，以实现数据财产权益分配的均衡。[39] 知识产权说认为应将数据作为一种知识产权加以利用和保护。例如，崔国斌提出了特殊立法和邻接权模式，他认为大数据集合被公开之后应禁止他人公开传播，这与著作权法禁止公开传播作品的做法相近，将数据相关立法置于现有知识产权框架是合理的选择。[40] 新型财产权说认为数据是不同于传统民法权利客体的新型财产性权益。例如，龙卫球认为莱斯格提出的个人信息财产权不能反映数据经济结构关系的实际特点和内在需求，应立足于数据经济的合理本质，建立新型数据财产权体系。

---

〔35〕 参见王利明：《论人格权商品化》，载《法律科学（西北政法大学学报）》2013 年第 4 期。
〔36〕 参见王利明：《数据共享与个人信息保护》，载《现代法学》2019 年第 1 期。
〔37〕 参见王融：《关于大数据交易核心法律问题——数据所有权的探讨》，载《大数据》2015 年第 2 期。
〔38〕 参见王玉林、高富平：《大数据的财产属性研究》，载《图书与情报》2016 年第 1 期。
〔39〕 参见申卫星：《论数据用益权》，载《中国社会科学》2020 年第 11 期。
〔40〕 参见崔国斌：《大数据有限排他权的基础理论》，载《法学研究》2019 年第 5 期。

一方面赋予初始数据主体个人数据人格权和财产权；另一方面赋予数据从业者数据经营权和数据资产权。[41] 程啸则提出，数据企业对个人数据的权利来自其合法收集、存储，并支付了对价这一事实行为。数据企业的数据权利是一种新型财产权，仅通过《反不正当竞争法》给予保护，实际上将企业对数据的权利降格为一种受法律保护的纯粹经济利益，数据企业应当对其合法收集的全部数据享有支配的权利，该权利在性质上属于独立于人格权、物权、债权和知识产权的新型财产权。[42] 复合权利说认为数据是一组权利的集合或权利束。例如，闫立东认为基于数据权利束的权利组成现状与权利束理论的契合性，应借助权利束这一概念，通过有效束点确定权利边界的方法，从数据权利束的视角对数据权利进行研究，明确数据权利束以数据权利为基础，集合多元主体和多种权利的事实。[43]

对数据产权持否定态度的学者认为不应承认数据的产权地位。例如，梅夏英提出了数据的价值在于其工具性和非独立性，数据本身并不是财产价值之源，它依赖于一个庞大的工具或行为系统才能产生经济价值，甚至数据在其中并不是决定性的因素，而且数据交易性受制于信息内容，数据价值实现依赖于数据安全和自我控制保护，因此不宜将数据独立视作财产。[44] 持折中立场的学者则主张弱化或搁置数据产权争议。例如，胡凌主张信息/数据作为新经济的生产资料具有重要的价值，需要得到法律上的承认和保护，而传统的著作权与人格权都阻碍了海量信息自由流动。新经济需要在人格权庇护下聚合数据资源，要求法律承认一种以数据池而非个人为基础的信息产权，这不仅能在基础层面化解个人信息的使用障碍，也允许个人不断从信息中获益，将对抗性的个人信息权属转变为非对抗性的

〔41〕 参见龙卫球：《数据新型财产权构建及其体系研究》，载《政法论坛》2017 年第 4 期。
〔42〕 参见程啸：《论大数据时代的个人数据权利》，载《中国社会科学》2018 年第 3 期。
〔43〕 参见闫立东：《以“权利束”视角探究数据权利》，载《东方法学》2019 年第 2 期。
〔44〕 参见梅夏英：《数据的法律属性及其民法定位》，载《中国社会科学》2016 年第 9 期。

集体信息权属。[45] 李慧敏和王忠通过考察日本对数据权属问题的处理方式，主张过强的数据排他权制度设计不利于数据产业的战略发展，并建议应在保障数据安全的基础上，推动数据开放流动，不宜对数据设置过多的私权制度障碍。[46] 王镭则认为当前设立数据财产权的个人保护动因和激励动因皆不充分，无论是在信息层面还是在符号层面赋予数据财产权都会对信息自由造成不当限制。因此，对信息内容应保持自由开放，数据符号则不应突破现有知识产权保护框架，对二者皆不应设立数据财产权。[47] 姚佳认为，受制于数据权属应追溯至来源主体的惯性思维，个人数据基于隐私与敏感信息保护受到最强力保护，即使是在交易过程中生成的非敏感数据转移到其他主体之后，仍然难以在权属问题上作出绝对划分，并形成难以逾越的思维鸿沟。为充分发挥数据价值和提高利用效率，现阶段应搁置诸多可能形成僵局的未决数据产权问题，而对“数据利用向何处去”这一元命题进行再追问。[48] 戴昕则提出，人们习惯用财产所有权逻辑理解数据的社会价值及其对应的制度需求。对于数据权属问题预设了以所有权为原型确认数据财产权的经济必要性，然而数据的价值以大规模聚合为前提，其利用具有非对立性，这意味科斯定理并不适合用于理解数据的生产效率与配置效率如何实现。数据法应超越传统财产权思维，以开放利用的逻辑为基础，用“搭积木”而非“套模具”的方式，在主体间利益互动关系层面进行具体界权，逐步建成容纳多维度、多层次规范的领域规则网络。[49]

---

〔45〕 参见胡凌：《商业模式视角下的“信息/数据”产权》，载《上海大学学报（社会科学版）》2017 年第 6 期。

〔46〕 参见李慧敏、王忠：《日本对个人数据权属的处理方式及其启示》，载《科技与法律》2019 年第 4 期。

〔47〕 参见王镭：《“拷问”数据财产权——以信息与数据的层面划分为视角》，载《华中科技大学学报（社会科学版）》2019 年第 4 期。

〔48〕 参见姚佳：《企业数据的利用准则》，载《清华法学》2019 年第 3 期。

〔49〕 参见戴昕：《数据界权的关系进路》，载《中外法学》2021 年第 6 期。

（二）数据产权保护理论探索

数据与传统民法上的物不同，它负载着多元主体的复合利益，包含个人的隐私利益、企业的经济利益、社会的公共利益以及国家的安全利益。为了促进数据交易流通，英国制定了《英国信息自由法》，日本制定了《推进官民数据利用基本法》，法国制定了《法国信息技术、文件和自由法》，欧盟制定了《非个人数据自由流动条例》。以欧盟《非个人数据自由流动条例》为例，它的立法目的是通过制定与数据本地化要求、主管机构对数据的控制性和可用性以及专业用户数据转移相关的规则，确保欧盟区域内非个人数据的自由流动。欧盟在严格保护个人数据的前提下促进非个人数据流动的平衡立法思路值得借鉴。过于严苛的个人数据保护立法会严重影响数据流动和价值创造的可能性，仅从数据私法保护径路出发往往会导致数据的绝对财产权受到禁锢，而数据若无法集聚便无法产生集体价值，这就不可避免地会出现反公地悲剧。[50] 数据财产权益保护的理论包括如下几种：

1. 集体数据池

如果将数据资源视为一种集合性资源，那就意味着需要对集合性资源的数据权利进行确认。在数字经济时代，单条信息的价值微乎其微，通过集聚产生的集合性数据才具有无可比拟的价值，集合性数据不但能传播得更远，还能通过元数据分析获得难以估量的社会价值。[51] 虽然我国立法并未明确规定“数据池”财产权，但司法实践中的案例已确立了企业对于集合性数据的排他性使用权。例如淘宝诉安徽美景案、微博诉脉脉案、腾讯诉聚客通群控软件案等。在腾讯诉聚客通群控软件不正当竞争案中，法院明确了网络平台对于其控制的用户信息享有不同性质的数据权益，同时厘

---

〔50〕 See Michael Heller, *The Tragedy of the Anticommons*: *Property in the Transition from Marx to Markets*, 111 Harvard Law Review, p. 621 – 688 (1998).

〔51〕 参见胡凌：《论地方立法中公共数据开放的法律性质》，载《地方立法研究》2019 年第 3 期。

清了网络平台不同数据权益间的权利边界。单条原始数据应由用户享有控制权和使用许可权，对于集合性平台数据则应强调平台企业对数据资源竞争性权益的保护。[52]

企业对集合性数据池享有排他性使用权的理论基础可以归纳为3方面：其一，隐私政策或协议约定。通常用户使用数据平台的在线服务都需要事先勾选知情同意选项框，数据平台企业则通过隐私政策或协议等方式获得用户的同意，进而获得用户数据的使用权。其二，劳动创造理论。劳动创造理论（出汗理论）是司法实践中常用的一种赋权理论。企业平台为挖掘和获取数据价值投入大量资金、人力和物力成本，并付出了大量的员工劳动。因此企业通过投资投入可以获得集合数据池使用权。其三，关系理论。该理论认为网络用户数据的产生是基于用户与数据平台之间的服务关系。对于产生的数据，用户和数据平台都具有获取和使用的正当性。基于与用户的信任关系，数据平台还可以对用户的数据进行挖掘分析，以改善其服务质量。[53]

2. 公共信托理论

集体数据池理论强调对数据的排他性使用，而公共信托理论则认为数据池应服务于全体互联网用户，成为公共数据池。杰克·巴尔金认为，为了提高数据集体价值和使用户最终受益，应考虑让数据平台成为公共数据池的信托人，并对全体用户的数据承担信托责任，形成用户与数据平台的之间的信托关系。[54] 公共信托理论具有一定的解释力，可以解决部分数据问题。例如平台与网络用户之间的关系。当网络用户与平台之间形成信托关系，平台企业作为信托人可以获得经济性利益，但仍需要对网络用户负

---

〔52〕 参见深圳市腾讯计算机系统有限公司、腾讯科技（深圳）有限公司与浙江搜道网络技术有限公司、杭州聚客通科技有限公司不正当竞争纠纷案，杭州铁路运输法院民事判决书，（2019）浙8601民初1987号。

〔53〕 参见余圣琪：《数据权利保护的模式与机制研究》，华东政法大学2021年博士学位论文，第106页。

〔54〕 See Jack M. Balkin, *Information Fiduciaries and the First Amendment*, UC Davis Law Review, Vol. 49：4, p. 1183（2016）.

责，承担相应的数据保护义务。我国有学者提出，数据信托的目的是解决用户与平台之间不平衡的权利关系，从而在数据流通和交易中确保数据隐私和安全。巴尔金的信息受托人方案还停留在理论阐述阶段，通过第三方机构开展数据信托实践已在英国试点展开。[55] 也有学者提出，目前集体式数据治理模式是较优选择，数据信托通过其自上而下的团体自治实现算法反制，能够有效化解数据经济中的不平等问题。[56]

3. 功利主义理论

功利主义理论认为，最多数人的最大幸福乃是判断是非和社会发展的标准。边沁认为，立法者想要保障社会的幸福，就必须努力实现 4 个目标：保证公民的生计、富裕、平等和安全。法律的全部作用也可归结为实现上述 4 个目标。他认为，国家的法律并不能直接给公民提供生计，它们所能做的只是鼓励私人的创造力和进取心，凭借这些驱动力，人们会被导向为自己提供生计。法律也不能指导个人寻求富裕，它们所能做的只是创造条件，以刺激和奖励人们去努力占有更多财富。[57] 从数据池角度来看，功利主义就是以社会福利最大化为目标对数据资源进行充分利用，通过对数据资源合理的规划和利用激励人们的创造力和进取心，凭借这些驱动力实现数据价值提升，从而增加整体的社会福利。

4. 数据财产规则与责任规则

集合数据池权利最大的特点并非占有，而是使用。从数据池角度来看，访问和使用是其两大核心权利。数据权究竟是财产规则还是责任规则取决于观察视角。财产规则通常是与“选择加入”（opt - in）相关联的。对数据平台而言，只有当用户对隐私政策勾选“选择加入”时平台才可以使用该用户数据；对用户而言，即使未对隐私政策勾选“选择加入”用户

---

〔55〕 参见翟志勇：《论数据信托：一种数据治理的新方案》，载《东方法学》2021 年第 4 期。

〔56〕 参见丁凤玲：《个人数据治理模式的选择：个人、国家还是集体》，载《华中科技大学学报（社会科学版）》2021 年第 1 期。

〔57〕 参见［美］博登海默：《法理学：法律哲学与法律方法》，邓正来译，中国政法大学出版社 2004 年版，第 110 - 112 页。

也可以继续使用平台服务。事后责任规则通常是与“选择退出”（opt－out）相关联的。“选择退出”是指数据平台事先对用户数据进行挖掘利用，用户在知情后可以选择阻断或停止平台继续使用数据，在用户选择退出后，平台不得继续使用该用户数据。从功能角度来看，选择加入的财产规则更有利于促进数据流通交易，而选择退出的责任规则却无法促进数据池的形成。从社会效益角度来看，选择退出的责任规则对整体社会效益更为有益，当数据平台无法预知何种使用数据的方式最佳时，平台可以让第三方企业以低成本进行数据挖掘，如出现侵权或竞争问题再停止使用，以便最大限度开发。对于网络服务提供商，数据平台对于数据池倾向于采用选择加入的财产规则，这一选择有助于防止同行业的数据爬虫行为。数据平台希望在平台数据竞争中能够使用财产规则保护数据池财产权益。对于用户，数据平台倾向于选择退出的责任规则。对于用户数据，平台倾向于采取先收集、分析、使用再通知的规则，用户不同意数据的使用则选择退出，这体现的是删除和更正的权利。[58]

（三）立法赋权与行为规制路径之争

法律对于某种利益的保护，既可以通过设定排他性权利的方式实现，也可以通过规范具体行为的方式实现。在我国的数据保护立法中也存在立法赋权路径和行为规制路径之争。否认个人数据适用产权保护路径的观点是基于其认识论上的误读，片面地认为所有的个人信息都与人格尊严有关而与财产利益无涉。给予个人或信息主体的个人信息财产权保护不仅有悖于人格权理论和公共产品理论，而且还构成对信息自由或言论自由的威胁。[59] 从时代发展的眼光来看，我们既应承认数据的人格属性，也不能忽视数据的财产属性这一客观事实。只有基于这一事实，才能明晰数据权

---

〔58〕 参见余圣琪：《数据权利保护的模式与机制研究》，华东政法大学 2021 年博士学位论文，第 107 页。

〔59〕 参见刘德良：《个人信息的财产权保护》，载《法学研究》2007 年第 3 期。

属，促进数据交易流转，保护数据权利主体合法权益。而且，行为规制的正当性也建立在数据产权明确这一基础之上。学术界主流观点认为，数据的非独占性使其成为承载多方利益的集合体，所以针对数据，无法建构以所有权为基础的排他性、独占性规则。在具体制度设计上，立法赋权模式和行为规制模式都有其支持者。立法赋权模式关注数据交易流通和权利救济层面的问题。数据涉及数据原始拥有者、控制者和使用者等多个主体，权属不清的现状给数据交易流通造成了障碍，而且立法者未赋予数据主体民事权利，针对数据乱象的私权救济渠道不畅。行为规制模式肯定数据上存在利益，但反对为数据创设一项新型权利。该模式认为数据权利化理论存在缺陷，且存在制约数据产业发展的弊端，它倡导设定数据治理的基本原则和相关主体行为规范以实现数据规制目的。〔60〕

立法赋权模式建议以现行物权法、知识产权法和人格权法等法律规范制度蓝本构建数据权利体系。例如申卫星提出的二元权利结构模式理论，借助自物权—他物权和著作权—邻接权的权利分割思想，容纳作为新兴权利客体的数据。根据不同主体对数据形成的贡献的来源和程度的不同，立法机构/政策制定者应设定数据所有权与数据用益权的二元权利结构，并在未来修订《民法典》物权编时明确不同民事主体取得数据所有权和数据用益权的条件，建立以数据用益权登记为核心的配套制度，形成完整的数据权利体系。〔61〕行为规制模式建议以合同法、侵权法、竞争法等法律规范为基础，倡导从规则的实践可操作性出发。例如高富平提出以数据控制者基于事实享有的数据使用权替代企业或个人的数据财产权。同时，为了减少数据交易流通的不确定性，法律需要提供两方面的规则供给：一是数据控制（使用）者合法性判断规则；二是数据流通利用的责任规则。〔62〕

立法赋权模式和行为规制模式也都存在其固有缺陷。以立法赋权模式

---

〔60〕 参见宁立志、傅显扬：《论数据的法律规制模式选择》，载《知识产权》2019 年第 12 期。

〔61〕 参见申卫星：《论数据用益权》，载《中国社会科学》2020 年第 11 期。

〔62〕 参见高富平：《数据流通理论　数据资源权利配置的基础》，载《中外法学》2019 年第 6 期。

为例，财产权路径的缺陷在于：（1）在信息不对称条件下，用户的知情同意并非出于真实意愿，用户难以对“交易”其个人数据的风险作出准确评估。用户经常为获得某项“免费”服务而不得不同意转移其个人数据。（2）数据平台企业可通过对用户数据的分析和挖掘在多个场景获得收益，而用户却无法分享收益。（3）平台数据企业在获得用户综合性授权后倾向于过度使用数据，用户隐私泄露风险大增。由于缺乏事前的风险评估，而且受损对象具有不确定性，对于交易而言，确保保护成本得到充分重视尤为关键，其重要性在一定程度上可能超过了协商成本。[63] 对于知识产权路径而言，知识产权立法的目的在于激励和奖励原创性贡献，而数据保护法律制度的目的在于保护数据相关利益方的合理期待，二者的目标在一定程度上存在错位，而且企业数据库也并不一定都能符合著作权的条件。人格权保护路径为数据主体提供了较为宽泛的保护，欧盟《通用数据保护条例》第9条对特殊类型个人数据的处理和第22条自动化的个人决策等条款都展现了欧盟对数据隐私的人格权保护。[64] 但对于平台企业而言，这意味着需要投入更多的人力和资金成本，承担更多的合规和保护责任。而且人格权概念的模糊性和开放性，还会导致数据权利边界的不确定性增加，法律后果的可预期性降低。行为规制模式也同样不完美。合同法路径也有其缺陷，在法律不提供产权保护的情况下，数据收集者的合同约束具有明显的局限性。原因在于：其一随着用户数量的激增，协议监督变得极为困难。数据收集者难以阻却用户向不受合同约束的第三方提供数据的行为。一旦第三方获得上述数据将不可避免地导致后续传播。其二即便数据收集者能够有效地向第三方传递合同约束，该合同约束也可能因为违反知识产

---

〔63〕 See Ignacio Cofone, *The Dynamic Effect of Information Privacy Law*, 18 Minn. J. L. Sci. & Tech. 517 (2017).

〔64〕 See The European Parliament and Council of Europe, General Data Protection Regulation [Regulation (EU) 2016/679], https：//eur - lex. europa. eu/legal - content/EN/TXT/PDF/? uri = CELEX：32016R0679.

权所维护的公共政策而得不到支持。[65] 侵权法路径的缺陷表现为：一是侵权法的保护属于消极性保护，不利数据主体行使权利。对于非隐私、非敏感的个人数据，其流转交易不会损害数据主体人格尊严，还能为数据主体带来一定经济利益。二是侵权法具有事后防御的特点，难以为数据保护提供贯穿始终、清晰明确的保护机制。三是根据科斯定理，在数据交易成本较低时，数据利益相关方可以通过协商确定数据的流转和使用，此时采取财产权保护模式更为有效；反之，在数据交易成本较高时，适用侵权法保护模式更为有效。[66] 四是在不同法域侵权法会因为法律适用问题而增加用户的利益保护成本。这种法律适用的不确定性也将导致企业对自己行为的放纵，从而造成更严重的侵权局面，加重用户的个人数据保护成本。[67] 竞争法路径主要是在司法实践中对不合理使用数据的行为进行规制。法律经常需要平衡数据控制者的投入与后续开发者的竞争自由之间的矛盾。商业秘密保护与《民法典》对于数据的定位存在冲突，而一般条款保护具有较强的不确定性和个案性，削弱了司法的安定性。

（四）数据交易监管路径的选择

一定的数据产权规则是交易各方进行协商和交易的前提，也是裁判者界定何方受损或者受益的法定依据。公法规制与产权界定并非对立关系，行为规制是实现产权配置的外部手段，明晰的产权规则是行为规制的逻辑前提。[68] 构建数据生产和交易规则需要为参与数据生产和交易的利益相关方提供必要的法律救济，卡拉布雷西和梅拉米德在《财产规则、责任规则与不可让渡性：大教堂的一幅景观》一文中提出的规则框架已成为研究规

---

〔65〕 参见崔国斌：《大数据有限排他权的基础理论》，载《法学研究》2019 年第 5 期。
〔66〕 参见包晓丽：《数据产权保护的法律路径》，载《中国政法大学学报》2021 年第 3 期。
〔67〕 参见刘德良：《个人信息的财产权保护》，载《法学研究》2007 年第 3 期。
〔68〕 参见包晓丽：《数据产权保护的法律路径》，载《中国政法大学学报》2021 年第 3 期。

则选择和效率比较的一个主导范式,[69] 这一规则框架也可以为解决数据产权问题提供有益指引。卡拉布雷西和梅拉米德从法律后果的角度对法律规则做出了一种逻辑分类，提出了“财产规则”、“责任规则”和“不可转让规则”的类型划分，这被学术界称为“卡—梅分析框架”。[70] 卡梅分析框架提供的是对国家权力作为第三方权威如何介入诉讼双方之间利害关系的分析框架，在其视野下，只要一项利益成了法益（legal entitlement)，这就意味着国家必须为之提供相应的法律救济，即如果该利益受到侵犯就会产生相应的法律责任。[71] 对于数据商业实践而言，卡梅分析框架可以分为两个层次的内容。第一个层次涉及数据赋权（entitlement）问题，即当数据利益相关方的期待利益存在冲突时，哪一方的何种利益优先？第二个层次涉及数据法益的保护路径选择，即通过立法赋权路径、行为规制路径或者多元规制体系来为利益相关方提供法律救济。

传统观念将数据认定为财产，限制他人使用，这往往会造成反公地悲剧。众多民法学者主张通过要素财产权确立数据产权并进行定价。这类数据一般指的是展示性数据，即其信息内容用于展示生产行为和结果的数据。他们认为只有确定初始产权，才能确保数据进行有效有序交易。经济法学者则从功能角度更关注数据的流动性和公共性。经济法学者主张通过架构财产权确立集合性数据权利，降低架构空间内部数据要素确权和使用的社会成本。他们认为在一个架构空间内部只要确保数据安全就可以采用多元化方式进行数据流通和利用。这两种主张都有其弊端，要素财产权容

---

〔69〕 See Guido Calabresi & Douglas Melamed, *Property Rules, Liability Rules, and Inalienability: One View of the Cathedral*, Harvard Law Review, Vol. 85: 6, p. 1089 (1972).

〔70〕 See Saul Levmore, *Unifying Remedies: Property Rules, Liability Rules, and Startling Rules*, 106 The Yale Law Journal 2149, 2172 (1997).

〔71〕 参见凌斌:《法律救济的规则选择：财产规则、责任规则与卡梅框架的法律经济学重构》，载《中国法学》2012 年第 6 期。卡梅分析框架中的“法益”是一个比“权益”略窄而介于“权利”和“利益”之间的概念。“权利”当然受法律保护，而“利益”则并非一定能够获得法律保护。介于二者之间的“法益”则是指所有受法律保护的权利和利益，既包含私有权利，也包含共有权利；既包括财产权利，也包括人格权利；既包含受到绝对权利保护的“权利化”的利益，也包括有待法院在具体情形加以确定的绝对权利保护之外的“纯经济利益”。

易导致权利碎片化，而架构财产权容易走向封闭和垄断。[72] 在大数据规模和价值增加导致界权成本相对而言不再高昂的情况下，向大数据集合提供有限的产权保护（而非绝对的所有权保护），然后由交易双方通过协商以实现数据资源的最有效利用，并在出现数据侵权行为时为利益相关人提供相应的法律救济，应该是合理的选择。[73] 理论上看，数据产权的权能强度不及所有权，其目的不在于赋予权利主体对数据的绝对控制和支配，而是给予利益相关方合理预期，并作为界定何方受损或受益的依据。政府则扮演好“守夜人”角色，即负责界定数据产权，制定交易规则，维护交易秩序和裁判交易纠纷。[74]

在数据保护规则之争中貌似存在两组矛盾，即公法规制与私法确权之间的矛盾，以及私法体系中财产规则与责任规则之间的矛盾。然而深入分析可以发现，规制主义与权利主义并非天然对立，行为规制的前提是某种利益应得到法律的认可与保护。不存在无权利的义务，行为规制是实现产权安排的外部手段。此外，数据的财产权路径与侵权路径也并非一成不变的。比如在数据交易实践中，交易双方既可以通过协商定价的方式就数据权属变动形成共识，也可以因他人侵犯数据权益而主张赔偿。[75]

数据是一个开放的权利束，在公法规制与私权保护、财产规则与责任规则中进行二选一都有局限性。在数据产权保护的路径选择上应致力于构建公法与私法协同的多元保护机制。公法以公共利益为轴心进行运转，保护的是公共利益，政府和社会秩序只是为当事人的自由选择提供一种稳定环境。[76] 公法主要对数据使用行为进行规制，而私法主要对不同类别数据的权益性质和范围进行规制。在私法体系内财产规则与责任规则也应相容并济。卡梅分析框架提出了在权利的保护和规制过程中，应根据不同的行

---

〔72〕 参见胡凌：《数字经济中的两种财产权　从要素到架构》，载《中外法学》2021 年第 6 期。
〔73〕 参见崔国斌：《大数据有限排他权的基础理论》，载《法学研究》2019 年第 5 期。
〔74〕 参见包晓丽：《数据产权保护的法律路径》，载《中国政法大学学报》2021 年第 3 期。
〔75〕 参见包晓丽：《数据产权保护的法律路径》，载《中国政法大学学报》2021 年第 3 期。
〔76〕 参见张淑芳：《私法渗入公法的必然与边界》，载《中国法学》2019 年第 4 期。

为类型，以及自愿交易、侵权和禁止转让等情景分别适用财产规则、责任规则和不可转让规则。[77] 对于数据活动实践，也并非只有单一保护路径，应根据数据体现的不同权益类型以及不同行为场景，采用适合的规则类型。

四、本章小结

数据交易市场的监管困境可以从立法监督、司法裁判、行政执法以及行业自律 4 个方面进行分析和阐释。在推动数据交易市场化、法制化的实践过程中，数据权利归属、数据交易所法律地位、数据交易主体法律责任、数据资产价值评估和定价以及数据交易监管规则等问题都是制约数据交易市场化建设的阻碍。因此监管机关需要创新监管理念，遵循权益平衡、包容审慎和面向市场的面向未来的监管理念。无论是在理论界还是在实务界，数据权属问题都是争议极大的问题。数据财产权益保护理论主要包括集体数据池、公共信托理论、功利主义理论以及数据财产规则和责任规则。立法赋权与行为规制论者的争议焦点在于：立法赋权论者提出了人格权益说、财产权益说、知识产权说、新型财产权说和复合权利说等多种学说试图补充和更新传统民法的框架体系；行为规制论者则肯定数据上存在利益，但反对为数据创设一项新型权利，并认为数据权利化理论存在缺陷，会制约数据产业发展，倡导设定数据治理的基本原则和相关主体行为规范以实现数据规制目的。基于数据主体的多元性和数据权利的复合性，在数据交易监管的路径选择上应该致力于构建公法与私法协同的多元保护机制。

---

〔77〕 See Guido Calabresi & Douglas Melamed, *Property Rules, Liability Rules, and Inalienability: One View of the Cathedral*, Harvard Law Review, Vol. 85: 6, p. 1089 (1972).

第六章

我国数据交易监管的制度架构

在数字时代来临之前，人类所有行为都局限在有形的物理空间之中，而如今借助于数字技术的网络购物、刷脸支付等行为使人们同时具备物理人和虚拟人的双重身份，有限的物理时空边界被打破，无限延展的虚拟空间成为可能，近程与远程相交织，现实与虚拟相混杂，各种要素呈现出扁平化、碎片化和流动化的态势。[1] 兴起于工业时代的传统法律制度已难以回应数字时代的数据立法需求。人格权法进路无法回应数据的财产权益，侵权法难以周全数据隐私权益，物权法路径面临数据权利保护不足困境，知识产权法难以全面保护企业数据权利。互联网科技巨头对数据资源的竞争日益激烈，数据的巨大商业价值进一步凸显，产业界对数据交易的需求也十分迫切。数据交易市场的监管缺失导致了一系列数据市场乱象，数据交易市场失灵需要通过经济法回应性理论和多元规制手段予以矫正。近期国家也在不断出台促进数据交易政策，旨在明确数据交易合法地位，指明数据交易发展方向，鼓励产业链上下游市场主体开展数据交易。面对数据交易的挑战和机遇，我国需要构建新型数据交易规范机制。

---

〔1〕 参见苗梅华：《智慧治理的时代面向与挑战》，载《国家检察官学院学报》2020 年第 1 期。

一、数据交易主体客体规范建构

（一）数据交易主体范围

法律关系是由私法构建的权利义务关系。法律关系的概念最早由萨维尼提出，他归纳和概括了民法规范所追求的各种法律效果，认为作为最基本单元的每一个民法规范，都是为追求一个最基本的法律效果，即创设或者变更一个最基本的法律关系。法律关系的要素是法律关系成立所不可或缺的因素，任何法律关系均由一定的要素构成。[2] 法律关系由主体、客体和内容三个要素构成。“主体为权利义务之所属，客体为权利义务之所附”[3]，内容是权利义务的具体化。在我国，民事主体包括自然人、法人、非法人组织和国家等。自近代民法提出以来，自然人成为民事主体，通常认为自然人要成为民事主体除了其作为自然人外，不需要任何额外的条件。但社会组织要成为民事主体，必须由法律赋予其主体资格。此类主体人格的确定，一般应满足如下主体适格性标准：其一，主体独立性标准；其二，主体经济性标准；其三，意思能力及决策机制标准。[4]

理论上，数据交易主体范围应与民事法律关系主体范围一致，即自然人、法人、非法人组织和国家都应纳入数据交易主体范围，但是由于数据交易本身的专业性和特殊性，参与数据交易的民事主体应有所限定。限定的原因在于：其一，参与数据全生命周期活动需要极高的专业性，在数据收集、生产、存储和传输等环节都需要投入大量人力、技术和资本。自然人存在技术和资金上的劣势，难以长期稳定地参与数据交易活动。国家名义上掌握着所有公共数据，但其参与数据交易仍需依赖特定的社会组织进行。其二，对于作为生产要素和战略资源的数据，国家应当秉承以鼓励数据生产为导向的初始权利观，而拥有技术和资本优势的企业是主要的数据

---

〔2〕 参见郑云瑞：《民法总论》（第7版），北京大学出版社2017年版，第98－99页。

〔3〕 郑玉波：《民法总则》，中国政法大学出版社2003年版，第94页。

〔4〕 参见房绍坤、张旭昕：《我国民法典编纂中的主体类型》，载《法学杂志》2016年第12期。

生产者和控制者，应以其为中心开启数据流通交易，实现数据社会化利用。其三，在数据交易实践中，数据 API 访问模式和数据交易平台模式比较普遍。数据 API 访问模式主要涉及企业间数据流通交易；数据交易平台模式则涉及数据供应方、数据需求方以及数据交易平台。部分数据交易平台基于数据源的安全性考虑，制定了限定交易主体资格的规则，对交易主体采取注册登记制，并建立和执行安全监管制度和流程。〔5〕数据交易活动是数字经济进化到数据资本阶段的产物。当前，我国数据交易仍处于探索阶段，在数据交易法律关系中，主要存在 3 类主体，即数据供应方（卖方）、数据需求方（买方）、数据交易服务平台（中介方）。随着数据专业化程度提高，质量评估、服务代理、清洗脱敏等多方主体也可能参与进来。基于数据交易的专业性和特殊性，我国数据交易主体的范围应严格限定为企业法人和组织。

（二）数据交易客体范围

法律关系的客体是使权利和义务发生的事物，没有法律关系的客体，权利和义务就没有依附。〔6〕数据交易的核心在于界定可交易数据的范围。当前，许多数据平台企业通过其生产和控制的数据，将数据作为一种“事实财产”在市场中流通和交易。从数据交易范式来看，世界各国都未采取“先明晰产权，再发展交易”的模式，而是在规范数据收集、处理、隐私和安全保护等行为的基础上，明确数据交易对象，提供可交易的数据源，优先实现数据的合法交易。〔7〕数据交易客体数量庞大，种类繁多，而且数据范围与边界难以明确界定，这也是威胁个人隐私和数据安全的一大隐患，所以应从立法层面对此进行明确界定。根据数据的来源情况，可以将

---

〔5〕参见张敏、朱雪燕：《我国大数据交易的立法思考》，载《学习与实践》2018 年第 7 期。

〔6〕参见郑云瑞：《民法总论》（第 7 版），北京大学出版社 2017 年版，第 102 页。

〔7〕参见田杰棠、刘露瑶：《交易模式、权利界定与数据要素市场培育》，载《改革》2020 年第 7 期。

数据分为个人数据、企业数据和公共数据。石丹提出了一种界定可交易数据范围的思路：个人数据应由个人控制，企业通过匿名化处理数据可获得部分数据权利，公共数据应作为公共产品处理。根据“卡—梅分析框架”，可以将财产规则作为数据保护核心，对企业收集、存储的个人数据适用责任规则，对危害国家安全和社会稳定的数据适用禁止交易规则。[8] 延续这一思路，公共数据作为公共产品应该以共享为原则，个人数据归属于个人所有，而数据交易客体仅包括企业数据。将可交易数据的范围限定为企业数据固然有利于个人隐私保护和数据安全，但数据流通交易种类的增加有利于促进数据的商业利用，因此可交易数据范围应适当拓宽，以满足日益增长的数据商业化利用需求。苏成慧提出了一种可交易数据类型化的思路。她认为，在以数据交易平台为核心的数据交易模式下，数据生产者与数据控制者相分离，数据呈现被不同主体交叉持有的状态。对于可交易数据的认定需要区分不同交易主体予以分类考量。对于数据主体持有的自主产生数据，企业对该类数据的可交易基础在于其财产属性；个人数据的人格属性决定其交易受限制；公共数据的公共属性决定其具有不可交易性。对于非自主产生数据，企业对其控制的该类数据可交易的前提在于合法控制；公共组织因受其主体地位性质的限制，对其控制的该类数据不可交易。[9]

在数字社会背景下，被网络连接的数据主体无时无刻不在产生数据，而这些数据往往被不同的主体交叉持有。因此，在数据交易实践中，应综合考虑交易主体的性质、所持有数据的类型、数据的来源情况等以确定可交易数据的范围。在交易语境下，将数据转化为可交易数据是一个关键步骤，标志着其作为生产要素正式进入市场参与配置。从实践层面来看，并非所有数据都具备直接作为生产要素的价值。这种局限性主要源于两方

---

〔8〕 参见石丹：《大数据时代数据权属及其保护路径研究》，载《西安交通大学学报（社会科学版）》2018 年第 3 期。

〔9〕 参见苏成慧：《论可交易数据的限定》，载《现代法学》2020 年第 5 期。

面：一是数据中的错误和杂音会削弱甚至抵销其作为生产要素的潜在价值；二是随着数据生命周期的推进，其作为生产要素的价值也会逐渐降低。从制度层面来看，可交易数据必须建立在数据权益和安全保护的基础之上。数据交易范畴的确定不但需要衡量个人、企业和社会等多重利益，还要考虑人格、效率和公共等多重价值。因此，确定可交易数据的范围应在现有技术条件下，建立在权利保护、安全管理和风险可控等要素的衡量基础之上。可交易数据的范围应排除具有直接可识别性和敏感性数据。具有直接可识别性的数据与个人密切相关，一旦进入交易流通领域容易带来不可测的隐私保护和数据安全风险，因此应纳入负面清单进行严格管理，未经匿名化处理或特别程序不得进入交易流通领域。具有间接识别性的数据应纳入可交易数据范畴。虽然，具有间接识别性的数据仍可能通过交叉比对和扩大数据集等方式识别具体对象，但数据的被识别风险是伴随技术进步天然存在的，不能基于或有风险而阻碍商业创新和发展，可以针对不同风险创设不同规则，通过限制交易对象范围等方式控制风险。对于敏感数据，我国《个人信息保护法》第 28 条第 1 款将敏感个人信息定义为“一旦泄露或者非法使用，容易导致自然人的人格尊严受到侵害或者人身、财产安全受到危害的个人信息，包括生物识别、宗教信仰、特定身份、医疗健康、金融账户、行踪轨迹等信息，以及不满十四周岁未成年人的个人信息”。这种列举式规定和侵害结果逆推的界定方式存在其弊端。上述列举式规定过于笼统，通过侵害结果界定客体范围具有事后救济色彩，而“容易导致”等表述也具有不确定性。因此，在参照《个人信息保护法》相应规定确定敏感数据范围的前提下，还应充分考虑敏感性分类标准受到技术条件的约束限制，难以确立统一和客观的判定标准。与人们对于隐私的观念变迁一致，敏感数据的范围也会随着社会发展和观念变迁而发生变化，因此在一般社会观念中被认为可接受或可流通的敏感数据也应有限制地进入交易流通场景之中。[10]

基于数据交易的专业性和特殊性，数据交易的主体被限定为企业法人和组织。可交易数据的范围应限定为企业生产和控制的数据（见表6－1）。作为数据生产者或数据控制者的企业可以通过自身数据平台或大数据交易服务平台进行数据交易。由企业控制的个人非敏感数据以及开放的公共数据也可以进行数据交易。自然人对于企业匿名化处理或控制的个人数据可以行使被遗忘权、限制处理权、可携带权和拒绝权等控制性权利。

表6－1 可交易数据范围

<table>
<tr><th></th><th>企业生产数据</th><th colspan="6">企业控制数据</th></tr>
<tr><td rowspan="3">可交易性</td><td rowspan="3">可交易</td><td colspan="2">个人数据</td><td colspan="2">企业数据</td><td colspan="2">公共数据</td></tr>
<tr><td>敏感</td><td>非敏感</td><td>公开</td><td>非公开</td><td>开放</td><td>非开放</td></tr>
<tr><td>不可交易</td><td>可交易</td><td>可交易</td><td>不可交易</td><td>可交易</td><td>不可交易</td></tr>
</table>

二、数据交易行为规范建构

（一）数据资产确认

2020年10月，习近平主席在《国家中长期经济社会发展战略若干重大问题》中强调，“健全知识、技术、管理、数据等生产要素由市场评价贡献、按贡献决定报酬的机制”。对企业数据价值进行评价的前提是确立数据为企业资产。对数据资产进行准确估值是未来数据资产价值释放的核心环节。

《信息技术服务治理第5部分：数据治理规范》将数据资产认定为组织合法拥有或者控制的，可计量的，能为组织带来价值的数据资源。[11] 中

---

〔10〕参见徐玖玖：《从“数据”到“可交易数据”：数据交易法律治理范式的转向及其实现》，载《电子政务》2022年第1期。

〔11〕参见中国国家标准化管理委员会：《信息技术服务治理第5部分：数据治理规范》（GB/T 34960.5—2018），载湖北大学网2021年10月18日，http：//fzghc.hubu.edu.cn/info/1095/1301.htm。

国信通院的《数据资产管理实践白皮书（4.0 版）》将数据资产描述为由企业拥有或者控制的，能够为企业带来经济利益的，以物理或电子的方式记录的数据资源，如文件资料、电子数据等。[12]

从会计角度来看，对于资产的定义有三种方式：一是认为资产是未来的经济利益；二是资产是已经发生的成本；三是资产是实物财产的总和。虽然第三种方式最符合常人的理解，但第一种方式才代表了资产会计定义的主流。例如，美国财务会计准则委员会将资产定义为可能的未来经济利益，它是特定个体从已经发生的交易或事项中所取得或控制的。我国 2006 年的《企业会计准则——基本准则》也表现出了与国际会计准则的一致性，即资产是指企业过去的交易或者事项形成的，由企业拥有或者控制的，预期会给企业带来经济利益的资源。[13] 根据上述定义，资产应具有现实性、控制性和利益性。现实性是指资产必须是现实存在的，还在预期中的事物与资源不能够被称为资产；控制性是指企业享有某项资源的所有权，或者企业虽然不享有某项资源的所有权，但该资源能被企业所控制；利益性是指资产直接或间接导致现金与现金等价物流入企业的潜力。同时，满足资产定义的资源还需满足以下条件才能确认为资产：一是与该资源有关的经济利益很可能流入企业；二是该资源的成本或者价值能够可靠地计量。[14]

由于数据资产不具有实物形态，因此需要参考与借鉴无形资产对数据资产进行特别安排。无形资产是指没有实物形态但具有可辨认性，且可以为企业拥有或控制的资产，如专利、非专利技术、商标、著作权、土地使用权、商誉等。[15] 根据《企业会计准则第 6 号——无形资产》第 3 条，无

---

〔12〕 参见中国信通院：《数据资产管理实践白皮书（4.0 版）》，载中国信通院网 2019 年 6 月，http：//www. caict. ac. cn/kxyj/qwfb/bps/201906/P020190604471240563279. pdf。

〔13〕 参见刘燕：《会计法》（第 2 版），北京大学出版社 2009 年版，第 145 页。

〔14〕 参见中国信通院：《数据资产化：数据资产确认与会计计量研究报告（2020 年）》，载中国信通院网 2020 年 12 月，http：//www. caict. ac. cn/kxyj/qwfb/ztbg/202012/P020201209374734599565. pdf。

〔15〕 参见刘燕：《会计法》（第 2 版），北京大学出版社 2009 年版，第 153 页。

形资产是资产的一种存在形式，是指企业拥有或者控制的没有实物形态的可辨认非货币性资产。确定无形资产的可辨认性存在两个标准，即能够从企业中分离出来和源自合同性权利或者其他法定权利。从可辨认和计量角度来看，可辨认无形资产包括专利权、非专利技术、商标权、著作权、土地使用权、特许权等；不可辨认无形资产是指商誉。从财产权利角度来看，无形资产的框架涉及 3 种财产权利。一是知识类财产权利。该类财产主要由知识、技术、信息等无形资产利益所构成，可以分为创造性成果与经营性标记，其权利形态包括著作权、商标权、专利权等，是典型的知识产权。二是资信类财产权利。该类财产主要是经营领域中商誉、信用、形象等具有经济内容的商业人格利益。三是特许类财产权。该类财产由主管机关或社会组织所特别授予的资格、优惠、特权等法律利益所构成。[16] 在资产化视角下，数据既可以看作一种创造性成果或经营性标记，也可以看作主体生产经营能力的体现，兼具知识类财产权和资信类财产权的特点。与专利权、商标权、著作权等知识产权相比，数据资产存在明显差异；与不可辨认的商誉相比，数据具有可辨认性。因此现有无形资产科目难以涵盖数据资产。因此，从会计角度将数据作为一项资产进行确认和计量时，应对其单独安排，将其视为无形资产的一种新类别。数据资产应界定为企业在生产经营活动中产生的或从外部渠道获取的，具有所有权或控制权的，预期能够在一定时期内为企业带来经济利益的数据资源。在对数据资产进行会计确认时，应满足可变现、可控制和可计量 3 个原则。可变现是指数据资产需要能够为企业带来持续的经济收益；可控制是指数据资产必须是企业能够合法合规进行控制和管理的数据资源；可计量是指数据资产需要能够从企业实际生产与运营中分离或划分出来，并可用货币进行可靠

〔16〕 参见吴汉东：《知识产权的多元属性及研究范式》，载《中国社会科学》2011 年第 5 期。

计量。[17]

（二）数据资产的价值计量

对于数据资产的价值评估，需要充分考虑影响数据资产价值的诸多因素。与传统资产相比，数据种类繁多，价值会随时间发生变化，其资产价值的评估维度也是多元化的。中国资产评估协会《资产评估专家指引第9号——数据资产评估》第6条指出，数据资产的价值影响因素包括技术因素、数据容量、数据价值密度、数据应用的商业模式和其他因素。其中技术因素包括数据获取、数据存储、数据加工、数据挖掘、数据保护、数据共享等。[18] 从数据量、数据质量和数据分析能力等方面来看，影响数据资产价值的因素包括企业规模、数据覆盖程度、数据完整性、数据外部性、数据时效性、数据相关性和信息系统、人才技能、消费者需求。[19] 阿里研究院和德勤发布的《数据资产化之路：数据资产的估值与行业实践》认为，数据资产的价值体现在其应用能够给组织带来收益或潜在收益，因此可以从数量、质量、应用和风险4个维度分析影响数据资产价值的因素。其中，数据资产的数量和质量是其价值基础。数量维度包含有数据量和广泛性两个方面；质量维度包括真实性、完整性、准确性以及获取成本；应用维度包括稀缺性、时效性以及有效性；风险维度包括法律限制、道德约束以及安全风险（见表6－2）。[20]

---

〔17〕参见中国信通院：《数据资产化：数据资产确认与会计计量研究报告（2020年）》，载中国信通院网2020年12月，http：//www.caict.ac.cn/kxyj/qwfb/ztbg/202012/P020201209374734599565.pdf。

〔18〕参见中国资产评估协会：《资产评估专家指引第9号——数据资产评估》，载安徽省注册会计师协会网站，http：//www.aicpa.org.cn/ahzx/templetlib/upload/2020－01－14/1578951760446269.pdf。

〔19〕参见李永红、张淑雯：《数据资产价值评估模型构建》，载《财会月刊》2018年第9期。

〔20〕参见德勤、阿里研究院：《数据资产化之路：数据资产的估值与行业实践》，载豆丁网2021年10月13日，https：//www.docin.com/p－2809727093.html。

表6－2　数据价值影响维度及具体因素

数据价值影响维度	具体影响因素
数量维度	数据量：表示数据的数量大小
	广泛性：表示数据覆盖范围的广泛性
质量维度	真实性：表示数据的真实程度，来源和记录过程是否可靠
	完整性：表示数据的完整程度，被记录对象的相关指标是否完整
	准确性：表示数据被记录的准确性
	数据成本：表示获取数据所花费的人力、物力成本，获取数据时的成本是数据价格的重要考量因素
应用维度	稀缺性：表示数据资产的稀缺程度，反映数据的被独占程度
	时效性：表示数据在特定时间范围的有效性
	有效性：表示数据资产在应用中能够达到怎样的效果
风险维度	法律限制：法律限制了数据的交易和使用
	道德约束：部分数据的应用、交易存在道德风险
	安全风险：数据存在被盗用或破坏的安全风险

资料来源：中国信通院：《数据资产化：数据资产确认与会计计量研究报告（2020年）》。

由于数据资产不具有实物形态，估值时通常类比无形资产进行分析。在行业实践中，无形资产价值的评估方法包括成本法、收益法和市场法及相关衍生方法（数据估值方法见表6－3）。（1）成本法以资产形成的成本为基础计量资产价值，其理论基础为资产的价值由生产该资产的必要劳动时间所决定。这是从资产的重置角度考虑的一种估值方法。在成本法下，资产价值等于重置成本扣除资产的贬值。（2）收益法是基于预期收益评估资产价值的方法，其理论基础为资产的价值由其投入使用后的预期收益能力体现。这是基于目标资产预期应用场景，对资产未来经济收益进行求取现值的一种估值方法。收益法还可以衍生出权利金节省法、多期超额收益法和增量收益法。（3）市场法是在相同或相似的资产市场，选取可比交易案例的一种估值方法。在取得市场交易价格的基础上，对资产的性质或市场条件差异等因素进行调整，来计算目标资产的市场价值。[21] 除了上述估值方法外，有学者基于数据的特殊性，提出了信息量估值、互换资源估值、相对估值法和基于隐私度量。（1）信息量估值是在数据主体愿意出售数据的前提下，按信息量统一定价并按照数据被购买和使用的次数评价其市场贡献。（2）互换资源估值也称为实物支付（pay - in - kind）模式，即用户以个人数据访问权为对价换取 App 应用服务商提供的服务资源。（3）相对估值法是给定一组数据以及一个共同的任务，评估每组数据对完成该任务的贡献。与绝对估值法相比，相对估值要简单一些，适合定量的数据分析任务，可以参考使用 Shapley 值作为一种数学工具，通过量化各个代理在合作中的贡献来公平地分配合作的总收益。（4）基于隐私度量是指数据集的隐私含量将影响交易数据估值，而脱敏或隐私加密会显著增加数据集的成本，隐私保护信息熵模式可以解决相关系统的度量和定价问题。[22]

表 6 - 3　数据估值模式及优劣

估值模式	描述	优点	缺点
成本法	以数据处理者收集、存储和分析数据的成本作为数据估值基准	操作简单，便于实施	数据资产部分成本难以分离，而且数据对用户的价值差异很难评价
收益法	评估数据的社会和经济影响，预测由此产生的未来现金流，再将其折现	能有效衡量资产实际价值，体现数据效用	数据资产的预期收益及期限都与传统资产不同，数据期权价值评估难
市场法	通过数据要素市场的供需撮合，实现数据要素估值定价	按照市场类似资产公允价值评估，符合价值规律	数据资产之间差异大，交易边际成本不断降低

---

〔21〕 参见中国信通院：《数据资产化：数据资产确认与会计计量研究报告（2020 年）》，载中国信通院网 2020 年 12 月，http：//www. caict. ac. cn/kxyj/qwfb/ztbg/202012/P020201209374734599565. pdf。

〔22〕 参见赵刚：《数据要素：全球经济社会发展的新动力》，中国工信出版集团、人民邮电出版社 2021 年版，第 183 - 185 页。

续表

估值模式	描述	优点	缺点
信息量估值	按信息量统一定价并按照数据被购买和使用的次数评价其市场贡献	可量化、操作简单	不能反映语义价值
互换资源估值	与提供的互换资源等价	与应用结合紧密	交易双方信息不对称，数据主体处于相对弱势地位
相对估值法	给定一组数据以及一个共同的任务，评估每组数据对完成该任务的贡献	量化评估	成本高，专业性强，标准化难
基于隐私度量	隐私数据度量的方法及基于隐私度量的数据估值模型	考虑了隐私因素对数据估值的影响作用	过分关注隐私，忽视数据价值，成本高

由于数据自身的无形性、虚拟化等特性，传统资产评估方法适用于数据时存在一定问题，需要在考虑数据特性和价值影响因素的基础上进行完善。(1) 成本法改进。在市场价格相对缺失，预期收益不确定时，成本法仍然是一种相对合理的数据资产估值方法。在成本法的原有计算公式（资产价值 = 重置成本 - 资产贬值因素）上加入数据资产价值影响因素，就形成改进后的计算公式：数据资产价值 = 数据资产总成本 × [1 + Pre（q_1，q_2，u，r)] - 资产贬值因素。其中数据资产总成本包括数据从获得到应用所消耗的所有成本，包括建设成本、运营成本和管理成本。Pre 代表 Premium，即数据资产溢价，它是影响数据价值因素的综合评估数值；q_1 代表 quantity，即数据资产价值评估数量维度；q_2 代表 quality，即数据资产价值评估质量维度；u 代表 utility，即数据资产价值评估应用维度；r 代表 risk，即数据资产价值评估风险维度。(2) 收益法改进。收益法相比成本法能够更好地体现数据资产真实价值，更容易为市场接受。对收益法进行改进主要考虑数据资产价值影响因素对每期收益、收益评估期限以及折现率的影

响。其基本公式为：数据资产价值 = $\sum_{t=1}^{n} F_t \frac{1}{(1+i)_{t+}}$ 所得税摊销收益。其中 F_t 代表数据资产的预期收益，通过计算全部收益扣除其他资产收益后得到，可以代表许可使用费、超额收益或者是增量现金流。n 是收益确定期限，数据资产受时效影响较大，价值易变，使用期限不易确定，评估时需要综合考虑法律限制、数据资产时效性等多方面因素。i 代表折现率，也即基本报酬率，应采用无风险报酬率加数据资产溢价的方式确定。（3）市场法改进。对市场法进行改进需要有较为完善有效的数据资产交易市场。改进后的基本公式为：数据资产价值 = 可比数据资产价值 × Σ 修正系数 。其中可比数据资产价值代表在公开交易市场，已有类似数据资产交易价值，估值时需考虑交易条件、自身特点、所在行业以及获得、使用途径等情况。修正系数代表所求数据资产与可比数据资产交易案例的差异，用修正系数进行价值修正需要考虑影响数据资产价值的各类因素，可比案例发生时期与现期差异以及其他可修正维度。[23]

（三）数据交易模式及其定价

在库特鲁比斯等学者关于数据市场的理论研究中，数据交易被分为 4 类：（1）一对一交易，即双边交易；（2）一对多交易，即分散市场交易；（3）多对一交易，即数据收集，例如向单个买方提供“免费”服务的数据；（4）多对多交易，即多边市场。[24] 高富平提出，传统的通过绝对占有来控制有体物的流向和使用的方式已不适应数据流通，需要引入新的机制构筑数据流通秩序。这一机制就是数据使用许可合同。从法律规范上来看，可以从数据许可的主体角度将数据流通分为一对一许可、互为许可和

---

〔23〕 参见中国信通院：《数据资产化：数据资产确认与会计计量研究报告（2020 年）》，载中国信通院网 2020 年 12 月，http：//www. caict. ac. cn/kxyj/qwfb/ztbg/202012/P020201209374734599565. pdf。

〔24〕 See Pantelis Koutroumpis, Aija Leiponen, Llewellyn Thomas, *The (Unfulfilled) Potential of Data Marketplaces*, ETLA Working Papers 53, The Research Institute of the Finnish Economy.

一对多许可（见表6－4）。一对一数据许可是指数据提供者仅向特定对象提供数据，允许其使用数据；互为数据许可是两个以上的数据控制者相互进行数据使用许可，这实质上是相互许可方式，也被称为数据共享；一对多数据许可是指数据控制者对不特定主体进行的许可使用，其特征在于数据使用人具有大众性，是面向不特定公众的数据许可。[25]

表6－4 数据流通的3种类型

类别	是否市场化	协议类型	对价	使用条件	备注
一对一许可	非市场化	数据许可协议或条款	取决于双方约定	有限制条件	最常见的流通方式，例如开放API协议
	市场化	个性化许可协议	有偿	有限制条件	
一对多许可	市场化	标准化数据许可协议	有偿	有限制条件	真正的一对多许可
	非市场化	自由利用许可（开放数据许可）	无偿	无限制条件	公共数据开放
相互许可（共享）	非市场化	数据共享协议	取决于约定	取决于约定	需要至少两个控制数据的主体

国内数据要素市场的交易模式仍主要以数据交易所模式和企业数据平台模式为主。在定价机制方面可以分为第三方平台预定价、协议定价、拍卖定价、按次计价（VIP会员制）以及实时定价等5种。前3种主要适用于数据交易所模式（见表6－5），而后两种适用于企业数据平台。（1）第三方平台预定价是指数据交易所可以委托第三方专业人员基于数据交易所特点，利用数据质量评价指标给出评价结果，并根据评价结果和同类型数据集的历史成交价给出一个合理的价格区间，数据供应方基于此价格区间在交易前对交易数据进行再定价；（2）协议定价是指数据供需双方协商交易价格；（3）拍卖定价是指在一个数据供应方和多个数据需求方之间经过

[25] 参见高富平：《数据流通理论 数据资源权利配置的基础》，载《中外法学》2019年第6期。

拍卖而确定价格；（4）按次计价是指基于数据调用模式，数据需求方每调用一次数据就付费一次；（5）实时定价是指依据数据的样本量和单一的数据指标项价值，通过交易系统自动定价，价格实时浮动。[26]

表 6－5 国内部分数据交易所定价方式

序号	名称	定价方式
1	贵阳大数据交易所	可信第三方定价、协议定价、自动定价
2	上海大数据交易中心	可信第三方定价、拍卖式定价
3	武汉东湖大数据交易中心	可信第三方定价
4	长江大数据交易中心	协议定价
5	浙江大数据交易中心	自由定价
6	华中大数据交易平台	自由定价、协议定价
7	钱塘大数据交易中心	可信第三方定价
8	中关村树海大数据交易平台	自由定价

资料来源：中国信通院：《大数据白皮书（2020 年）》，载中国信通院网，https：//www. caict. ac. cn/kxyj/qwfb/bps/202012/p020210208530851510348. pdf。

收益分配机制是基于数据产权归属和定价方式的数据价值实现机制。对于数据交易所而言（见图 6－1），其收益分配机制主要有交易分成和保留数据增值收益权两种。交易分成机制是指数据交易完成后数据交易所与数据供应方按约定好的比例分成。保留数据增值收益权机制是指数据交易所对数据保留增值收益权并以此为基础收费的方式。对于企业数据平台而言（见图 6－1），其收益分配机制主要包括一次性交易用益权、多次交易使用权和保留数据增值收益权 3 种。一次性交易用益权机制是指在数据交易中一次性转移数据控制、使用、收益等权利。这一模式主要适用于协议定价、拍卖定价方式。多次交易使用权机制是只针对数据使用权进行反复多次的交易，进而带来更多的收益。保留数据增值收益权机制是基于企业

〔26〕 参见国家工业信息安全发展研究中心：《中国数据要素市场发展报告（2020～2021）》，载腾讯文档，https：//docs. qq. com/pdf/DRFNvS01PR3BTYXZU。

自身能更准确地评价数据价值，并预测数据交易后的增值收益可能性，企业能准确判断是否需要保留收益权的占有，以及按何种比例。[27]

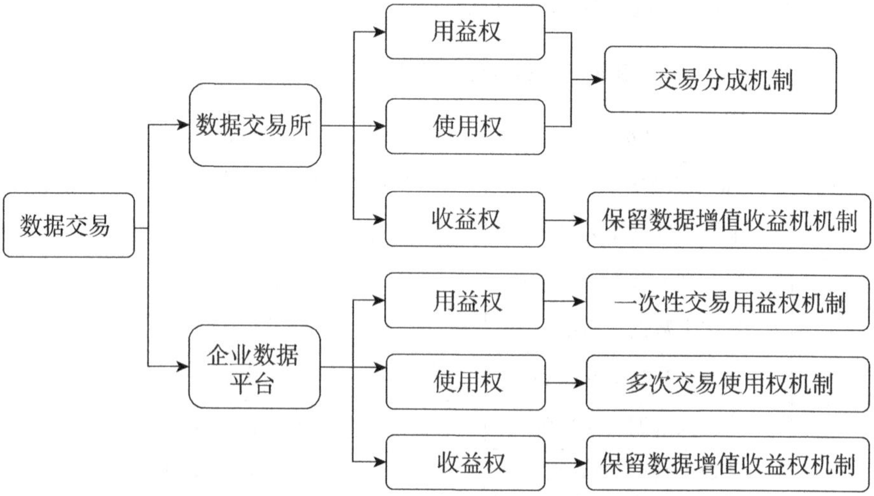

图 6－1 数据要素市场收益分配机制

三、数据交易中介服务规范建构

（一）数据交易所的职能重构

数据中介主要包括 3 种类型：一是解决信息不对称问题的传统型中介。这类中介主要包括数据交易所、数据经纪商、商业征信机构以及消费者个人征信机构等。二是增强个人信息控制权和携带权的服务型中介。这类中介包括个人信息管理系统、数据信托和开放银行服务商。三是旨在提供可信技术环境和可信组织的创新型中介。这类中介包括数据沙箱和数据共享平台。[28] 我国现有的数据交易中介主要属于传统型中介，它们是促成我国数据交易流通的中坚力量。然而，我国的数据交易所定位不清晰，导致场内数据交易不活跃，并饱受业界诟病。究其原因，主要源于数据交易所在

---

〔27〕 参见国家工业信息安全发展研究中心：《中国数据要素市场发展报告（2020～2021）》，载腾讯文档，https://docs.qq.com/pdf/DRFNvS01PR3BTYXZU。

〔28〕 参见李振华、王同益：《数据中介的多元模式探析》，载《大数据》2022 年第 4 期。

数据交易过程中经常同时扮演组织者、参与者和监管者多重角色，自身定位错位，削弱了它原本的自律监管地位。从正本清源的角度来看，数据交易所应回归其本身的专业中介职能。我国《数据安全法》第 33 条对数据交易中介服务机构提供服务提出了具体要求。它要求数据交易中介对数据来源、交易双方的身份进行核实，并留存审核与交易记录。该法条为数据交易所回归其专业中介职能以及提供安全保障与安全认证功能提供了法律依据。从数据交易的信用品特征与合作模式出发，数据交易所应采用类似于传统房产中介的中介撮合模式，减少交易中的信息不对称和搜寻成本，通过信誉担保展示可信数据交易主体，通过多元化创新实践，助推数据要素市场的建设。

（二）基于声誉的可信数据交易

阿罗信息悖论中的数据交易主体信任困境不但存在于初次交易的博弈之中，也存在于重复博弈的数据迭代交易场景之中。因此在数据交易主体之间构建可信任数据交易尤为重要。在实践中，各大数据交易所已开始通过技术治理解决数据交易中的信任难题。例如通过联邦学习、隐私计算和区块链等技术实现数据交易“可用不可见，可用不可及”。此外，还可以考虑构建基于声誉的可信任数据交易主体在线评论机制，以促进数据交易主体信任的形成。信号传递和信息甄别是激励机制的一个特例。激励机制使得拥有信息的一方有说实话的积极性。如果拥有私人信息的一方将私人信号传递给没有私人信息的一方，或后者有方法使前者揭示私人信息，就可以实现帕累托改进。因此信号传递和信息甄别可以有效解决由于信息不对称而产生的逆向选择问题。数字经济时代，经营者声誉呈现高速动态化的趋势，在线评论已部分替代了广告的作用，消费者可以通过在线评论，随时随地对经营者进行点评。在数据交易的在线评论机制中，数据交易主体的信用评级和买家评分作为外部信号会影响其他买家的购买意愿。因此对于声誉较佳的数据交易主体在安全可控的范围内，可以适当放宽可交易数据的范围，以此作为对价满足不同买家的数据需求。对于声誉不佳的数据交易主体，若无经技术处理阻断识别性或经特定程序确保安全可控等作为免责事由，其对于限制性数据的交易同意不能当然地赋予数据交易主体行为以合法性和正当性。[29]

四、合作规制建构

（一）数据交易的监管边界

在亚当·斯密眼中，财富增长和经济发展的原动力来源于个体对自身利益的追求，而市场机制这只“看不见的手”会发出信号引导个体的经济活动，从而扩大自由贸易，形成劳动分工，增加国民财富。斯密认为，市场作为一种资源配置方式，能够自动地实现社会资源的优化配置，而政府的作用仅仅是保障市场机制稳定运行。政府干涉和指导个人如何运用资本的行为将被证明是自寻烦恼的徒劳。这种规制显然是无用且有害的。[30] 由于信息不对称、外部性、公共产品和垄断现象的存在，市场失灵是难以避免的。政府对市场进行适度监管已成为矫正市场失灵，优化市场资源配置的不二选择。然而以政府为主体的刚性监管模式不但难以克服市场失灵，还会导致过度监管和引发政府失灵的风险。政府监管的有效性受制于政府执法资源的有限性，多元利益冲突引发相互掣肘以及权力寻租引发监管俘获。政府监管的弊端源于在市场监管权的配置过程中，政府作为权利主体，而市场主体仅作为被监管主体，忽视了市场主体应有的权利和能动性。[31] 因此，在配置市场监管权的过程中，应尊重被监管主体的权利，发挥其能动性，形成公共规制与私法保护结合的合作规制框架。

企业法人主体之间的商事数据交易适用自我规制；自然人主体之间以

---

〔29〕 参见徐玖玖：《从“数据”到“可交易数据”：数据交易法律治理范式的转向及其实现》，载《电子政务》2022 年第 1 期。

〔30〕 参见［英］亚当·斯密：《亚当·斯密全集（第 3 卷）：国民财富的性质和原因的研究》（下卷），郭大力、王亚南译，商务印书馆 2014 年版，第 31 页。

〔31〕 参见蒋悟真：《市场监管法治的法哲学省察》，载《法学》2013 年第 10 期。

及自然人与企业主体之间的数据交易应由政府监管以保护个人数据隐私；跨境数据交易流通涉及数据主权问题，也应由政府监管以维护国家数据安全。

（二）采取公共规制与私法保护的合作规制框架

规制理论一般作为矫正型工具用以矫正市场运行失灵所导致的信息不对称、外部性和垄断等问题。[32] 数据交易作为共享经济的一种代表，也存在市场失灵导致的上述问题。哈耶克认为市场秩序本身是一种自发秩序，这种秩序是人的行动的结果，而非人为设计的结果。市场秩序的形成是许多人共同影响的结果，是一种理性不及的秩序结构。[33] 这种自发秩序可以被认为是最早的市场秩序，或者说早期的自我规制。哈耶克认为人类的习惯和风俗衍生出了新的道德因素，即市场伦理。这种市场伦理的兴起不仅促进了人类合作的扩展秩序，更为人类文明的形成和持续发展奠定了坚实的基础。[34] 理想状态下，自我规制是最符合哈耶克市场秩序应是自发秩序这一认识的，自我规制虽然也能解决数据交易分享中的一些问题，但也存在一些难以克服的缺陷：其一，未能解决因信息不对称而产生的市场失灵。企业的声誉机制常被认为是企业利用信息行使控制手段的表现，它不但可以解决供需双方的信任和信息不对称问题，还能帮助用户进行选择，保护用户免于伤害或者不满意的交易。[35] 而声誉机制要取得预期效果需满足 3 个条件，即企业声誉信息需反映过去交易质量；声誉机制不能被欺诈

---

〔32〕 See Richard A. Posner, *Theories of Economic Regulation*, Bell Journal of Economics Vol. 5: 2, p. 335 –358 (1974)

〔33〕 参见弗里德里希·奥古斯特·哈耶克：《自由宪章》，杨玉生、冯兴元、陈茅等译，中国社会科学出版社 2012 年版，第 28 页。

〔34〕 参见弗里德里希·奥古斯特·哈耶克：《自由宪章》，杨玉生、冯兴元、陈茅等译，中国社会科学出版社 2012 年版，第 56 页。

〔35〕 参见高秦伟：《信任、声誉与共享经济的规制》，载《中国社会科学报》2019 年 1 月 30 日，第 5 版。

操纵，不能被无关信息干扰；用户能准确解读声誉信息。[36] 然而，西方学者的实证研究证明，这 3 个条件在实践中无法完全实现。[37] 其二，无法解决外部性问题。在自我规制的情况下，市场参与者没有任何激励去解决负外部性问题。一般政府会通过对公民征税来矫正交易行为负外部性问题，但在共享经济中，政府只有与平台或企业合作才能有效征税，而这在现实中却很难实现。[38] 其三，自我利益最大化难以兼顾规制目标。数据交易分享语境下的自我规制主要就是平台或企业规制，规制的难点在于追求商业利益最大化的平台或企业并无动机或足够激励去实现服务于公共利益的规制目标。

行政规制的前提也是市场失灵，但命令控制式的行政规制难以“包治百病”，也会因规制不足或过度规制而出现规制失灵的现象。[39] 行政规制失灵的原因可以归结为如下几方面：其一，规制俘获。根据规制俘获理论，现存市场主体对限制其行为的规制机制有俘获的倾向。例如，现存市场主体可通过限制准入或提高成本，使自己通过规制机制在市场中获利，而这一行为的实施常冠以保利消费者的名目。[40] 其二，信息不足。在自我规制模式下，平台或企业往往能第一时间感知到市场和技术的变化，并应时而动改进市场环境。然而，对于政府而言，信息搜寻成本往往高昂，且由于体制和流程的复杂性，很难实时获得市场信息并有效地作出响应。其

〔36〕 See Chris Nosko, Steven Tadelis, *The Limits of Reputation in Platform Markets: An Empirical Analysis and Field Experiment*, National Bureau of Economic Research, Working Paper No. 20830 2015, http: //www. nber. org/papers/w20830.

〔37〕 See Tanja Pavleska, Borka Jerman Blažič, *User Bias in Online Trust Systems: Aligning the System Designers' Intentions with the Users' Expectations*, Behaviour and Information Technology, Vol. 36: 4, p. 404 – 420 (2017).

〔38〕 See Bryant Cannon, Hanna Chung, *A Framework for Designing Co – regulation Models Well – adapted to Technology – facilitated Sharing Economies*, 31 Santa Clara High Technology Law Journal , 2015, p. 23 (2015).

〔39〕 See Robert Baldwin, Martin Cave, *Understanding Regulation: Theory, strategy and Practice*, Oxford University Press, 1999, p. 70.

〔40〕 参见刘绍宇：《论互联网分享经济的合作规制模式》，载《华东政法大学学报》2018 年第 3 期。

三，行政体制。行政权天然具有扩张的倾向，在设置行政许可权上尤其如此。政府在作出行政决定时也往往会考虑自身利益，难以站在中立立场作出有利于公众利益的决定。行政规制作为政府调控经济的“有形之手”的主要手段之一，在公共规制方面由于信息不足和执法成本过高等问题，存在一些固有的局限性，因此需要引入其他的手段予以配合，才能发挥行政规制真正的作用。[41]

数据具有多重属性并蕴含复合利益，生成数据的个人必然对数据享有一定的权利，而数据企业在数据生产过程中投入了资金、平台和人员，企业也应对生产数据享有一定的权益。个人对数据享有的权利和企业对数据享有的权益需要在私法上进行平衡，这也是在司法规制中需要平衡的难题。既不能为了保护自然人的权益而无限制扩张自然人对个人数据的权利边界，从而阻碍数据的流通、共享和利用；也不能无视数据企业因付出成本而取得的合法地收集、存储和利用个人数据的权利。[42] 在涉及疫情防控和保护公共利益的情况下，经常需要适度克减个人数据权利，但这种限制一定要控制在必要范围之内。例如通过健康码收集信息需要遵守比例原则，不收集超出必要范围的个人数据。企业数据平台与用户之间存在掌握数据的信息不对称，数据鸿沟导致的算法歧视威胁，因此仅靠私法难以周全保护数据权利，需要采取公法规制与私法保护相结合的多元平衡路径。

新治理理论从分析市场和政府失灵入手，挑战了命令控制和自上而下的传统规制范式，试图寻找一条介于自我规制与行政规制之间的第三条道路。新治理学派认为对抗式执法将削弱企业以互惠方式向执法机关分享信息，以及共同解决问题的意愿。无论是在政府机构还是在科层化的私人企业之内，集权化的命令体系都会产生社会成本。[43] 合作规制是在自我规制

---

〔41〕 参见蒋岩波、黄娟：《网约车行业规制路径的选择——从行政规制走向合作规制》，载《江西财经大学学报》2020 年第 3 期。

〔42〕 参见程啸：《论大数据时代的个人数据权利》，载《中国社会科学》2018 年第 3 期。

〔43〕 参见奥利・洛贝尔：《作为规制治理的新治理》，载冯中越主编：《社会性规制评论》（第 2 辑），中国财政经济出版 2014 年版，第 127 – 145 页。

与政府规制谱系之间，市场主体与政府在不同程度上进行合作时所表现出的规制形态。合作规制试图让市场主体参与到法律程序之中，而非强调实质性的禁令及对抗式的执法。在合作规制下，政府不再过度强调政策解读与执法，而着眼于推动自我规制、合作式守法及半自愿式的守法。合作规制路径可以被形象地视为规制金字塔。自我规制是金字塔的最底层塔基，逐步升级的命令控制规制和惩罚构成金字塔的顶端。这一金字塔结构反映了新治理的规制视角，它首先关注私人主体对规制的参与。自我规制是企业或组织解决问题的第一阶段。在第二阶段，规制机构与企业进行规制协商，并告知企业如未能自我执法或未与规制机构合作，则在第三阶段将不会实施定制式的规则，而是实施更具强制性的规则。类似地，就违法行为报告而言，一个有序的报告系统会允许组织首先要求其成员通过公司的内部报告渠道来举报违法行为。只有当内部问题解决机制失效时，公司才会允许成员转向公共渠道举报。〔44〕在合作规制的路径建构上，在公法层面应建构基于刑法的严厉威慑，基于反垄断法和反不正当竞争法的公法监督；在私法层面应建构基于知情同意和选择退出的私法保障，道德示范与合规引领机制。由于数据交易是数字经济发展创新形成的新业态，监管机关应更加包容审慎，设置容错机制，促进平台治理创新，探索政府、行业协会、平台企业、资源提供者和消费者“共票”的多元协同治理机制，并以持续提高消费者福利为最终目标。

（三）构建有效的外部监管机制

在利用与保护个人数据激励失衡的背景下，无论是合作规制理论还是各国的个人信息保护实践都证明，仅凭自律机制并不能形成有效的激励约束。以美国为例，虽然美国并未制定统一的个人信息保护法，但却有着其

---

〔44〕 See David Levi - Faur, *the Oxford Handbook of Governance*, Oxford University Press, 2012, p. 86 - 101.

他国家无法比拟的强大的外部执法机制，能够约束信息控制者的行为。[45] 我国《个人信息保护法》已于2021年11月开始正式实施，它为个人信息的保护提供了规范指引，然而在制度层面仍存在欠缺，具体表现为：其一，规定过于原则和笼统。有学者提出当前我国多数涉及数据保护的规范性文件位阶偏低，而高位阶的法律规范或流于形式，或多为原则性规定，缺乏可操作细则，[46] 甚至有时仅是一个概念或禁止性要求，缺乏系统的整体制度设计。其二，重视责任追究，轻视过程规范。在司法实践中，对于数据侵权行为存在重刑事责任追求，而轻视行政规制的执法倾向。例如，按照最高人民法院、最高人民检察院《关于办理侵犯公民个人信息刑事案件适用法律若干问题的解释》，对于侵犯公民个人信息罪“情节严重”有10种判定标准，符合其中之一便可定罪。据此，几乎所有侵犯公民个人信息的行为都可能触发刑事责任，已完全替代了任何行政执法机制。[47] 有学者指出，对于侵犯公民个人信息行为，我国刑法已先于行政法和民事法亮剑。[48] 然而，缺乏具有可操作性的原则性法律规范难以对多元化数据权利提供全面保护，需要构建有效的外部监管机制。

在数据市场交易活动中，对于个人信息的保护也是关注的焦点，然而我国数据交易监管体制仍呈现出“九龙治水”的特点，发改委、工信部、网信办、国家市场监督管理总局和国家安全部等都承担了一定的监管职责。为避免数据交易行政监管过程中的互相推诿，我国应构建一个权责更为清晰的数据交易监管机关。《个人信息保护法》第60条对履行个人信息保护职责的监管机关的分工进行了规定。网信办负责统筹协调个人信息保

[45] 参见周汉华：《探索激励相容的个人数据治理之道——中国个人信息保护法的立法方向》，载《法学研究》2018年第2期。

[46] 参见张新宝：《从隐私到个人信息：利益再衡量的理论与制度安排》，载《中国法学》2015年第3期。

[47] 参见周汉华：《探索激励相容的个人数据治理之道——中国个人信息保护法的立法方向》，载《法学研究》2018年第2期。

[48] 参见卢建平、常秀娇：《我国侵犯公民个人信息犯罪的治理》，载《法律适用》2013年第4期。

护的监督管理，国务院相关部门在职责范围内负责个人信息保护和监督管理。[49] 虽然《个人信息保护法》第 60 条和《数据安全法》第 5 条、第 6 条分别对个人信息保护和数据安全的监管进行了细致分工，但依然未能改变数据监管“九龙治水”的难题。有学者主张建立类似于欧盟数据保护委员会（European Data Protection Board，EDPB）的独立监管机构，该监管机构需兼具专业性和强监管性。然而，设立类似于欧盟 EDPB 的强监管机构也不一定能解决数据交易中的数据保护问题。一方面，数据来源广泛且具专业性。对教育、金融、交通、医疗等行业数据的监管存在技术性门槛，独立的监管机构不一定有能力对上述行业数据进行专业管理。另一方面，单独构建独立监管机构会增加行政管理成本。从管理效率角度来看，大一统的监管机构的监管效能不一定强于原有部门。统一监管与行业监管并行的监管模式可能是值得借鉴的。例如，美国个人数据保护的统一监管机构是美国联邦贸易委员会（FTC），而金融行业和医疗行业也都单独设有监管机构，美国实行的是统一监管和行业监管统合的监管模式。

（四）构建行业与企业的自律监管机制

“MAMAA”是美国五大互联网科技巨头 Facebook 母公司（Meta）、苹果（Apple）、微软（Microsoft）、谷歌（Alphabet）和亚马逊（Amazon）的缩写，它们在美国引领了平台经济和数字经济的发展。我国的百度、阿里巴巴、腾讯和京东等科技企业也成为了中国数字化的商业巨头。巨型数据平台的出现打破了传统国家和社会的二元结构，形成了国家、社会和企业三足鼎立的三元结构。数据平台依照自身业务需求“量身定制”平台规则，具有“类立法权”效果；数据平台根据自身掌控资源和战略需要，对商家和用户进行管理和处罚，具有“类行政权”效果；数据平台形形色色

---

[49] 参见《个人信息保护法》第 60 条第 1 款规定：“国家网信部门负责统筹协调个人信息保护工作和相关监督管理工作。国务院有关部门依照本法和有关法律、行政法规的规定，在各自职责范围内负责个人信息保护和监督管理工作。”

交易繁多滋生了大量商业纠纷，平台通过争议解决协议，在线解决这些商业纠纷，具有“类司法权”效果。大型互联网企业是促进数字经济繁荣和科技创新的主力军，鼓励这些企业和行业进行自律管理是保障数据权利的重要机制。以美国为例，美国对数据采取了“自由市场＋行业强监管”的规制模式。为促进数据自由流通和高效利用，《加州消费者隐私法》采取了选择退出（opt－out）的事后监管机制，对于数据收集和使用采取的是通知告知原则，并不需要事先获得用户的知情同意。基于美国全球翘楚的科技实力，美国对于数据的价值取向更倾向于鼓励数据的自由流通和交易。美国鼓励互联网科技巨头进行自律管理，当企业无法进行自我规制时，美国联邦贸易委员会（FTC）就有强监管权进行行政规制。例如，2019 年，美国司法部与 FTC 向美国哥伦比亚特区法院起诉 Facebook 违反 2012 年 FTC 针对该公司作出的指令。Facebook 谎称用户可控制其个人信息，并且未建立一个合理程序来保障消费者隐私。随后，FTC 与 Facebook 达成和解协议，该协议对 Facebook 开出 50 亿美元的罚款。FTC 还以 HyperBeard 违反儿童在线隐私保护法规则，在未通知父母或未获得父母授权前提下，允许第三方广告商利用识别码向使用 HyperBeard 的儿童发送定向广告为由，对 HyperBeard 处以 400 万美元的民事罚款。[50]

我国的行业自律监管也是规范数据交易市场行为的重要监管手段。行业自律监管一般通过行业协会或自律组织订立行业自律规范，以规范形式明确数据交易主体以及相关权益方的权利义务，并依照该规范进行行业内监督和管理。例如，2012 年 11 月中国互联网协会发布的《互联网搜索引擎服务自律公约》第 7 条第 1 款就提出“遵循国际通行的行业惯例和商业规则，遵守机器人协议（Robots 协议）”[51]。在 2016 年大数据产业峰会

〔50〕 参见刘笑岑：《美国 FTC〈2020 年隐私和数据安全报告〉》，载博客中国 2021 年 7 月 9 日，https：//shuju. blogchina. com/501247661. html。

〔51〕《互联网搜索引擎服务自律公约》，载中国互联网协会，https：//www. isc. org. cn/article/10677720886931456. html。

上，中国信通院等54家企业机构共同发起了《数据流通行业自律公约》，该公约明确了大数据资源的权属问题，并提出了保护数据资产价值和建立数据安全不合规惩处机制。2020年中国互联网协会组织133家企业共同签署了《电信和互联网行业网络数据安全自律公约》，该公约倡导企业承担网络数据安全方面的五大责任。这种行业自律性公约虽然不具有强制性功能，但它为互联网企业实施网络爬虫行为提供了规范指引。由于专门数据交易主体尚未形成规模，数据交易行业也尚未制定统一的专门性行业协议，因此数据交易的行业监管职责实际上都由第三方数据交易所承担。

各地数据交易所的监管实践基本反映了数据交易行业自律监管现状。由于国家和各地政府都未明确数据交易所的监管法律地位，各大数据交易所对于自身监管地位的认识也存在差异，数据交易所的交易规则实际上成为各大数据交易所发挥自身自律监管的规范依据。在实践中，数据交易所的监管定位可以分为3类：第一类是明确了自身自律监管地位和监管职责。例如贵阳大数据交易所的《观山湖公约》、华中大数据交易所的《华中大数据交易平台规则》等将自身定位为提供数据交易场所的中立平台，并明确了数据交易主体的权利义务关系、应承担责任以及交易过程的具体实施。[52] 在《贵阳大数据交易所702公约》中，贵阳大数据交易所将自身定位为“百分百中立者”，仅发挥数据质量认证、数据格式标准化、数据金融工具等监管审核职能。[53] 第二类是未明确自身自律监管地位，但明确了监管职责。例如中关村数海大数据交易平台和安徽大数据交易中心等。《中关村数海大数据交易平台规则》明确规定了平台拥有监督和审核的权

---

〔52〕 参见王卫、孙梦君、王晶：《国内外大数据交易平台调研分析》，载《情报杂志》2019年第2期。

〔53〕 参见《贵阳大数据交易所702公约》：“大数据交易所在大数据供需双方充当一个百分百中立者的角色，完全不受任何外界因素的干扰及影响。但是我们也不会简单的充当数据搬运工的角色，交易所将积极发挥数据质量认证、数据格式标准化、数据金融工具的作用。”

利，并有权停止违规交易行为。[54] 第三类是未明确自身监管职责。例如哈尔滨数据交易中心和华东江苏大数据交易中心等，它们在各自的网站都明确了服务条款和条件，但未提供关于交易规则和监管责任的表述。交易主体原则上实行登记会员制，但交易所却并不审核确认会员资格。数据交易主体自行承担交易中的或有风险，数据交易所不承担任何责任。[55]

我国数据平台企业经常与合作第三方签订平台协议就数据归属、获取和使用等问题作出事先约定。这类合作协议的性质属于数据平台企业对自身数据的自律监管。例如，淘宝开放平台的《淘宝合作伙伴开发协议》就"数据知情权""改正与删除数据权""数据的处置权""数据权利归属""数据所有权""数据知识产权""限制与删除数据权"作出明确规定，形成了淘宝开放平台特有的对数据的协议控制（见表6-6）。尽管《淘宝合作伙伴开发协议》某些条款（如数据所有权、数据知识产权、数据权利归属）的法律效力仍具有不确定性，但企业开放平台协议仍具有合同法效力，合作伙伴的相关行为仍受合同法的约束。

表6-6　淘宝开放平台《淘宝合作伙伴开发协议》中的数据协议控制

开放平台名称	协议名称	数据相关条款	数据协议控制要点
淘宝开放平台	淘宝合作伙伴开发协议	9.1　如开发者或应用存在违反本第八条所述开放平台服务使用规范的，淘宝有权以普通或非专业人员的知识水平标准对相关内容进行判别；如淘宝认为这些内容或行为具有违法或不当性质的，淘宝有权删除相关信息或停止对该开发者提供服务，并追究其法律责任。	数据知情权 改正与删除数据权

〔54〕参见《中关村数海大数据交易平台规则》："交易平台对数据交易行为具有监督和审核的权利，有权按相关法律法规和本规则及时停止违规交易行为。"

〔55〕参见《条款和条件》，载华东江苏大数据交易中心，http：//www.bigdatahd.com/html/pages/terms.html。

续表

开放平台名称	协议名称	数据相关条款	数据协议控制要点
淘宝开放平台	淘宝合作伙伴开发协议	9.2 对于开发者在淘宝开放平台上发布的下列信息，淘宝有权在不通知开发者的前提下进行删除或采取其它限制性措施，包括但不限于涉嫌违法、侵犯第三人合法权益、违反公序良俗、社会公德，或淘宝认为不妥当的其他信息。 9.4 淘宝有权对开发者和用户的注册数据及交易行为进行查阅，发现注册数据或交易行为中存在任何问题或怀疑，均有权向开发者发出询问或要求改正的通知，或者直接作出删除等处理。	
		9.5 淘宝有权根据平台规则限制或阻止开发者获取用户数据及开放平台运营数据，有权在法律允许范围内自主决定相关数据的保存期限；如淘宝认为开发者使用用户数据的方式、数据收集的目的或收集的范围有可能违反平台规则及法律法规，损害用户体验、侵犯用户权益或者不符合应用程序运行或功能实现的目的，淘宝有权要求开发者立即删除相关数据并不得再以该方式使用或再行收集该等数据； 13.2.2 不论淘宝与开发者之间的服务因任何原因以任何方式终止，淘宝仍有权：……3）要求开发者立即删除其从开放平台中获得的全部数据，包括但不限于用户数据、开放平台运营数据；且淘宝有权基于数据安全的考虑不经通知径行做出删除相关数据的处理措施。	处置与删除数据权
		10.2 对于开发者通过开发者应用向用户提供服务过程中产生的数据，淘宝尊重开发者及其他相关主体的数据权利。在此前提下，开放平台收集、记录的开发者在使用淘宝提供的服务以及在开放平台运营过程中所产生的数据（包括但不限于用户注册信息、用户针对开发者应用的使用数据）的相关权利归属于淘宝，且是淘宝的商业秘密。	数据权利的归属

续表

开放平台名称	协议名称	数据相关条款	数据协议控制要点
淘宝开放平台	淘宝合作伙伴开发协议	未经淘宝事先书面同意，开发者不得为本协议约定之外的目的擅自保存、使用前述数据，亦不得以任何形式将前述数据提供给他人；如经淘宝书面同意开发者可以使用前述数据的，其行为应当同时符合本协议第 8.5 条的约定。……	
		10.1　淘宝开放平台上所有内容，包括但不限于著作、图片、档案、资讯、资料、网站架构、网站画面的安排、网页设计，均由淘宝或其他权利人依法拥有其知识产权，包括但不限于商标权、专利权、著作权、商业秘密等。非经淘宝或其他权利人书面同意任何人不得擅自使用、修改、复制、公开传播、改变、散布、发行或公开发表淘宝网站程序或内容。	数据知识产权 数据所有权
		10.3　根据本协议的条款和条件，淘宝授予开发者有限的、非排他性的、可随时终止的和不可再分发的许可，仅限于开发者在自己访问和使用开放平台开发、测试、显示其应用时，允许开发者访问淘宝提供的或用户自身授权的用户信息，并允许其他淘宝平台用户访问开发者应用；但淘宝有权随时在提前通知或不通知的情况下自行限制、约束或禁止开发者或其他淘宝平台用户访问开发者的应用。 13.2.2　不论淘宝与开发者之间的服务因任何原因以任何方式终止，淘宝仍有权：……3）要求开发者立即删除其从开放平台中获得的全部数据，包括但不限于用户数据、开放平台运营数据；且淘宝有权基于数据安全的考虑不经通知径行做出删除相关数据的处理措施。	限制与删除数据权

资料来源：参见《淘宝合作伙伴开发协议》，载淘宝开放平台 2024 年 2 月 20 日，https：//terms. alicdn. com/legal – agreement/terms/suit_ bu1_ other/suit_ bu1_ other201704191118_ 23239. html? spm = a219a. 15212433. 0. 0. 70f2669aYjaPOw。

抖音开放平台也从行为规制角度，对开发者就禁止数据私自流转，禁止使用数据，限制使用数据，删除数据，数据使用合规等作出明确规定，形成了抖音开放平台特有的对数据的协议控制（见表6－7）。这些对开发者行为的约束在新浪诉脉脉等案件中已得到司法实践的认可。因此，阿里巴巴、腾讯、字节跳动和新浪等互联网平台企业都通过开放平台协议来明确其对平台数据的支配，并且它们通过制定数据权利条款或行为规制措施，将控制和支配平台数据的目的明确地嵌入与开发者签订的协议之中。以期最大限度地获得反不正当竞争法的司法保护。

表6－7 《抖音开放平台开发者服务协议》中的数据协议控制

开放平台名称	协议名称	数据相关条款	数据协议控制要点
抖音开放平台	抖音平台开发者服务协议	3.4 如果公司发现或有理由相信开发者或其应用可能存在第3.3条规定所列的情形或任何其他问题，公司有权向开发者发出询问或要求改正的通知，或者直接作出公司认为合适的处理，包括但不限于删除相关信息，删除应用或停止对该开发者提供本协议项下的服务。	改正与删除数据
		4.2.1 开发者及应用发布、传播的内容应自觉遵守宪法法律、法规、遵守公共秩序，尊重社会公德、社会主义制度、国家利益、公民合法权益、道德风尚和信息真实性等要求。开发者同意并承诺不制作、复制、发布、传播法律、行政法规禁止的下列信息内容：……(20) 未经授权许可，对公司旗下产品/平台中的信息、数据、内容进行复制、使用、传播等的…… 5.2 开发者应对通过应用提供服务而获得的用户数据和信息，采取适当的、合理的、安全的技术措施，尽其所能确保其安全，以防止用户数据和信息被擅自访问、使用、泄露或披露。	禁止私自流转数据

续表

开放平台名称	协议名称	数据相关条款	数据协议控制要点
抖音开放平台	抖音平台开发者服务协议	5.1　开发者开发、发布的应用需要收集或使用用户数据的，应当符合以下要求：(1) 开发者必须确保通过合法渠道、采用合法方式获取、使用或保存用户数据，并应事先获得用户的同意，且应当告知用户相关数据收集的目的、范围及使用方式，保障用户知情权；(2) 开发者不得请求、收集、索取抖音或抖音开放平台的帐号、密码或其他身份验证凭据，也不得从任何用户处获取对前述帐号的访问权，不得为任何用户自动登录到抖音/开放平台提供代理身份验证凭据；(3) 开发者不得超越抖音、抖音开放平台以及用户的授权获取数据；不得在未获得明示授权的前提下，采取任何技术措施从抖音及抖音开放平台获取数据用于建立、补充完善产品关系链；(4) 开发者应当仅获取为应用运行及功能实现目的而必要的数据，开发者在特定应用中收集的数据仅可以在该特定应用中使用，不得将收集的用户数据转移或使用在该特定应用之外，不得将数据出售、转让或用于特定应用之外的任何其他目的；(5) 开发者应当向用户提供查询、修改、删除用户数据的方式，确保用户要求删除其用户数据时可通过该方式自行操作完成，并确保相关数据被完全删除。	数据使用合规
		5.4　公司有权限制或阻止开发者获取用户数据及开放平台运营数据，有权自主决定相关数据的保存期限。如公司认为开发者使用用户数据的方式、数据收集的目的或收集的范围有可能损害用户体验、侵犯用户权益或者不符合应用程序运行或功能实现的目的，公司有权要求开发者立即删除相关数据并不得再以该方式使用或再行收集这些数据。	限制数据使用、阻止数据获取

续表

开放平台名称	协议名称	数据相关条款	数据协议控制要点
抖音开放平台	抖音平台开发者服务协议	5.5 开发者违反法律法规或本协议的约定非法获取或不当使用相关数据的，公司有权采取直接终止本协议、删除开发者已获取的相关数据、下架应用等措施，且前述措施可以合并使用；开发者应当以自己的名义独立承担全部责任，并对给公司、用户或任何第三方造成的损失进行赔偿。	删除数据

资料来源：《抖音开放平台开发者服务协议》，载抖音开放平台 2022 年 7 月 28 日，https：//open. douyin. com/platform/agreement/developerServiceAgreement。

我国可以借鉴欧美各国的优秀数据治理经验，鼓励企业主动承担主体责任，发挥行业自律的灵活性优势，弥补法律规范的滞后性弱势。在鼓励企业和行业自我规制的同时，政府也可以发挥行政规制的优势，建立奖惩机制，并探索建立警告、训诫、负面清单等矫正性措施，优化政府的规制手段。

《个人信息保护法》《数据安全法》也都体现了平台自我规制，行业自律管理，政府行政规制的协同治理机制。例如《个人信息保护法》第 58 条规定了，提供重要互联网平台服务，用户数量巨大，业务类型复杂的个人信息处理者应履行的五大义务。这充分体现了平台作为守门人应尽到自我规制责任。《数据安全法》第 10 条对行业协会自律进行了规定。因此，在政府行政规制的前提下，应鼓励行业进行自律管理并且加强平台企业的自我规制。具体而言，在社会监管方面，社会舆论可以对数据交易主体进行舆论监督，规范其数据交易行为。新闻媒体和社会公众可以积极参与数据交易市场的监督与治理。在行业自律监管方面，数据交易行业可以建立数据交易专业委员会，通过行业自律公约或行业标准，推动数据交易技术发展和产品服务标准建设。通过建立数据交易的技术标准、质量标准、安全标准，监督规范行业内和行业间数据交易。在自我规制方面，数据平台可以通过知情同意机制、选择退出机制、数据协议控制和数据安全标准实现企业自律管理，以避免企业在数据交易共享过程中侵犯用户数据隐私和危害国家安全。构建行业与企业的自律监管机制体现了协商民主的精神，它不但可以促进合作规制框架的形成，还能大幅降低政府对数据交易的行政监管成本，这有助于促进数据交易产业发展，助推数字经济的长久繁荣。

五、本章小结

构建新型数据交易监管制度需要构建主体规范、行为规范、中介服务规范以及合作规制框架。从构建主体规范角度来看，由于数据交易主体应具有专业性和特殊性，我国应将数据交易主体限定为企业法人或组织；可交易数据的范围主要应包括企业生产数据与企业控制数据，并应根据数据来源和类别的不同确定是否允许交易。从构建行为规范角度来看，数据资源作为资产在会计学上应予以确认和计量。根据财政部的《企业会计准则——基本准则》应将数据作为无形资产中的新类别；数据资产价值受数量、质量、应用和风险 4 个维度影响，对数据资产的估值应采用改进的成本法、收益法和市场法；数据要素市场的主要模式为数据交易所模式和企业数据平台模式，应围绕这两种模式形成符合交易实践的定价机制和价值实现机制。从构建中介服务规范角度来看，数据交易所应回归其专业中介职能，并推动基于声誉的可信数据交易。从合作规制框架建构角度来看，数据交易监管应采取公法规制与私法保护并存的合作规制框架，需要构建强有力的统一与行业监管结合的混合行政监管机制。同时应构建企业自我规制，行业自律管理和政府行政监管相结合的协同治理机制。

结　语

自 2017 年《网络安全法》正式实施之后，2021 年全国人民代表大会常务委员会又正式通过并实施了《数据安全法》和《个人信息保护法》，在立法层面分别回应了公众对于网络安全、数据安全和个人信息保护等方面的担忧。在孟德斯鸠的《论法的精神》中，有一句被广泛引用的名言，“在民法慈母般的眼里，每一个个人就是整个国家”。我国的立法者对于个人信息保护也给予了慈母般的关怀。数据保护与数据利用就如同公平与效率一般，同为人类社会活动的价值追求，有时二者难以兼得，表现出对立性，而相互作用又使二者具有统一性。雷·库兹韦尔在《奇点临近》一书中对未来进行展望，并断言随着知识和技术不断结合，未来将出现人工智能的技术奇点。到达这一奇点的人工智能，将彻底超越所有人类智慧，进而推动人类社会的爆炸式发展。[1] 突破人工智能的技术瓶颈离不开投入海量的数据进行训练。随着大数据、云计算和人工智能的加速发展，数字经济中数据交易流通和数据利用的重要性越发凸显。在虚拟的网络世界之中，人们时时刻刻都在生成数据，数据在网络间的流转交易使得数据财产价值飙升。由于数据平台企业利用自身的科技和经济手段争夺数据资源，数据利用与数据保护之间的纷争愈演愈烈，各国立法机关都尝试建立数据流通交易秩序和竞争规则。在我国司法实践中也出现了一系列涉及数据财产权益的案例。例如，在腾讯诉聚客通群控软件案中，杭州铁路运输法院

---

〔1〕 参见［美］雷·库兹韦尔：《奇点临近》，李庆诚、董振华、田源译，机械工业出版社 2011 年版，第 15 页。

将平台数据区分为单条原始数据和集合性网络平台数据，并认定数据主体对单条原始数据享有数据权利，而数据平台对集合性平台数据享有竞争性权益。[2] 在北京超级星饭团案中，北京海淀区法院将平台数据区分为公开数据和非公开数据，并认为企业对于公开数据的使用需要有一定的容忍度，数据平台对于非公开数据的经营权益受法律保护。[3] 在微信读书案中，北京互联网法院对数据平台的数据经营权益和个人数据的隐私权益进行了权益平衡，法院认为数据平台对收集的数据资源进行利用需要符合用户的合理预期。当跨平台使用数据时，需获得用户的明确授权同意。[4] 虽然网络数据大部分源于个人和国家，但能充分挖掘和发挥数据价值，并使其进入商业利用蓝海的却是数据企业。明确数据的财产权益是构建数据交易规则的前提，而鼓励企业推动以数据要素为核心的交易流通机制是繁荣数字经济的必由之路。

党和国家高度重视数据要素市场培育，对于数据要素市场化配置也进行了顶层设计。党的十九届四中全会作出的中共中央《关于坚持和完善中国特色社会主义制度　推进国家治理体系和治理能力现代化若干重大问题的决定》提出“推进数字政府建设，加强数据有序共享，依法保护个人信息”。中共中央、国务院印发的《关于构建更加完善的要素市场化配置体制机制的意见》首次将数据与土地、劳动力、资本、技术等要素并列为生产要素，并强调要加快培育数据要素市场。国务院印发的《要素市场化配置综合改革试点总体方案》进一步提出，建立健全数据流通交易规则。《数据安全法》明确了数据交易合法地位，并肯定了数据交易中介地位。在地方立法中，深圳发布的《深圳经济特区数据条例》鼓励市场主体通过

〔2〕 参见深圳市腾讯计算机系统有限公司、腾讯科技（深圳）有限公司与浙江搜道网络技术有限公司、杭州聚客通科技有限公司不正当竞争纠纷案，杭州铁路运输法院民事判决书，（2019）浙8601民初1987号。

〔3〕 参见北京微梦创科网络技术有限公司诉云智联网络科技（北京）有限公司不正当竞争纠纷案，北京市海淀区人民法院民事判决书，（2017）京0108民初24512号。

〔4〕 参见腾讯科技（深圳）有限公司等网络侵权责任纠纷案，北京互联网法院民事判决书，（2019）京0491民初16142号。

数据交易平台进行数据交易，明确了数据交易的平台环境，并提出禁止交易数据清单。自 2015 年 4 月，贵阳大数据交易所经批准成立以来，全国各地经过多轮建设热潮，至 2022 年 9 月已成立 20 余家大数据交易所，但由于数据交易所的定位和模式未明，数据交易配套规则缺失，数据交易成交量远低于预期。此外，数据黑市交易、数据泄露和数据隐私等问题频发。信息不对称、负外部性和准公共产品性导致的数据交易市场失灵越发严重，数据交易中的政府规制失灵也时有出现。矫正数据交易市场失灵需要矫正信息不对称问题，并克服其负外部性。然而，传统法律规制手段已无法为数字经济时代的数据交易活动提供全面保护。例如，传统侵权法难以保护数据隐私权益。个人数据的匿名化和去标识化减少了个人数据的关联度，数据的去身份化冲击了隐私保护的可识别性；数据的公开性特征也削弱了隐私权益的合理期待；数据侵权主体呈现多元化特征，双方信息的不对称也导致数据侵权损害举证极为困难。人格权保护路径难以回应数据财产权益。数据蕴含多元主体的复合利益，既包含人格要素，也包含财产权益和公共利益。数据能够映射出个人对数据的人权价值，企业对数据的商业价值，国家对数据的社会和安全价值。单一的人格权保护难以实现数据的复合利益，而且绝对权保护会阻碍数据的流通价值。物权路径也无法全面保护数据权益。不同于传统意义上的物，数据具有无体性、非竞争性和非排他性。多个主体可同时使用数据，并且不存在互相排斥。数据的无体性使数据难以满足物权法定的原则，而数据的广泛共享使用特性又违反一物一权的原则。此外，数据交易无须转移所有权，只需经过授权开放数据接口便可完成，这种交易方式违背了物权的公示和公信原则。知识产权路径则难以保护企业数据权利。数据一般不具有独创性的著作权特征，数据的公共性也不符合商业秘密的特征而且在数据交易中，商业道德的应用和认定也面临一定的挑战和不确定性。

《庄子·天运》有云："礼义法度者，应时而变者也。"构建新型数据交易监管制度是顺应数字经济发展需求的。在社会实证基础上，探索符合我国国情的数据交易监管制度可以进一步释放数据商业利用红利，助推我国数字经济高质量发展。诚然，任何一种构想的提出都会囿于自身学识和视野而存在偏颇之处，实践的检验才是唯一试金石。无论立法者最终采取何种路径构建数据交易监管制度，都必须考虑数据交易主体对数据的合理期待利益。自然人用户期待通过“知情同意”授权获得相应的对价（免费服务或财产性利益）；国家期待促进数据公开并提高数据安全保护；企业通过数据主体授权而使其参与数据全生命周期的行为具有正当性基础，从其生产和控制数据的活动中获取企业利润。

参考文献

一、专著类

[1] 陈金钊主编:《法律方法论》,北京大学出版社 2013 年版。

[2] 高富平:《大数据知识图谱:数据经济的基础概念和制度》,法律出版社 2020 年版。

[3] 黄茂荣:《法学方法与现代民法》,中国政法大学出版社 2001 年版。

[4] 何渊等:《大数据战争:人工智能时代不能不说的事》,北京大学出版社 2019 年版。

[5] 刘青:《信息法新论——平衡信息控制与获取的法律制度》,科学出版社 2008 年版。

[6] 马化腾、郭凯天、司晓主编:《数字经济:中国创新增长新动能》,中信出版集团 2017 年版。

[7] 孟雁北等:《大数据竞争——产业、法律与经济学视角》,法律出版社 2020 年版。

[8] 齐爱民:《私法视野下的信息》,重庆大学出版社 2012 年版。

[9] 漆多俊:《经济法基础理论》(第 4 版),法律出版社 2008 年版。

[10] 涂子沛:《数据之巅:大数据革命,历史、现实与未来》,中信出版社 2014 年版。

[11] 王利明主编:《民法》(第 8 版),中国人民大学出版社 2020 年版。

[12] 文禹衡:《数据产权的私法构造》,中国社会科学出版社 2021 年版。

[13] 武长海主编:《数据法学》,法律出版社 2022 年版。

[14] 武长海主编:《国际数据法学》,法律出版社 2021 年版。

[15] 吴军:《智能时代:5G、IoT 构建超级智能新机遇》,中信出版集团 2020 年版。

[16] 吴军:《文明之光》(第 2 册),人民邮电出版社 2015 年版。

[17] 伍先斌:《新制度经济学要义》,光明日报出版社 2007 年版。

[18] 刘凡、刘允斌:《产业经济学》，湖北出版社 2002 年版。
[19] 徐翔:《数字经济时代：大数据与人工智能驱动新经济发展》，人民出版社 2021 年版。
[20] ［澳］杨小凯、黄有光:《专业化与经济组织——一种新兴古典微观经济学框架》，经济科学出版社 2000 年版。
[21] 张俊浩主编:《民法学原理》(修订第 3 版)，中国政法大学出版社 2000 年版。
[22] 张维迎:《博弈论与信息经济学》，上海人民出版社 2004 年版。
[23] 赵刚:《数据要素：全球经济社会发展的新动力》，人民邮电出版社 2021 年版。
[24] 郑云瑞:《民法总论》(第 7 版)，北京大学出版社 2017 年版。
[25] 郑玉波:《民法总则》，中国政法大学出版社 2003 年版。
[26] 中华人民共和国最高人民法院:《中国法院的互联网司法》，人民法院出版社 2019 年版。

二、译著类

[1] ［奥］路德维希·冯·米塞斯:《人的行动：关于经济学的论文》，余晖译，上海世纪出版集团 2013 年版。
[2] ［德］迪特尔·梅迪库斯:《德国民法总论》，邵建东译，法律出版社 2013 年版。
[3] ［德］卡尔·拉伦茨:《德国民法通论》，王晓晔等译，法律出版社 2013 年版。
[4] ［荷］乔安妮·凯勒曼、［荷］雅克布·德汉、［荷］费姆克·德弗里斯编著:《21 世纪金融监管》，张晓朴译，中信出版社 2016 年版。
[5] ［美］奥利·洛贝尔:《作为规制治理的新治理》，载冯中越主编:《社会性规制评论》(第 2 辑)，中国财政经济出版社 2014 年版。
[6] ［美］丹尼尔·F. 史普博:《管制与市场》，余晖等译，上海人民出版社 2008 年版。
[7] ［美］丹尼斯·C. 缪勒:《公共选择理论》(第 3 版)，韩旭、杨春学等译，中国社会科学出版社 2017 年版。
[8] ［美］弗兰克·伊斯特布鲁克、［美］丹尼尔·费希尔:《公司法的经济结构》，罗培新、张建伟译，北京大学出版社 2014 年版。
[9] ［美］E. 博登海默:《法理学：法律哲学与法律方法》，邓正来译，中国政法大学

出版社 2004 年版。
[10] [美] 康芒斯：《制度经济学》(上册)，于树生译，商务印书馆 1997 年版。
[11] [美] 拉古拉迈·拉詹、[美] 路易吉·津加莱斯：《从资本家手中拯救资本主义——捍卫金融市场自由，创造财富和机会》，余江译，中信出版社 2004 年版。
[12] [美] 尼古拉·尼葛洛庞帝：《数字化生存》(20 周年纪念版)，胡泳、范海燕译，电子工业出版社 2017 年版。
[13] [美] P. 诺内特、[美] P. 塞尔兹尼克：《转变中的法律与社会：迈向回应型法》，张志铭译，中国政法大学出版社 2004 年版。
[14] [美] 凯斯·R. 桑斯坦：《权利革命之后：重塑规制国》，钟瑞华译，中国人民大学出版社 2008 年版。
[15] [美] 罗纳德·H. 科斯，陈昕主编：《企业、市场与法律》，盛洪、陈郁译，格致出版社、上海三联书店、上海人民出版社 2014 年版。
[16] [日] 植草益：《微观规制经济学》，朱绍文等译，中国发展出版社 1992 年版。
[17] [英] 休谟：《人性论》，关文运译，商务印书馆 1983 年版。
[18] [英] 弗里德里希·奥古斯特·哈耶克：《自由宪章》，杨玉生等译，中国社会科学出版社 2012 年版。
[19] [英] 卡尔·波兰尼：《大转型：我们时代的政治与经济起源》，冯钢、刘阳译，浙江人民出版社 2007 年版。
[20] [英] 克里斯托夫·弗里曼：《技术政策与经济绩效：日本国家创新系统的经验》，张宇轩译，东南大学出版社 2008 年版。
[21] [英] 维克托·迈尔-舍恩伯格、[英] 肯尼思·库克耶：《大数据时代：生活、工作与思维的大变革》，盛杨燕、周涛译，浙江人民出版社 2013 年版。
[22] [英] 约翰·密尔：《论自由》，许宝骙译，商务印书馆 2019 年版。

三、期刊类

[1] 包晓丽：《数据产权保护的法律路径》，载《中国政法大学学报》2021 年第 3 期。
[2] 程啸：《论大数据时代的个人数据权利》，载《中国社会科学》2018 年第 3 期。
[3] 崔国斌：《大数据有限排他权的基础理论》，载《法学研究》2019 年第 5 期。
[4] 戴昕：《数据界权的关系进路》，载《中外法学》2021 年第 6 期。

[5] 邓辉：《数字广告平台的自我优待：场景、行为与反垄断执法的约束性条件》，载《政法论坛》2022 年第 3 期。
[6] 丁晓东：《个人信息私法保护的困境与出路》，载《法学研究》2018 年第 6 期。
[7] 丁晓东：《数据交易如何破局——数据要素市场中的阿罗信息悖论与法律应对》，载《东方法学》2022 年第 2 期。
[8] 房绍坤、曹相见：《论个人信息人格利益的隐私本质》，载《法制与社会发展》2019 年第 4 期。
[9] 高富平：《数据流通理论　数据资源权利配置的基础》，载《中外法学》2019 年第 6 期。
[10] 高富平、尹腊梅：《数据上个人信息权益：从保护到治理的范式转变》，载《浙江社会科学》2022 年第 1 期。
[11] 何波：《数据权属界定面临的问题困境与破解思路》，载《大数据》2021 年第 4 期。
[12] 胡凌：《商业模式视角下的“信息/数据”产权》，载《上海大学学报（社会科学版）》2017 年第 6 期。
[13] 胡凌：《数字经济中的两种财产权——从要素到架构》，载《中外法学》2021 年第 6 期。
[14] 纪海龙：《数据的私法定位与保护》，载《法学研究》2018 年第 6 期。
[15] 江小涓、黄颖轩：《数字时代的市场秩序、市场监管与平台治理》，载《经济研究》2021 年第 12 期。
[16] 蒋岩波、黄娟：《网约车行业规制路径的选择——从行政规制走向合作规制》，载《江西财经大学学报》2020 年第 3 期。
[17] 金耀：《数据治理法律路径的反思与转进》，载《法律科学（西北政法大学学报）》2020 年第 2 期。
[18] 李昌麒：《论经济法语境中的国家干预》，载《重庆大学学报（社会科学版）》2008 年第 4 期。
[19] 李俊生、姚东旻：《财政学需要什么样的理论基础？——兼评市场失灵理论的“失灵”》，载《经济研究》2018 年第 9 期。
[20] 李振华、王同益：《数据中介的多元模式探析》，载《大数据》2022 年第 4 期。

[21] 凌斌：《法律救济的规则选择：财产规则、责任规则与卡梅框架的法律经济学重构》，载《中国法学》2012 年第 6 期。
[22] 刘绍宇：《论互联网分享经济的合作规制模式》，载《华东政法大学学报》2018 年第 3 期。
[23] 刘权：《数字经济视域下包容审慎监管的法治逻辑》，载《法学研究》2022 年第 4 期。
[24] 龙卫球：《数据新型财产权构建及其体系研究》，载《政法论坛》2017 年第 4 期。
[25] 龙卫球：《再论企业数据保护的财产权化路径》，载《东方法学》2018 年第 3 期。
[26] 卢代富：《经济法对社会整体利益的维护》，载《现代法学》2013 年第 4 期。
[27] 梅夏英：《数据的法律属性及其民法定位》，载《中国社会科学》2016 年第 9 期。
[28] 梅夏英：《企业数据权益原论：从财产到控制》，载《中外法学》2021 年第 5 期。
[29] 宁立志、傅显扬：《论数据的法律规制模式选择》，载《知识产权》2019 年第 12 期。
[30] 齐爱民：《数字文化商品确权与交易规则的构建》，载《中国法学》2012 年第 5 期。
[31] 申卫星：《论数据用益权》，载《中国社会科学》2020 年第 11 期。
[32] 石丹：《大数据时代数据权属及其保护路径研究》，载《西安交通大学学报（社会科学版)》2018 年第 3 期。
[33] 史宇航：《个人数据交易的法律规制》，载《情报理论与实践》2016 年第 5 期。
[34] 苏成慧：《论可交易数据的限定》，载《现代法学》2020 年第 5 期。
[35] 童彬：《数据财产权的理论分析和法律框架》，载《重庆邮电大学学报（社会科学版)》2019 年第 1 期。
[36] 王德夫：《论大数据时代数据交易法律框架的构建与完善》，载《中国科技论坛》2019 年第 8 期。
[37] 王镭：《“拷问”数据财产权——以信息与数据的层面划分为视角》，载《华中科技大学学报（社会科学版)》2019 年第 4 期。
[38] 王利明：《数据共享与个人信息保护》，载《现代法学》2019 年第 1 期。
[39] 王利明：《和而不同：隐私权与个人信息的规则界分和适用》，载《法学评论》2021 年第 2 期。

[40] 王融：《关于大数据交易核心法律问题——数据所有权的探讨》，载《大数据》2015 年第 2 期。
[41] 王晓晔：《论电商平台“二选一”行为的法律规制》，载《现代法学》2020 年第 3 期。
[42] 王天夫：《数字时代的社会变迁与社会研究》，载《中国社会科学》2021 年第 12 期。
[43] 王玉林、高富平：《大数据的财产属性研究》，载《图书与情报》2016 年第 1 期。
[44] 王苑：《个人信息保护在民法中的表达——兼论民法与个人信息保护法之关系》，载《华东政法大学学报》2021 年第 2 期。
[45] 温昱：《大数据的法律属性及分类意义》，载《甘肃社会科学》2018 年第 6 期。
[46] 吴伟光：《大数据技术下个人数据信息私权保护论批判》，载《政治与法律》2016 年第 7 期。
[47] 谢蔚、李文静：《比例原则视角下数据可携权之适用路径》，载《湖南大学学报（社会科学版）》2022 年第 1 期。
[48] 徐玖玖：《数据交易法律规制基本原则的构建：反思与进路》，载《图书馆论坛》2021 年第 2 期。
[49] 徐玖玖：《从“数据”到“可交易数据”：数据交易法律治理范式的转向及其实现》，载《电子政务》2022 年第 1 期。
[50] 许可：《数据保护的三重进路——评新浪微博诉脉脉不正当竞争案》，载《上海大学学报（社会科学版）》2017 年第 6 期。
[51] 姚佳：《企业数据的利用准则》，载《清华法学》2019 年第 3 期。
[52] 闫立东：《以“权利束”视角探究数据权利》，载《东方法学》2019 年第 2 期。
[53] 喻玲：《算法消费者价格歧视反垄断法属性的误读及辨明》，载《法学》2020 年第 9 期。
[54] 翟志勇：《论数据信托：一种数据治理的新方案》，载《东方法学》2021 年第 4 期。
[55] 张敏：《交易安全视域下我国大数据交易的法律监管》，载《情报杂志》2017 年第 2 期。
[56] 张敏：《大数据交易的双重监管》，载《法学杂志》2019 年第 2 期。

[57] 张新宝：《从隐私到个人信息：利益再衡量的理论与制度安排》，载《中国法学》2015 年第 3 期。

[58] 周汉华：《探索激励相容的个人数据治理之道——中国个人信息保护法的立法方向》，载《法学研究》2018 年第 2 期。

四、外文类

[1] Andreas Boerding et. al, *Data Ownership—A Property Rights Approach from a European Perspective*, 11 Journal of Civil Law Studies 2 (2018).

[2] Alberto Alemanno, *Towards a European Strategy on Business - To - Government Data Sharing for the Public Interest*, Final report prepared by the High - Level Expert Group on Business - to - Government Data Sharing European Commission, 2020, HEC Paris Research Paper No. LAW - 2020 - 1394.

[3] Bertin Martens et al., *Business to business data sharing: an economic and legal analysis*, Digital Economy Working Paper 2020 - 05, European Commission, Seville, 2020, JRC121366.

[4] Bernt Hugenholtz, *Europe's sui generis database right*, in S. Frankel and D. Gervais, eds., The Internet and the emerging importance of new forms of intellectual property, Kluwer Law (2016).

[5] Charles I. Jones & Christopher Tonetti, *Nonrivalry and the Economics of Data*, NBER Working Paper No. w26260 (2020).

[6] David Nguyen and Marta Paczos, *Measuring the economic value of data and cross - border data flows: A business perspective*, OECD Digital Economy Papers No. 297 (2020).

[7] David Levi - Faur, *the Oxford Handbook of Governance*, Oxford University Press, 2012.

[8] Daron Acemoglu et. al, *Too Much Data: Prices and Inefficiencies in Data Markets*, NBER Working Paper No. 26296 (2019).

[9] George Stigler, *The Theory of Economic Regulation*, The Bell Journal of Economics and Management Science, Vol. 2: 1 (1971).

[10] Guido Calabresi & Douglas Melamed, *Property Rules, Liability Rules, and Inalienability: One View of the Cathedral*, Harvard Law Review, Vol. 85: 6 (1972).

[11] Harold Demsetz, *Toward a Theory of Property Rights*, 57 American Economic Review 347 (1967).

[12] Henry Hansmann & Reinier Kraakman, *The Essential Role of Organizational Law*, 110 Yale Law Journal 387 (2000).

[13] Henry E. Smith, *Property and Property Rules*, 79 New York University Law Review 1719 (2004).

[14] Herbert Zech, *Information as Property*, Journal of Intellectual Property, Information Technology and E – Commerce Law 6 (3) (2015).

[15] Herbert Zech, *A Legal Framework for a Data Economy in the European Digital Single Market: Rights to Use Data*, Journal of Intellectual Property Law & Practice, Vol. 11: 6 (2016).

[16] Ignacio Cofone, *The Dynamic Effect of Information Privacy Law*, 18 Minn. J. L. Sci. & Tech. 517 (2017).

[17] Jack M. Balkin, *Information Fiduciaries and the First Amendment*, UC Davis Law Review, Vol. 49: 4 (2016).

[18] Jonathan M. Barnett, *Intellectual Property as a Law of Organization*, 84 Southern California Law Review 785 (2011).

[19] Josef Drexl, *Designing Competitive Markets for Industrial Data – Between Propertisation and Access*, Max Planck Institute for Innovation & Competition Research Paper No. 16 – 13 (2016).

[20] Joseph E. Stiglitz, *Markets, Market Failures, and Development*, The American Economic Review, Vol. 79: 2 (1989).

[21] Joshua A. T. Fairfield, *Owned: property, privacy, and digital serfdom*, Cambridge University Press, 2017.

[22] Joshua Meltzer, *Governing Digital Trade*, World Trade Review, 18 (S1) (2019).

[23] Julie E. Cohen, *Examined Lives: Informational Privacy and the Subject as Object*, 52 Stanford Law Review 1373 (2000).

[24] Kenneth J. Arrow, *Economic Welfare and the Allocation of Resources for Invention*, in National Bureau Committee of Economic Research, ed. , The Rate and Direction of Inventive Activity: Economic and Social Factors, 1962.

[25] Lawrence Lessig, *Code: And Other Laws of Cyberspace*, *Version 2. 0*, Basic Books, 2008.

[26] Lothar Determann, *No One Owns Data*, 70 Hastings Law Journal 1 (2019).

[27] Margaret Chon, *Sticky Knowledge and Copyright*, 2011 Wisconsin Law Review 177 (2011).

[28] Maryam Farboodi & Laura Veldkamp, *A Growth Model of the Data Economy*, NBER Working Paper No. 28427 (2021).

[29] Marta Pont, Catarina Arnaut & Sophia Leconte, *Study on data sharing between companies in Europe*, Ewopean Union (Apr. 24, 2018) https://data. europa. eu/doi/10. 2759/354943.

[30] Michael Heller, *The Tragedy of the Anticommons: Property in the Transition from Marx to Markets*, 111 Harvard Law Review (1998).

[31] Néstor Duch – Brown et al. , *The Economics of Ownership*, *Access and Trade in Digital Data*, JRC Digital Economy Working Paper 2017 – 01 (2017).

[32] Pantelis Koutroumpis, Aija Leiponen & Llewellyn Thomas, *The (Unfulfilled) Potential of Data Marketplaces*, ETLA Working Papers 53, The Research Institute of the Finnish Economy.

[33] Paul M. Schwartz, *Property*, *Privacy*, *and Personal Data*, 117 Harvard Law Review 7 (2004).

[34] Paul A. Samuelson, *the pure theory of public expenditure*, The Review of Economics and Statistics, Vol. 36: 4 (1954).

[35] Polk R. Wagner, *Information Wants to Be Free: Intellectual Property and the Mythologies of Control*, 103 Columbia Law Review 995 (2003).

[36] Richard Murphy, *Property Rights in Personal Information: an economic defence of privacy*, 83 Georgetown Law Journal 2381 (1996).

[37] Richard A. Posner, *Theories of Economic Regulation*, Bell Journal of Economics

Vol. 5: 2 (1974).

[38] Robert Baldwin, Martin Cave, *Understanding Regulation: Theory, strategy and Practice*, Oxford University Press, 1999.

[39] Robert D. Cooter & Hans – Bernd Schafer, *Solomon's Knot: How Law Can End the Poverty of Nations*, Princeton University Press, 2013.

[40] Robert P. Merges, *A Transactional View of Property Rights*, 20 Berkeley Technology Law Journal 1477 (2005).

[41] Ronald H. Coase, *the problem of social cost*, Journal of Law and Economics, Vol. 3 (1960).

[42] Ronald J. Gilson et al., *Contracting for innovation: Vertical disintegration and inter-firm collaboration*, Columbia Law Review, Vol. 109: 3 (2009).

[43] Sarah Spiekermann & Jana Korunovska, *Towards a value theory for personal data*, Journal of Information Technology 32 (2017).

[44] Saul Levmore, *Unifying Remedies: Property Rules, Liability Rules, and Startling Rules*, 106 The Yale Law Journal 2149 (1997).

[45] Vera Bergelson, *It's Personal but Is It Mine? Toward Property Rights in Personal Information*, 37 UC Davis Law Review 379 (2003).

[46] Wolfgang Kerber, *A New (Intellectual) Property Right for Non – Personal Data? An Economic Analysis*, Gewerblicher Rechtsschutz und Urheberrecht, Internationaler Teil (GRUR Int), 2016.

后　记

在这段学术探索的旅程中，我有幸见证了数字社会的法律治理体系与立法变革的深刻影响。本书不仅是国家社科重大招标课题“数字社会的法律治理体系与立法变革研究”（项目编号：20&ZD178）和江西社科规划基金一般项目“数据交易规则研究”（项目编号：22FX04）的阶段性成果，也是我博士毕业论文的结晶。自2020年博士论文开题以来，我一直致力于探索数据确权、数据交易规则的构建以及数据交易市场的监管等重要议题。

在深入学习和研究国内外数据相关文献过程中，我深感个人信息保护与数据商业利用之间的微妙平衡。个人信息的保护不仅是公民基本权利的体现，更关乎个人隐私、人格尊严以及信息的自主控制。然而，随着大数据技术的迅猛发展，数据已成为推动经济发展和社会治理效率提升的关键资源。企业通过数据分析提供个性化服务，政府则利用数据进行科学决策和资源优化配置。但商业利益的追逐往往伴随着个人信息的过度收集与滥用，这不仅侵犯了公民的合法权益，也对个人生活和社会秩序构成了威胁。因此，如何在保障个人信息安全的同时，实现数据的合理、合法、有效利用，成为我们必须面对的挑战。

此外，数据法律问题应当在新型财产权和隐私框架内进行考量。数据作为一种无形资产，在产生、收集、处理和应用过程中涉及的知识产权问题需要得到充分的重视和保护。同时，数据的使用和处理往往触及个人隐私，需要制定严格的隐私政策，加强数据加密和匿名化处理，限制数据的非法获取和使用。将数据法律问题置于无形财产权或隐私保护的框架之下，有助于明确数据的法律属性和保护范围，促进数据的合理、合法使用，推动数字经济的发展。

数据作为一种特殊资产，具有无体性、流动性、非竞争性和非损耗性等特性，这要求我们构建与数据特性相匹配的交易规则和监管制度。数据的无体性和流动性使其可以跨越地理边界，实现全球范围内的流通和共享，但同时也带来了风险和挑战。为了保障数据交易的安全和公平，我们需要建立完善的数据交易规则和监管机制，包括准入条件、交易方式、定价机制、纠纷解决机制等。数据的非竞争性意味着同一份数据可以被多个主体同时使用，而不会产生竞争关系，这要求我们制定相应的规则和机制来保障数据的质量和价值。数据的非损耗性则意味着数据可以被反复使用而不会产生损耗，这要求我们建立监管机制以确保数据的合理使用和更新换代。

在博士学习的时光里，我经历了从开题到论文完稿的每一个阶段，这是一个不断学习、思考和成长的过程。通过阅读大量文献，我的思辨能力和问题意识得到了显著提升；通过反复修改论文，我的写作和表达能力得到了锻炼；通过与导师和同行的交流，我的法律思维和归纳总结能力得到了加强。在学术探索的道路上，我深刻体会到了苏轼在《赤壁赋》中所表达的情感："寄蜉蝣于天地，渺沧海之一粟。"在知识的海洋中，我感受到了自己的渺小，同时也发现了智慧的光芒。我坚信，只有不断学习，才能不断进步。

在此，我要特别感谢我的导师蒋岩波教授，他治学态度严谨、学术视野开阔，为我的研究提供了宝贵的指导。从论文选题到内容框架，从撰写修改到最终成稿，每一步都离不开蒋老师的悉心指导和严格要求。同时，我也要感谢邓辉教授、易有禄教授、喻玲教授、汪志刚教授、杨德敏教授、杨峰教授、熊进光教授、王自力教授、邱润根教授、郑少华教授等，他们在论文开题或答辩过程中提出的宝贵意见，对我帮助极大。我还要感谢法学院所有给予我指导和帮助的同事们。

最后，我要感谢我的家人，是他们在幕后的默默奉献和支持，让我能够顺利完成学业。感谢所有帮助过我的人，是你们的关照成就了今天的我。在未来的日子里，我希望能够不忘初心，继续在学术上精进，同时增加社会阅历，不负这美好的时光。

由于我的学识和能力有限，对于我国数据交易监管问题的分析可能还不够全面和深入。例如，对数据确权问题、三权分置框架下数据财产权的具体构建问题、数据资产化背景下数据估值与定价问题、数据跨境流通问题等，都未能进行专门分析。此外，由于数据领域的文献极为丰富且更新迅速，我在梳理文献时可能存在疏漏。对于本书的不足之处，我向读者表示诚挚的歉意，并期待大家的批评指正。

李　晔

2024 年 5 月 21 日

江西财大麦庐园